科技部国家重点研发计划专项"生态环保类案件知识体系研究"（2020YFC0832701）阶段性成果

生态环保类案件
疑难问题研究

李玉华 / 主编

中国法制出版社
CHINA LEGAL PUBLISHING HOUSE

序　言

　　本书为中华人民共和国科技部国家重点研发计划专项"生态环保类案件知识体系研究"（2020YFC0832701）的阶段性成果。中国人民公安大学法学院为该课题的承接单位，本人作为该课题负责人。课题组在观察和了解生态环保类案件司法实践样态，梳理和明确此类案件办理突出问题的基础上完成此书的编撰、写作。本书共分研究综述、专题论文、标准规则探讨三个部分。"研究综述"部分主要围绕损失评估、责任界定、证据认定、人工智能审判逻辑推理四大主题，对国内外现有文献资料进行了综述分析，用以把握研究动态，有益于对相关问题作出具体化判断。"专题论文"部分主要以论文汇编形式呈现了对生态环保类案件办理中各种问题作专门化分析的成果，更为深入地探查了生态环保类案件的裁判难点。"标准规则探讨"部分主要介绍课题组在前期研究基础上形成的《生态环保类案件知识体系认定标准》（团体标准，已公开发布）和《生态环保类案件损失评估工作规则》文件草案，以期助益司法实践。由于时间紧张，难免有所疏漏，不足之处敬请读者批评指正。在本书创作过程中，编写、校对人员付出了辛勤的劳动，在此一并表示感谢。

李玉华

2023 年 10 月

目　录
Contents

第三部分　标准规则探讨

第一部分 研究综述

生态环保类案件损失评估的研究综述

刘聪浩[*]

（中国人民公安大学法学院）

当今中国正处于工业化中后期和城镇化加速发展阶段，生态环境安全形势日益严峻。党的十八大将生态文明建设纳入中国特色社会主义事业"五位一体"总体布局，明确提出大力推进生态文明建设，努力建设美丽中国，实现中华民族永续发展。我国生态环境保护中依然存在体制不完善、机制不健全、法治不完备等现实问题。其中，作为生态环境行政与司法保护的前提与基础，损失评估工作所表现出的制度缺陷较为突出。虽然我国早已开始试行生态环境损害赔偿制度，并且在《民法典》[①] 以及相关规定中完善了相关制度，进一步凸显了环境资源的生态功能价值，促使赔偿义务人修复受损生态环境，但是依然存在诸多现实问题亟待解决。对此，理论有许多研究成果可供参考借鉴，涉及期刊、专著、译著、编著、报纸、学位论文、研究报告、法律汇编等多种表现形式。从内容来看相关研究整体上呈现如下特点：其一，研究重点从单一的环境污染和生态破坏带来的纯经济损失评估扩展到了对生态环境损害的评估；其二，生态环境损害赔偿的磋商制度与惩罚性损害赔偿制度在生态环保类案件损失评估工作中的适用已经成为热点；其三，如何处

---

* 刘聪浩，男，中国人民公安大学法学院 2021 级硕士研究生。

① 本书法律规定名称使用简称。以下不再标注。

理环境侵权诉讼、环境民事公益诉讼与生态环境损害赔偿诉讼之间的冲突和衔接逐渐成为难点。具体来看，主要涉及如下几个方面。

一、关于生态环境损害的定义

明确生态环境损害的定义，才能明确生态环境损害评估的概念，才能为后续的生态环境损害评估修复、赔偿损失以及追究责任提供依据。从检索到的资料来看，我国许多学者都使用"生态损害""环境损害""环境权益的损害"等。李艳芳教授在其著作中使用的是"环境损害"，并定义为：环境权利人的环境权益损害范围，除了有财产和人身的侵害，也有环境以及其他权益的损害，既有财产损害也有非财产损害。① 吕忠梅教授在其书中表明，环境损害与环境污染损害并不相同：前者主要是环境污染和生态破坏，即前者包括后者。② 曹明德教授则将环境损害分为两种损害：生活环境破坏和生态环境破坏。③ 钱水苗教授等认为，生态环境损害就是指对整个生态系统的破坏。④ 余耀军教授认为，生态破坏是指污染、破坏行为对生态环境造成的难以恢复甚至是不可逆的损害。⑤

从我国学者的研究中可以发现，他们当中的绝大多数人并没有使用"生态环境损害"这一概念，而使用的是"环境污染损害"的表述，将"环境损害"的致害原因简单归结到环境污染上，而忽略了生态破坏的致害作用，这也决定了他们研究内容上的局限性和片面性。生态环境损害区别于私主体的人身损害、财产损害，指向人类共有的环境利益;⑥ 区别于传统的侵权，环境公益和私益都有可能或者可能同时受到损害；区别于传统的救济路径，逐渐

---

① 参见李艳芳：《环境损害赔偿》，中国经济出版社 1997 年版，第 10、65、69 页。

② 参见吕忠梅：《环境法》，法律出版社 1997 年版，第 186 页。

③ 参见曹明德：《环境侵权法》，法律出版社 2000 年版，第 152 页。

④ 参见钱水苗、叶勇飞、范莉：《环境资源法》，高等教育出版社 2005 年版，第 345—347 页。

⑤ 参见余耀军：《民法典·侵权责任法研究》，人民法院出版社 2003 年版，第 612、639—643 页。

⑥ 参见吕忠梅、窦海阳：《修复生态环境责任的实证解析》，载《法学研究》2017 年第 39 期。

转向公法和私法协同救济的模式。① 有学者认为环境私益由民法调整，环境公益则属于生态环境责任。在责任承担的先后顺序上，行政机关应当首先承担公法责任，其余由民事公益诉讼补充。② 强化公法请求权，可以发挥行政效率优势；进行诉前磋商，能够高效完成损害赔偿和修复。

二、关于生态环境损害评估范围的界定

我国理论界和在实际工作中往往习惯于将经济损失分为直接经济损失和间接经济损失，但不同部门对直接经济损失和间接经济损失的统计范围有一定差别。我国的环境污染事件损害是指环境污染事件发生过程中或发生后造成的各类损害，包括污染环境行为直接造成的区域生态环境功能和自然资源破坏、人身伤亡和财产损毁及其减少的实际价值，也包括为防止污染扩大、修复或恢复受损生态环境而采取的必要的、合理的措施而发生的费用，在正常情况下可以获得利益的丧失，污染环境部分或完全恢复前生态环境服务功能的期间损害。有学者认为从生态系统服务的角度看，任何有损生态系统为人类提供各类服务价值的行为都可以纳入环境损害评估范围。③ 另一些学者基于国内外经验，结合我国的实际工作情况，本着坚持科学性、简明性、可操作和循序渐进的原则，设计了全面完整和近期可操作的两套环境损害评估范围：前者主要从保证评估范围架构的完整性的角度出发，将环境污染事件可能造成的损害全部考虑在内；而后者则主要从近期可操作的角度出发，将评估方法相对成熟、可能纳入赔偿范围的损害考虑在内。全面完整的环境污染事件损害的评估范围包括：人身损害、财产损害、生态环境损害、应急处置费用、调查评估费用、污染修复费用、事件影响损害和其他应当纳入评估范围内的损害；近期可操作的环境污染事件损害包括人身损害、财产损害、应急处置

---

① 参见冯洁语：《公私法协动视野下生态环境损害赔偿的理论构成》，载《法学研究》2020 年第 42 期。
② 参见竺效：《论生态损害综合预防与救济的立法路径——以法国民法典侵权责任条款修改法案为借鉴》，载《比较法研究》2016 年第 3 期。
③ 参见庄永廉、汪劲、黄和平等：《名胜古迹保护公益诉讼疑难点判断与处理》，载《人民检察》2020 年第 16 期。

费用、调查评估费用与污染修复费用。① 廖兵兵、叶榅平将视角聚焦在海洋生态环境上，他们认为在新发展阶段，实行最严格的损害赔偿制度是建设生态文明的必然要求。于海洋生态环境损害赔偿而言，生态文明要求赔偿范围应当统一并且合理。海洋具有与陆域不一样的特点，海洋生态环境损害赔偿与陆域生态环境损害赔偿相比有其特殊性。现行法律及国际公约中对海洋生态环境损害赔偿范围的规定有矛盾之处，司法实践中对赔偿范围的认定亦不一致。海洋生态环境损害赔偿的特殊性致使海洋生态环境损害赔偿范围不宜直接适用《民法典》的规定。在论证海洋生态环境损害赔偿的权利基础之上，提出应以海洋自然资源国家所有权重构海洋生态环境损害赔偿范围，并指出在生态文明视域下重构海洋生态环境损害赔偿范围的路径。②

三、关于生态环境损害评估制度的具体内容

随着研究的深入，许多学者对我国的环境损害评估制度存在的问题进行了更进一步的研究。在管理制度层面，易斌、朱忠军、刘平等学者主张加快建立我国环境污染损害鉴定评估管理制度，建议明确管理责任主体，分离环境损害评估机构和环境监测单位。③ 陆军、张红振、於方提出了完善我国环境损害评估监管机制的方法，从司法、行政、自身和社会四个方面着手，建立起环境损害评估监管机制；建议生态环境部和司法部合力监管，形成"二元二级"监管模式。④ 王江、魏利青、崔高莹详细说明了我国对于环境损害评估机构在监管层面的不足，并提出了完善措施。⑤ 虽然我国学者对我国环境损害管理制度的完善都提出了自己的见解，但是仔细分析就会发现我国的大部分

---

① 参见於方、张红振、牛坤玉等：《我国的环境损害评估范围界定与评估方法》，载《环境保护》2012 年第 5 期。

② 参见廖兵兵、叶榅平：《生态文明视域下海洋生态环境损害赔偿范围研究》，载《中国海商法研究》2022 年第 33 期。

③ 参见易斌、朱忠军、刘平等：《加快建立环境污染损害鉴定评估管理制度》，载《科技导报》2011 年第 29 期。

④ 参见陆军、张红振、於方：《环境污染损害评估与赔偿修复机制探索》，载《环境保护》2011 年第 24 期。

⑤ 参见王江、魏利青、崔高莹：《论我国环境损害鉴定评估机制的完善》，载《环境保护》2016 年第 44 期。

学者提出的建议多具有基础性和原则性的特点。从我国现行的环境损害评估管理制度的现状来看，有一些建议并不符合我国的现状，因为很多建议偏于理想化，并不符合实际；按照其中的一些建议来完善的话，会带来巨大的工作量，可行性较低。

在评估主体层面，曹锦秋、王兵建议从四个方面入手来完善我国的环境损害评估主体制度：评估主体资格的明确、评估专家库的管理体系的完善、评估主体的法律责任的承担、评估主体行为的监管。① 张雪姬、张振锋强调了公众加入环境损害评估活动的重要性：公众参与环境损害评估鉴定工作，有利于事件的调查评估和赔偿修复方案的确定。② 我国目前的生态环境损害评估主体地位仍然不是很明确，国内对于评估主体的研究内容较少，仍需要进一步完善。

在评估技术和评估方法层面，张红振、王金南、牛坤玉等学者以我国的环境损害评估程序的现状为基础，指出目前我国的环境损害评估程序仍然缺乏科学规范性，主张我国应该建立一个详细科学的环境损害评估程序。③ 於方、张红振、牛坤玉等学者从评估范围和评估方法入手，主张应扩大环境污染的评估范围，把对自然资源、生态环境服务功能的损害纳入评估范围之内。④ 张衍燊、徐伟攀、齐霁等介绍了我国现行的评估方法——虚拟治理成本法在司法实践中的现状和不足，仍存在适用情形不明确、单位治理成本确定难、调整系数构成不合理等问题。⑤ 我国大部分学者介绍的评估技术和评估方法都是针对人为因素造成的生态环境损害提出的，对于非人为因素的生态环境损害评估方法较少有学者研究，这部分仍然需要完善。

---

① 参见曹锦秋、王兵：《论我国环境损害鉴定评估主体法律制度的完善》，载《辽宁大学学报（哲学社会科学版）》2017年第45期。
② 参见张雪姬、张振锋：《环境损害评估鉴定中的公众参与行为》，载《环境与发展》2018年第30期。
③ 参见张红振、王金南、牛坤玉等：《环境损害评估：构建中国制度框架》，载《环境科学》2014年第35期。
④ 参见於方、张红振、牛坤玉等：《我的环境损害评估范围界定与评估方法》，载《环境保护》2012年第5期。
⑤ 参见张衍燊、徐伟攀、齐霁等：《基于国内实践和国外经验优化生态环境损害简化评估方法》，载《环境保护》2020年第48期。

在评估资金层面，於方、刘倩、齐霁等主张吸取国外经验，建立环境损害基金制度，探索与中国实际情况相符合的环境责任保险投保模式，并特别提出对于矿区的生态环境保护，特别设立矿区的生态环境损害修复资金制度。① 曹东、齐霁主张从两个方面来完善资金制度：环境损害赔偿资金制度和社会分担机制；采取多种形式的资金保障；全面结合环境污染责任保险、政府划拨基金、企业基金等多种形式，开拓环境税费与罚款、责任方赔偿金等多种资金来源，以此使得公众在未来受到环境损害时能够得到有效赔偿。② 国内学者所提的建议多针对资金的来源渠道，对于资金的使用和监管并没有过多地谈及。

四、关于生态环境损害评估方法的选择

生态环境损害评估方法开展环境损害评估和进行赔偿时面临着各种困境，如无人认领的纯生态损害部分无法求偿。而运用生态文明与环境损害之间的关系，可解决环境损害评价存在的难题。③ 生态环境损害评估方法主要使用替代等值分析法和环境价值评估法。《环境损害鉴定评估推荐方法（第Ⅱ版）》规定了各种评估方法的适用条件和选择原则。简要来说，生态环境损害鉴定评估方法包括替代等值分析方法和环境价值评估方法，适用上优先选择替代等值分析方法。如果不能满足替代等值分析方法的基本条件，可以考虑采用环境价值评估方法。④ 替代等值分析方法以"恢复受损的生态环境"为目的，要求恢复具有同等或可比的类型和质量，包括资源等值分析法、服务等值分析方法和价值等值分析方法，该方法也处于理论研究阶段，实际案例的应用较少。刘文全、贾永刚、卢芳采用海洋生态服务功能损失评估法对渤海石油平台溢油造成的海洋环境容量损失、生态服务功能损失和天然渔业的损失进

---

① 参见於方、刘倩、齐霁等：《借他山之石完善我国环境污染损害鉴定评估与赔偿制度》，载《环境经济》2013 年第 11 期，第 38—47 页。

② 参见曹东、齐霁：《环境损害鉴定评估的问题及破解路径》，载《环境保护》2014 年第 42 期。

③ 参见宋宇：《国外环境污染损害评估模式借鉴与启示》，载《环境保护与循环经济》2014 年第 34 期。

④ 参见庄永廉、汪劲、黄和平等：《名胜古迹保护公益诉讼疑难点判断与处理》，载《人民检察》2020 年第 16 期。

行生态环境损害评估。① 温艳萍、吴传雯构建了海洋溢油生态环境损害评估模型对海洋的生态系统服务功能价值损失和海域环境容量损失进行评估。环境价值评估法把生态环境的价值转换成可量化的商品、服务、偏好、成本的货币形式，包括直接市场价值法、揭示偏好法、效益转移法和陈述偏好法。② 张飞、塔西甫拉提·特依拜、丁建丽等通过恢复费用法计算治理盐渍化的成本评估土壤盐渍化的生态环境损害。③ 蔡锋、陈刚才、彭枫等基于虚拟治理成本法评估泄漏混合废水的生态环境损害。④ 兰绍清从应急处置费用、污染修复费用、功能损失费用 3 个方面对生态环境损害进行评估。⑤ 条件价值法亦可称权变估值法、意愿价值法等，是一种典型的陈述偏好法。该方法通过调查、问卷、投标等方式来了解人们对环境资源保护或恢复的支付意愿或接受补偿意愿，以此来表达环境资源的经济价值，是国际上用于评估环境资源非使用价值的经典方法。⑥

　　环境损害司法鉴定和生态环境损害鉴定评估中存在共性问题。对于鉴定技术，学者指出量化评估技术采用替代等值分析和生态环境恢复技术分析。其中环境恢复技术分析在运用过程中侧重人工修复，对自然恢复与人工促进自然恢复的关注度不高。⑦ 大气环境损害调查、环境损害基线确定、环境损害因果关系判定、环境价值评估等均面临技术难点。要解决上述问题，应当进

---

① 参见刘文全、贾永刚、卢芳：《渤海石油平台溢油生态环境损害评估系统开发研究》，载《海洋环境科学》2011 年第 30 期。

② 参见温艳萍、吴传雯：《大连海洋溢油事故的生态环境损害评估》，载《海洋经济》2013 年第 3 期。

③ 参见张飞、塔西甫拉提·特依拜、丁建丽等：《干旱区土壤盐渍化及其对生态环境的损害评估——以新疆沙雅县为例》，载《自然灾害学报》2009 年第 18 期。

④ 参见蔡锋、陈刚才、彭枫等：《基于虚拟治理成本法的生态环境损害量化评估》，载《环境工程学报》2015 年第 9 期。

⑤ 参见兰绍清：《我国生态环境损害赔偿制度研究——基于生态环境损害赔偿评估方法的构建》，载《福建论坛（人文社会科学版）》2018 年第 10 期。

⑥ 参见庄永廉、汪劲、黄和平等：《名胜古迹保护公益诉讼疑难点判断与处理》，载《人民检察》2020 年第 16 期。

⑦ 参见於方、张衍燊、赵丹等：《环境损害鉴定评估技术研究综述》，载《中国司法鉴定》2017 年第 5 期。

行现场勘查，加强环境监测；① 参照国内外的标准数据；综合多种技术，强化因果关系的鉴定；规范虚拟治理法在环境公益诉讼中的使用，提高鉴定评估工作的科学性、规范性和可操作性。② 虽然相关技术工作人员在不断提高和完善技术，尝试提出各种解决办法，但是现实操作的复杂性和技术水平的局限性仍旧不能忽视。

五、关于生态环境损害赔偿诉讼数额的确定

生态环境损害赔偿诉讼数额是生态环保类案件损失评估工作中的重点之一。有学者认为生态环境损害赔偿金额的确定主要根据生态环境损害鉴定评估的结果确定，并且在参照评估结果的基础上，一方面应考虑世界自然遗产的珍稀性、行为人行为造成后果的严重性和社会影响的广泛性，另一方面兼顾行为人的经济条件、赔偿能力和过错程度等因素，综合确定赔偿数额。③ 也有学者指出为减少烦琐的鉴定环节，保障权利及时得到救济，法院可以通过类比等方式酌定相关费用。如类比污染因素的种类、浓度、污染区域的特性以及恢复的难易程度等属性相似或者根据举重以明轻的原则类比属性更为严苛的污染事件中鉴定结论直接计算出案涉污染行为的损害赔偿数额及修复费用等；亦可综合污染行为的持续时间、污染情节的轻重以及污染行为人的主观恶性、违法所得等因素径行酌定生态环境修复期间的服务功能损失费。④

六、关于生态环境损害赔偿相关专业问题的质证

对于专业性问题的质证，我国坚持专家辅助人制度和鉴定人制度共存。该模式在学界存在争论。持否定观点的学者认为，鉴定意见与专家意见之间

---

① 参见吴钢、曹飞飞、张元勋等：《生态环境损害鉴定评估业务化技术研究》，载《生态学报》2016 年第 36 期。
② 参见王兴利、吴晓晨、颜为军等：《环境损害鉴定评估领域难点探讨》，载《中国环境管理》2019 年第 11 期。
③ 参见庄永廉、汪劲、黄和平等：《名胜古迹保护公益诉讼疑难点判断与处理》，载《人民检察》2020 年第 16 期。
④ 参见顾金才、蔡鹏：《浅析生态环境损害赔偿诉讼案件审理的三大要点——评江苏省人民政府诉安徽海德化工科技有限公司生态环境损害赔偿一案》，载《法律适用》2019 年第 20 期。

没有先天优劣之分，应当将二者统一为专家意见。① 持肯定观点的学者认为，兼顾中国国情需要对我国司法鉴定模式进行改革，引入专家证人制度是正确的改革方向。② 诉讼留白，直接影响专家辅助人在诉讼中作用的发挥。③ 学者们指出了专家辅助人制度的局限：质证意见不易被采信，启动无限制，质证手段单一，责任难追究，需要规范编制专家辅助人名册，制定专家辅助人收费标准，明晰责任④，解决方案有待诉讼实务进一步核验。

七、关于生态环境损害赔偿的磋商制度

生态环境损害赔偿磋商制度的确立，提供了以柔性方式修复受损生态环境的效率性路径。我国立法上未对损害赔偿磋商制度进行具体设定，却激励了各地对磋商案件的大胆探索，加快了完善磋商机制与程序的现实诉求。磋商制度法律定位的核心是制度性质界定。时至今日，学界主要存在四种观点。第一种观点认为，磋商为私法性质，政府作为生态环境损害赔偿权利人，是以自然资源所有者代表身份与赔偿义务人进行磋商，赔偿权利人不是命令式的治理生态环境损害，而是作为生态环境的代表者，双方系平等、互不隶属的民事主体身份，磋商赔偿协议的签订自愿、平等；⑤ 第二种观点认为，生态环境损害赔偿磋商公法属性明显，从启动到磋商的终结，具有强烈的行政主导性，签订的磋商赔偿协议属于行政契约，磋商协议与行政契约在构成要件上具有高度契合性；⑥ 第三种观点认为，磋商属于协商行政，具有共治、善治的色彩，为超越公私法的二元区隔的融贯性解答；⑦ 第四种观点认为，磋商属于行政事实行为，不以行政主体能动地追求积极法律效果为特征，磋商中的

① 参见毕玉谦：《专家辅助人制度的机能定位与立法性疏漏之检讨》，载《法治研究》2019 年第 5 期。

② 参见汪建成：《司法鉴定模式与专家证人模式的融合——中国刑事司法鉴定制度改革的方向》，载《国家检察官学院学报》2011 年第 19 期。

③ 参见李学军、朱梦妮：《专家辅助人制度研析》，载《法学家》2015 年第 1 期。

④ 参见王连昭：《公益属性专家辅助人制度研究》，载《中国司法鉴定》2020 年第 5 期。

⑤ 参见王金南：《加减乘除，我们要哪个？》，载《环境经济》2015 年第 Z3 期。

⑥ 参见郭海蓝、陈德敏：《生态环境损害赔偿磋商的法律性质思辨及展开》，载《重庆大学学报（社会科学版）》2018 年第 24 期。

⑦ 参见黄锡生、韩英夫：《生态损害赔偿磋商制度的解释论分析》，载《政法论丛》2017 年第 1 期。

行为主体并无意思表示，程序性及合法性要求也很宽松。刘倩表示，没有行政部门的能动干预，仅有赔偿义务人和其他利益相关者的参与，根本无法启动磋商机制，磋商机制则会因为没有强有力的组织者而失去价值，生态环境损害赔偿磋商仅具有"协商"的外壳，本质是行政权的行使。① 潘佳认为磋商制度宜采用双阶层的解释论，该解释论将磋商制度置于包括磋商协议与含磋商协议在内的整个磋商程序中进行讨论。即磋商协议为私法属性，整个磋商程序为公法属性。② 何璐希认为应当以明确磋商协议的行政法律属性为逻辑起点，秉持诚实守信与实现正当预期利益为原则，根据不同主体的反悔情形设置不同的应对程序，生态环境损害赔偿制度才能真正发挥其修复与赔偿生态环境损害的制度价值与功能，才能够称其为一项精巧的环境治理制度安排。③

还有其他学者从别的角度对生态环境损害赔偿的磋商制度进行论证。如陈俊宇、徐澜波主张现有民事协议说存在磋商性质无法契合纠纷解决"程序"的问题，故难以在《民事诉讼法》和环境法典（尚需编纂出台）中找到合理定位。现有学说观点需要进一步补强与丰富：一方面，民事协议说既契合了生态环境损害赔偿磋商政策的目的，亦可实现《生态环境损害赔偿制度改革方案》与《民事诉讼法》所规定的救济程序的衔接，从而凸显民事实体法与程序法衔接后司法救济的积极效果；另一方面，需要在环境保护基本法律（如环境法典）中明确生态环境损害赔偿磋商协议的民事协议性质，以弥补生态环境损害赔偿磋商在法律中的性质缺位。基于此，才能正确认识生态环境损害赔偿磋商协议的实体性质和拘束力司法程序救济的效果。④。宋亚容、汪劲通过归纳比较生态环境损害赔偿磋商成败的典型案例，分析现阶段影响生态环境损害赔偿磋商达成一致的主要原因，其认为健全完善生态环境损害赔偿磋商规则的立法建议应当统一规定确立生态环境损害赔偿磋商的实体和程

① 参见刘倩：《生态环境损害赔偿磋商法律属性探析》，载《环境保护》2018 年第 46 期。
② 参见潘佳：《生态环境损害赔偿磋商制度解构》，载《法律适用》2019 年第 6 期。
③ 参见何璐希：《生态环境损害赔偿磋商协议纠纷与程序应对研究》，载《大连理工大学学报（社会科学版）》2022 年第 43 期。
④ 参见陈俊宇、徐澜波：《生态环境损害赔偿磋商协议之性质厘定与司法效果》，载《当代法学》2022 年第 36 期。

序规则，优化磋商鉴定评估规则并创新生态环境损害赔偿责任承担方式，事先邀请赔偿义务人参与生态环境损害鉴定评估和修复方案的编制，对赔偿义务人实行"先赔后罚"和"先民后刑"的责任承担机制。① 采用类似方法的学者还有黄蕾。② 而刘惠明、浦瑜悦将视角聚焦到《生态环境损害赔偿制度改革方案》，认为该方案转变传统行政管理理念，将磋商作为强制性诉前程序，以"协商共治"方式创新环境治理，取得显著成效。但因磋商制度不够完善、缺乏细化规定和统一实践规则，在实践中陷入困境。针对磋商索赔主体局限、缺乏公众参与、与公益诉讼存在诉权冲突等突出问题，结合司法实践，从磋商前期准备、进行、终结三个阶段，分别对磋商原则、启动方式及磋商协议签订、审查与救济等方面进行深入探讨和分析，提出具体法律建议，以期磋商制度更具合理性和可操作性，更好地解决生态环境损害赔偿纠纷。③

八、关于生态环保类案件中的惩罚性损害赔偿制度

自《民法典》和《最高人民法院关于审理生态环境侵权纠纷案件适用惩罚性赔偿的解释》生效以来，生态环境损害赔偿诉讼中能否适用惩罚性赔偿，一直是我国理论界和司法实务界争议的焦点。一般认为，惩罚性赔偿仅适用于私益侵权诉讼领域，公益诉讼不宜适用。在我国，环境公益民事诉讼应定位为公法上的客观诉讼，不应适用惩罚性赔偿；生态环境损害赔偿应遵循私法上损害扩张的逻辑，定位为私法上的准客观诉讼与纯客观诉讼混合的特殊诉讼类型。是否能够适用惩罚性赔偿，需要对诉讼利益的类型进行甄别，在个案中进行判断。在刑事附带民事的生态环境损害赔偿案件中，应禁止适用；在民事案件中，"纯生态损害"部分，因其发生了私益与公益的混同，属于复合型利益，不能适用；对于仅判处"主观的、集体的"生态系统服务功能损失的赔偿，生态环境永久性损害造成的损失部分，因其已具有惩罚功能，与

---

① 参见宋亚容、汪劲：《生态环境损害赔偿磋商达成一致的影响因素分析》，载《环境保护》2022 年第 50 期。

② 参见黄蕾：《生态环境损害赔偿磋商制度运行的省思与改进——以"生态环境损害赔偿磋商十大典型案例"为分析视角》，载《江西理工大学学报》2022 年第 43 期。

③ 参见刘惠明、浦瑜悦：《生态环境损害赔偿磋商制度现实困境与完善路径》，载《四川环境》2022 年第 41 期。

惩罚性赔偿的功能呈现同质化，不能适用；对于修复服务功能丧失的损失赔偿，需判断是仅为填补功能还是填补与惩罚功能并存，在已包含惩罚功能的情况下，不能适用。因此，惩罚性赔偿在生态环境损害赔偿中适用的空间非常有限。① 惩罚性赔偿制度引入环境侵权领域体现了《民法典》对环境保护问题的回应，也是《民法典》绿色原则的重要体现。环境侵权惩罚性赔偿的构成要件由主体要件、主观要件、行为要件、结果要件和因果关系要件组成。

对于惩罚性损害赔偿如何在生态和环保类案件损失评估的工作中适用，学界现有持赞成观点的"肯定说"和与之相对的"否定说"。两种观点看似有着多重对立，但分歧之根本是对"惩罚是否过重"的问题有不同认识，分别代表着保护环境和保护行为人合法权益两种立场。两种观点均有不足之处，更为恰当的路径是以"肯定说"为基础，兼采"否定说"观点，提出"限制说"。"限制说"应提出体系和文义相一致的规范解释路径，正确定位惩罚性赔偿的功能，通过一事不再罚解决重复处罚的问题。在"限制说"之下，司法解释条款还应当注意尊重行政权的优先性、防止行政机关规避职责、合理确定惩罚性赔偿金数额等问题。② 有学者认为现行惩罚性损害赔偿难以实现侵权法的目的，尚未弥补补偿性损害赔偿的缺陷，并且不利于权利意识的培养。主张适当扩大惩罚性损害赔偿的责任类型适用范围。③ 有学者认为虽然《民法典》第1232条规定了环境侵权惩罚性赔偿责任制度。但是该条关于构成要件、法律效果和赔偿权利主体的表述存在诸多模糊之处，在未来的司法实践中，应对此加以构造性解释，完善对故意、违法性、严重后果认定的解释，完善对惩罚性损害赔偿计算标准自由裁量基准的解释，完善对赔偿权利主体的扩大解释，提高该条款的可操作性，充分发挥其惩罚和威慑功能。④ 黄忠顺认为《民法典》第1232条是实质化了的形式性实体请求权，特定被侵权人原

① 参见彭峰：《惩罚性赔偿在生态环境损害赔偿中的适用限制》，载《政治与法律》2022年第11期。

② 参见秦天宝、袁野阳光：《论惩罚性赔偿在环境民事公益诉讼中的限制适用》，载《南京工业大学学报（社会科学版）》2022年第21期。

③ 参见刘为超：《惩罚性损害赔偿制度的分析与完善》，载《人民司法（应用）》2016年第31期。

④ 参见谢海波：《环境侵权惩罚性赔偿责任条款的构造性解释及其分析——以〈民法典〉第1232条规定为中心》，载《法律适用》2020年第23期。

则上应当通过个别诉讼的形式提出惩罚性赔偿请求。为解决生态环境损害补偿性赔偿请求权难以完全行使问题及遏制恶意污染环境、破坏生态行为，立法机关应当为国家规定的机关或者法律规定的组织另行创设形式性公益损害惩罚性赔偿请求权，并实行私益损害惩罚性赔偿与公益损害惩罚性赔偿"双轨制"。李艳芳、张舒认为，从《民法典》第 1232 条规定惩罚性赔偿的目的来看，该条应当适用于生态环境损害赔偿。生态环境损害惩罚性赔偿的功能既包括对生态环境承载的精神和文化价值提供填补性赔偿，也包括对故意违法者给予应得的惩罚以及对严重的污染环境和破坏生态行为进行完全威慑。生态环境损害惩罚性赔偿责任以侵权人的主观故意、行为的违法性以及严重的损害后果作为特殊的成立要件，彰显出侵权行为的应受谴责性，也是施加惩罚性赔偿的依据。基于侵权责任的性质、环境侵权的特殊性、赔偿金额计算的技术性要求以及为确保生态环境损害惩罚性赔偿之完全威慑功能的实现，确定赔偿金额的原则是消除侵权人因此获得的利益，使侵权人得不偿失。生态环境损害惩罚性赔偿责任应当作为一项补充性的威慑机制，从而避免惩罚性赔偿的滥用。在行政处罚或刑罚已经实现威慑要求时，可以选择不适用惩罚性赔偿；在需要适用惩罚性赔偿时，赔偿数额的确定应综合考虑所有公法和私法上的金钱责任。① 宋海鸥、杨宇静梳理了惩罚性赔偿规则在不同法律制度中适用范围和适用条件的差异性，并进一步分析惩罚性赔偿在生态环境损害救济体系中所具有的特殊规则和功能定位。在缺乏生态环境领域部门法配套的情况下，《民法典》中惩罚性赔偿规则的适用应基于生态环境的公益性而适当扩大请求权主体范围，基于严格法定性而明确举证责任负担和证明标准，基于生态环境要素的特殊性而完善多样化的赔偿内容和计算方法。② 冯嘉从解析最高人民法院颁布的法释（2022）1 号司法解释规定出发，其认为在生态环境损害赔偿中适用惩罚性赔偿制度有其合理性，但将惩罚性赔偿运用于生态环境损害赔偿，有可能使生产型企业承担过重的赔偿责任，从而对实体经

---

① 参见李艳芳、张舒：《生态环境损害惩罚性赔偿研究》，载《中国人民大学学报》2022 年第 36 期。

② 参见宋海鸥、杨宇静：《生态环境损害惩罚性赔偿规则的检视与适用》，载《中国环境管理》2022 年第 14 期。

济发展和国民经济稳定运行造成妨碍，这与我国宏观经济形势和国家的宏观经济政策不相适应。因而对惩罚性赔偿能否适用于生态环境损害赔偿案件的问题，应持高度谨慎的态度，由法官根据案情并结合国家宏观经济形势和经济政策综合考量。①

九、关于环境责任保险的构建

环境责任保险在维护社会公众利益方面起到了非常重要的作用，具有较强的公益性。其应该以强制性环境责任保险为主，以国家环境损害补偿救济为辅，并以环境公益诉讼机制为程序保障。② 窦海阳指出了侵权损害论的局限并且对环境损害论的建构提出了观点，他认为要从根本上应对危机，需突破侵权损害论，建构专业的环境损害论体系。整体主义环境哲学的渐受与法学理论对生态系统的重视，为环境损害论确立了保护对象——"生态系统完整性"。社会组织结构体现为弥散式团结，作为承载者的保险、基金等中介组织成为分担损害的主力。与个人消极对抗侵害不同，中介组织具有积极抵御风险的能力。③ 周珂、刘红林从银行的角度阐述构建环境责任保险的方式，他们认为面对日益严重的环境污染，我国应建立环境侵权责任保险制度并可以引进巨灾风险证券化等制度，以更有效地分散风险。对于突发性环境侵权行为的责任保险应作为商业保险看待，对于持续性环境侵权的责任保险应作为政策性保险看待。我国环境侵权责任保险制度的实施应采取分步走的策略即先承保突发性的环境侵权行为，待条件成熟时再承保持续性的环境侵权行为。针对环境侵权的危险性、突发性、持续性等因素，应采取强制投保和自愿投保相结合的方式。在给予受害人赔偿时，应实行责任限额制。④ 竺效教授认为2014 年修订通过的《环境保护法》仅增加了鼓励投保条款，尚无法满足现实

---

① 参见冯嘉：《生态环境损害赔偿适用惩罚性赔偿制度问题刍议》，载《环境保护》2022 年第 50 期。

② 参见张晓文：《环境责任保险的公益性》，载《政法论坛》2009 年第 27 期。

③ 参见窦海阳：《环境损害事件的应对：侵权损害论的局限与环境损害论的建构》，载《法制与社会发展》2019 年第 25 期。

④ 参见周珂、刘红林：《论我国环境侵权责任保险制度的构建》，载《政法论坛》2003 年第 5 期。

需求。针对现有分散立法模式的缺陷、借鉴国际先进经验，主张应加快制定我国环境污染责任保险单行法，他阐述了制定环境污染责任保险单行法的必要性，介绍了境外环境污染责任保险的单行立法经验，并对《环境污染责任保险法》的框架结构进行了设计。① 李祎恒、张百香也认为应当设立强制性投保模式，在投保人、承保人以及监督人等方面作出合理且明确的规定，以及充分发挥政府的作用，尽快完善与落实环境责任保险制度。②

十、关于《民法典》中生态环境损害责任对绿色原则的体现

因污染环境、破坏生态而引发的损害有两种类型：第一，对他人人身、财产等私人利益的损害；第二，对生态环境本身的损害，即对生态环境公共利益的损害，又被称为生态环境损害或纯生态损害。③ 将因污染环境、破坏生态引发的民事责任分为生态环境损害责任和传统的生态环境私益侵权责任，在我国学界已经达成共识。有学者认为生态环境损害责任作为一种与传统的污染环境和破坏生态导致的他人人身、财产损害的侵权责任相区分的责任，是以生态环境损害概念的提出为基础的。生态环境损害，在理论上被界定为"与环境侵权造成的人身损害和财产损害并列的，单纯生态环境遭受的损害"。④ 还有学者认为生态环境损害是与人身、财产损害并列的一种独立的损害形态，这种区分标准强调生态环境损害的损害内容的独特性，即是对生态环境权益本身的损害。生态环境损害完全独立于人身损害和财产损害。就独立于财产损害而言，生态环境损害发生于无所有权受侵害的情形，如大气的污染，或者发生于所有权受侵害后财产损害赔偿不能弥补的部分。⑤ 而徐以祥教授认为生态环境损害责任是指对生态环境本身损害的侵权责任，其是对生态环境公益进行救济的侵权责任；而传统的生态环境私益侵权责任是因污染

---

① 参见竺效：《论我国环境污染责任保险单行法的构建》，载《现代法学》2015 年第 37 期。
② 参见李祎恒、张百香：《我国环境责任保险制度的完善路径》，载《四川环境》2022 年第 41 期。
③ 参见吕忠梅：《生态文明建设的法治思考》，载《法学杂志》2014 年第 35 期。
④ 参见吕忠梅：《"生态环境损害赔偿"的法律辨析》，载《法学论坛》2017 年第 32 期。
⑤ 参见冯洁语：《公私法协动视野下生态环境损害赔偿的理论构成》，载《法学研究》2020 年第 42 期。

环境和破坏生态导致的他人人身财产等权益损害的责任，是对私人人身、财产及其他权益（包含环境权益）进行救济的制度。生态环境损害是有特定含义的狭义概念，指向的是生态环境本身这一环境公共权益的损害，并不是广义的与人身、财产损害相并列的生态环境权益损害。[①] 王灿发、张天泽认为公法机制与私法机制的平衡与协调，是环境法治建设的重要课题之一。《民法典》的生态规范即以绿色原则为指导的环境法规范的入典是其一大特色，它为民事主体参与各类民事法律关系涂上了一层"经济人理性"色彩。该法典以《宪法》中的环境条款为依据设置相关环境条款，具有规范性内涵和独特的功能，即在构筑以《民法典》为中心的民法规范体系时，通过专章和相关条款的方式规定了对环境权益的保护。《民法典》倡导民事主体树立生态环境理念，明晰生态环境损害责任，在物权、合同、侵权责任方面具有体系规范功能。在环境法治建设中应充分发挥民法典的私法规制优势，实现民法典生态化下与环境法规范的有效衔接与充分的协调。[②]

十一、关于环境损害赔偿与环境民事公益诉讼的诉权冲突与有效衔接

从对司法实践案例的实证分析来看，我国所构建的社会组织提起的环境民事公益诉讼、人民检察院提起的环境民事公益诉讼和环境行政公益诉讼、地方政府作为赔偿权利人提起的生态环境损害赔偿诉讼、人民检察院提起的刑事附带环境民事公益诉讼等诉讼类型，在诉讼程序衔接上存在冲突问题。

一些学者认为生态环境损害赔偿诉讼与环境民事公益诉讼存在既有联系又有区别的关系，二者相互配合与补充，共同维护生态环境公共利益。二者的诉讼目的是一致的。即，二者都是对"污染环境、破坏生态，损害社会公共利益的行为"提起的民事诉讼，目的均是维护生态环境公共利益。但二者具体诉讼性质不同、提起诉讼的条件不同。其主张赔偿权利人提起生态环境损害赔偿诉讼优先于环境民事公益诉讼，在生态损害赔偿制度规定适用范围

[①] 参见徐以祥：《〈民法典〉中生态环境损害责任的规范解释》，载《法学评论》2021 年第 39 期。

[②] 参见王灿发、张天泽：《论我国〈民法典〉的生态规范及其与环境法的协调》，载《经贸法律评论》2022 年第 3 期。

外的部分，社会组织有权提起环境民事公益诉讼，人民政府不提起生态环境损害赔偿诉讼。① 一些学者认为生态环境损害赔偿诉讼与环境民事公益诉讼之间存在高度相似性，其实质上是一种竞合冲突。其主张二者的衔接适用易产生一案两诉浪费司法资源和衔接程序不当、威胁环境民事公益诉讼存留等问题。以类型化思维处理两诉关系是二者衔接适用的题中应有之义，在规避现有制度弊端的基础上，考虑将两诉进行适当调整后仍保持独立，发挥各自制度的优势以达到救济目的；待制度发展成熟后可通过协调生态环境损害赔偿制度进入环境民事公益诉讼来厘清两诉的分工和衔接，以更好地完善衔接路径，发挥制度合力，共同救济环境损害。而从根本上解决两诉衔接的制度问题，需要在民法生态化背景下，结合环境法与生态化民法典，发展系统化、整体化的法律救济制度，以回应生态环境保护的需求。② 一些学者认为将生态环境损害赔偿诉讼默认为环境公益诉讼的"前置程序"似乎欠妥。从功能定位等方面考量，在立案受理阶段，不应赋予生态环境损害赔偿诉讼以优先地位，而应该按照"先提出先受理"原则处理。并认为在法院审理阶段，优先审理生态环境损害赔偿诉讼的审理原则并不合理，司法实践有必要由这种审理模式向"先受理先审判"模式转变。③ 一些学者认为在理顺生态环境公益诉讼与损害赔偿诉讼衔接机制过程中，应当明确生态环境损害赔偿诉讼的公益属性；磋商作为行政机关提起生态环境损害赔偿诉讼的前置程序，检察机关可以通过检察建议的方式予以督促；不应完全坚持生态环境损害赔偿诉讼优先论，应当有条件地划定例外情形，可以在磋商未果后赋予行政机关选择商请社会组织或检察机关提起生态环境民事公益诉讼的权利；检察机关作为法律监督机关，应作为后顺位的生态环境公益诉讼起诉主体，主要通过支持起诉、协商调解等方式参与到生态环境损害赔偿诉讼中。④ 还有学者认为应将

① 参见罗丽：《生态环境损害赔偿诉讼与环境民事公益诉讼关系实证研究》，载《法律适用》2020 年第 4 期。

② 参见王伟、李春灵、余大杰：《生态环境损害赔偿诉讼与环境民事公益诉讼的竞合与衔接》，载《江汉大学学报（社会科学版）》2022 年第 39 期。

③ 参见王静：《生态环境损害赔偿刑法规制研究——以环境损害赔偿与环境民事公益诉讼顺位考量为视角》，载《法学杂志》2020 年第 41 期。

④ 参见颜卉、刘海燕：《生态环境公益诉讼与损害赔偿诉讼衔接机制的优化路径》，载《中国检察官》2022 年第 17 期。

生态环境损害赔偿诉讼的功能界定为"赔偿性"功能，将环境民事公益诉讼的功能界定为"赔偿性"功能和"预防性"功能相结合，并以后者为主，环境民事公益诉讼发挥赔偿性功能是以实现补充行政机关提起赔偿诉讼不足为目标。[①] 而潘牧天教授认为应当充分考量生态环境损害后果的不同程度，选择不同的诉权适格主体：达到严重损害程度的损害由政府提起诉讼，其他较轻的损害则由社会组织提起诉讼，二者均未提起诉讼时则由检察机关代位诉讼。对于达到严重损害后果构成犯罪的侵害行为，应前置设立诉前磋商机制，根据磋商结果，决定提起刑事诉讼，或提起刑事附带民事公益诉讼的方式予以后续接驳衔接。[②]

　　蔡颖慧、卢静还从环境民事公益诉讼的检察权定位及运行的角度出发，认为环境民事公益诉讼作为新时代人民检察院履行法律监督职责的重要领域，对于推动检察职能全面协调充分发展具有现实意义。环境民事公益诉讼具备吸收生态环境损害赔偿诉讼的法理依据和实践基础。检察权在广义的法律监督定位下，分为审查权、起诉权、狭义监督权三项权能。环境民事公益诉讼检察权基于公共利益代表和诉讼担当定位，以起诉权为显性权能，应避免凭借狭义监督权获得明显不当的诉讼优势地位；基于生态环境治理规律，以实现受损法益填补和生态环境修复为诉讼目的，并探索预防性环境民事公益诉讼制度，恪守检察权必要的谦抑性。构建以人民检察院支持起诉为主的环境民事公益诉讼检察权运行机制，人民检察院与政府系公益诉讼法定代理关系，当政府因特定事由不适宜作为公益诉讼原告的，由人民检察院履行"代位权诉讼"职责自行提起公益诉讼。同步构建人民检察院对环境刑事附带民事公益诉讼的一体化办案机制，建立相对统一的法律适用标准，将全面介入引导侦查取证与政府协同取证相结合，将赔偿磋商与人民检察院履行审查批捕、公诉等职能有机衔接，并对附带提起或另行提起环境民事公益诉讼进行风险

---

　　① 参见陈全波：《生态环境损害赔偿诉讼与环境民事公益诉讼的衔接》，载《山西省政法管理干部学院学报》2022 年第 35 期。

　　② 参见潘牧天：《生态环境损害赔偿诉讼与环境民事公益诉讼的诉权冲突与有效衔接》，载《法学论坛》2020 年第 35 期。

甄别。① 同时，王慧从我国环境民事公益诉讼的设计及其实践看，其发挥了环境行政司法执行的功能，如此方可合理解释环境民事公益诉讼案件对行为违法性和环境行政的强调，有效协调环境民事公益诉讼与生态环境损害赔偿诉讼的关系。环境民事公益诉讼使法院一定程度上参与环境行政执法，在我国大力推行环境司法专门化的时代背景下，法院有资源和能力处理涉案环境事务，不会替代传统的环境行政执法机构。为了有效发挥环境民事公益诉讼的司法执行功能，应当适度扩张而不是严格限制环境保护非政府组织的范围。在尊重环境行政机构执法自由裁量权的原则下，环境民事公益诉讼与环境行政执法应有效衔接，通过行政答复制度或诉前通知等待制度来强化环境行政参与是可选方案。②

十二、关于生态环保案件中的刑事附带民事诉讼和刑事附带民事公益诉讼

《最高人民法院、最高人民检察院关于检察公益诉讼案件适用法律若干问题的解释》（以下简称《解释》）第 20 条规定的刑事附带民事公益诉讼，是指检察机关在对破坏生态环境和资源保护、食品药品安全领域侵害众多消费者合法权益等损害社会公共利益的犯罪行为提起刑事公诉时，一并向法院提起附带民事公益诉讼。刑事附带民事诉讼是公法上刑罚权与私法上请求权的结合。刑事附带民事公益诉讼主要是刑事诉讼与民事公益诉讼的结合，从学理上看，刑事附带民事公益诉讼属于刑事附带民事诉讼。但就目前《刑事诉讼法》第 101 条规定的刑事附带民事诉讼与该解释第 20 条规定的刑事附带民事公益诉讼来看，检察机关提起刑事附带民事公益诉讼与刑事附带民事诉讼在权利归属、责任认定、责任承担等方面都存在一定的差异。③ 有学者不赞同"先行后民"，譬如汤维建认为刑事附带民事公益诉讼逐渐成为司法保护公益

① 参见蔡颖慧、卢静：《环境民事公益诉讼的检察权定位及运行》，载《河北法学》2022 年第 40 期。
② 参见王慧：《环境民事公益诉讼的司法执行功能及其实现》，载《中外法学》2022 年第 34 期。
③ 参见何艳敏、胡巧绒：《检察机关提起刑事附带民事公益诉讼的若干问题》，载《人民检察》2019 年第 18 期。

的常态性诉讼形式，是同时实现刑法目的和公益诉讼制度目的的最佳诉讼形式。但是刑事附带民事公益诉讼的立法规范尚属空白，司法实践和理论探讨中对此也缺乏重视。因此，应当修改《刑事诉讼法》将刑事附带民事公益诉讼上升到立法高度进行规范。刑事附带民事公益诉讼中无须规定诉前公告程序，被告主体不必保持绝对的一致性，案件管辖应当根据"就高不就低"的原则确定由中级人民法院管辖，审判组织不是非要采用 7 人合议庭制不可，审判顺序应当是刑事案件和公益诉讼案件并行交错而不是"先刑后民"等。①刘艺教授主要研究刑事附带民事公益诉讼的协同问题，经过发展，我国刑事附带民事公益诉讼实现了较好的模式协同。但在机制层面，我国刑事附带民事公益诉讼还需加强提起依据、受案范围、管辖、责任方式以及程序方面的协同，他认为从统一适用法律、诉讼力量均衡分配与成本效益等角度，可以更加合理地配置社会组织与检察机关保护公益的力量。在法律明确规定检察机关可以提起民事公益诉讼的案件领域，可以让检察机关享有优先的协同办理案件选择权。②周新认为应当在承认刑事附带民事公益诉讼独立价值的基础上，一以贯之坚持"刑主民辅"总原则，理顺刑事附带民事公益诉讼起诉主体、被告主体、责任承担等争议问题，以期最大限度地发挥刑事附带民事公益诉讼之作用。③谢小剑教授以裁判文书为样本对刑事附带民事公益诉讼：制度创新与实践突围展开研究。他主张刑事附带民事公益诉讼制度应当纳入刑事诉讼法的立法中，对于涉嫌犯罪的行为，刑事附带民事公益诉讼有其独特的价值，应提倡通过刑事附带民事公益诉讼的方式，借助公安机关强制侦查的力量，解决公益诉讼难的问题。④张佳华认为刑事附带民事环境公益诉讼作为刑事诉讼与民事公益诉讼的复合之诉，在实践中发挥着重要效用，但其实施过程中存在程序设置不足、证明责任及证明标准模糊、生态修复赔偿金裁

① 参见汤维建：《刑事附带民事公益诉讼研究》，载《上海政法学院学报（法治论丛）》2022 年第 37 期。

② 参见刘艺：《刑事附带民事公益诉讼的协同问题研究》，载《中国刑事法杂志》2019 年第 5 期。

③ 参见周新：《刑事附带民事公益诉讼研究》，载《中国刑事法杂志》2021 年第 3 期。

④ 参见谢小剑：《刑事附带民事公益诉讼：制度创新与实践突围——以 207 份裁判文书为样本》，载《中国刑事法杂志》2019 年第 5 期。

判混乱、监管不力等问题，需通过程序重塑加强顶层设计，包括规范刑事附带民事公益诉讼的提起主体、启动条件，构建多元化提出主体、刑民二元性的诉讼证明标准、多方主体并存的举证机制；在附带民事责任承担方面，建议设立专项基金、确定收取主体、完善赔偿金监管制度，为污染环境行为的有效惩治提供程序保障。①

　　整体来看，关于生态环保类案件损失评估工作，虽然理论界有较为丰富的相关研究成果，但是依然属于新兴研究领域，国内外较为缺乏具有针对性与深入性的研究成果。从检索到的国内文献资料来看，国内学者大多将重点放在环境损害评估技术层面的研究上，在分析域外国家的值得学习的经验时，也大多是从评估技术层面进行分析介绍，在生态环境损害评估的法律责任追究、评估主体的组成、评估资金的使用和监管等方面关注较少。生态环境损害评估制度研究，是在已有的环境损害评估理论基础上不断深化，旨在构建出适应评估发展需要的制度规范，为生态环境损害评估的司法实践提供完善的制度保障。从研究状况来看，如下几个方面尚存薄弱之处，不够深入且不够丰富，值得重点研究。

　　首先，关于生态环境损害赔偿磋商协议的法律性质。对于生态环境损害赔偿磋商协议的法律性质，实务界与学术界均存在不同的认识。② 一方面，实践中对生态环境损害赔偿磋商性质未能达成统一认识。自《生态环境损害赔偿制度改革试点方案》确立生态环境损害赔偿磋商制度以来，虽然通过磋商方式解决了大量的生态环境损害赔偿纠纷，但是到目前为止，还没有一部法律或者规范性文件明确生态环境损害赔偿磋商的性质。另一方面，理论上对生态环境损害赔偿磋商性质未形成共识。实践中对生态环境损害赔偿磋商协议法律性质的认定不够重视，究其根由乃是理论界尚未对该协议的法律性质形成较为一致的认识。从学理上对生态环境损害赔偿磋商协议法律性质予以科学界定，不仅关乎该磋商制度应有功效之发挥，而且是该项制度相关规则

①　参见张佳华：《刑事附带民事环境公益诉讼的经验反思与重塑》，载《学术界》2022年第6期。
②　参见陈俊宇、徐澜波：《生态环境损害赔偿磋商协议之性质厘定与司法效果》，载《当代法学》2022年第36期。

设计之逻辑起点。

其次，关于生态环境损害赔偿的法律属性。对于生态环境损害赔偿的法律属性定位不清，适用惩罚性赔偿的法理不足。对此，至少有三个方面需要进一步研究：（1）明确生态环境损害赔偿的体系定位。[①] 在我国生态环境法律责任体系结构中，需要将生态环境民事公益诉讼和生态环境损害赔偿两项制度合理定位，各司其位，这也符合《民法典》《民事诉讼法》等上位法对其区别设计的原意。我国公益诉讼制度类似于法国检察机关或具有"重大事业资格"的社会团体所提起的社团诉讼模式，并一直遵循公法路径进行设计。司法实践中，生态环境民事公益诉讼制度呈现出客观诉讼的特征，这一保护"公益"的公法制度显然不能适用《民法典》的惩罚性赔偿。反之，生态环境损害赔偿的定位一直存在较大争议，这一制度显然移植自法国的生态损害制度，除了对起诉资格基于本土需求做出了一定的限制和顺位安排外，对生态环境损害的定义，赔偿范围等规定均非常相似。法国以及其他欧洲大陆法系国家并不接受惩罚性赔偿，与其民法传统密切相关，显然，法国生态损害制度也不适用惩罚性赔偿。我国生态环境损害赔偿司法实践中则大量适用了惩罚性赔偿，可能造成理论解释与司法实践的脱节。学术界围绕生态环境损害赔偿是公法路径还是私法路径展开了诸多讨论。（2）厘清惩罚性赔偿纳入环境民事公益诉讼的理论基础。[②] 在我国环境保护领域，私人执法具体表现为环境民事公益诉讼制度。近年来，在生态环境压力日益凸显、传统公共执法模式功能受限的背景下，我国对各类通过诉讼进行的、为保护环境公共利益的环境法执行方式进行了探索，建立了包括环保团体提起的环境民事、行政公益诉讼，索赔权利人提起的生态环境损害赔偿民事公益诉讼，检察机关提起的环境民事、行政公益诉讼等一系列诉讼制度。在我国现有制度语境下，环境民事公益诉讼制度本质上就是私人执法在环境法领域的具体体现，具有私人执法所固有的特点，追求私人执法所欲实现的价值目标。并且惩罚性赔偿

[①] 参见彭峰：《惩罚性赔偿在生态环境损害赔偿中的适用限制》，载《政治与法律》2022年第11期。

[②] 参见周骁然：《论环境民事公益诉讼中惩罚性赔偿制度的构建》，载《中南大学学报（社会科学版）》2018年第24期。

（punitive damages）和私人执法均是英美法的舶来概念。两者都滥觞于"公私交融""公私合作"的时代，都体现了相似的时代印记，两者之间存在内在的价值契合。价值上的契合为在环境民事公益诉讼（私人执法）中引入惩罚性赔偿奠定了必要的基础。现行法律制度下，私人执法和惩罚性赔偿体现出借助私法手段实现公共政策、保护公共利益的特点。私人执法着重强调以私人提起民事诉讼的方式，实现以维护社会公共利益为目的的公共政策和法律；而惩罚性赔偿则是通过超额的赔偿责任，在惩罚违法行为人的同时，威慑潜在行为人，激励私人执行者，实现公共政策和法律。（3）完善生态环境惩罚性赔偿的法律适用。① 《民法典》创设的生态环境损害惩罚性赔偿规则是对日益严峻的生态环境问题的回应，是与刑法、行政法惩戒功能相衔接联动的民事规则，也是对以"填平损失"为核心的环境侵权民事救济制度的补充，同时也为补偿社会公共利益损失提供了制度创新。生态环境损害惩罚性赔偿在我国的法律实践中经历了从无到有的过程。但规则适用的特殊性及其配套制度仍有待完善。生态环境损害惩罚性赔偿规则除了具有惩罚与救济等功能外，还兼具保护生态环境这一社会公益的特殊功能。通过横向对比消费者权益、食品安全以及产品责任和知识产权等领域，生态环境损害惩罚性赔偿规则目前仍缺少生态环境部门法领域内的制度支撑。同时，规则本身的适用具有更严格的条件，包括侵害行为须具备违法性前提、侵害的客体为遭受损害的生态功能和环境要素、侵害须达到后果严重以及侵权人主观故意等。在具体的规则完善中，有必要基于生态环境的公共利益属性适当扩大请求权主体的范围，基于惩罚的严格法定性明确举证分配和证明标准，考虑"重大过失"纳入过错要件的可能性，基于生态环境要素的特殊性设定特有的赔偿内容、计算方式和责任限额。

最后，关于诉权冲突的问题。② 多种类型诉讼的存在导致现有制度因法律多重授权造成诉权冲突，相关问题亟待解决，主要表现为：（1）明确生态环

---

① 参见宋海鸥、杨宇静：《生态环境损害惩罚性赔偿规则的检视与适用》，载《中国环境管理》2022 年第 14 期。

② 参见颜卉、刘海燕：《生态环境公益诉讼与损害赔偿诉讼衔接机制的优化路径》，载《中国检察官》2022 年第 17 期。

境损害赔偿诉讼的性质。原环境保护部有关负责人对《生态环境损害赔偿制度改革方案》进行解读时，认为建立生态环境损害赔偿制度旨在弥补国家所有的自然资源在遭受侵害时主体缺失的不足，生态环境损害赔偿诉讼侧重于对国有资源损害提起索赔，与生态环境公益诉讼的关系有待进一步探索和完善。最高法相关负责人也提出"生态环境损害赔偿诉讼是不同于环境民事公益诉讼和普通环境侵权责任诉讼的一类新的诉讼类型"的相同观点。根据我国《立法法》第8条第10项的规定，诉讼制度必须通过制定法律予以确立。我国尚未见到与生态环境损害赔偿诉讼有关的法律，因此，对该特殊诉讼的内涵解读也存在较大分歧。围绕生态环境损害赔偿诉讼的属性大体上有公益诉讼说、普通民事诉讼或私益诉讼说、公益诉讼说和混合诉讼说、公权说视野下的公产诉讼说几种典型学说。上述学说皆从各自的角度切入，存在不同的缺陷。对于生态环境损害赔偿诉讼的性质界定关乎此项改革的制度构建及与其他关联诉讼之间的衔接契合度，有必要通过顶层立法的方式择一学说作为生态损害赔偿诉讼的理论基础。（2）厘清行政机关、检察机关、社会组织的职能权限。《最高人民法院关于审理生态环境损害赔偿案件的若干规定（试行）》施行后，生态环境保护已经形成了由政府机关、检察机关、社会组织三方主体共同构成的制度合力。三者合力并非要求每一个主体均以提起诉讼为必要，对生态环境公共利益的保护，三方主体之间应当有所分工和侧重。如果单纯依靠行政执法，如行政处罚、行政强制等手段对相关企业进行处罚，也难以让公众信服。通过生态环境损害赔偿诉讼的司法途径引入第三方作为评判，不仅能够使当事人与行政机关以平等主体的地位共同参与到诉讼程序中，还能够避免行政机关背负"行政权过大"的负担。（3）完善相关立法规定。《最高人民法院关于审理生态环境损害赔偿案件的若干规定（试行）》对生态环境损害赔偿诉讼和生态环境民事公益诉讼的衔接程序进行了明确，但是仍然有制度真空地带，亟须细化规则予以填补，譬如生态环境损害赔偿磋商程序与环境民事公益诉讼、环境公益诉讼、生态环境损害赔偿诉讼的衔接问题。

生态环保类案件责任界定研究综述

刘 琳*

（中国人民公安大学法学院）

环境问题日趋多样化，环境法律关系日益复杂，生态环保类案件责任界定规则体系成为我国环境法理论与环境司法实践中的一个重要问题。综观国内外研究，关于生态环保类案件责任界定规则体系的研究情况如下。

一、环境法律责任研究以三大部门法责任为主要框架，近年逐渐聚焦于生态环境损害赔偿责任

目前，国内学者对环境法律责任的研究可分为两大类型：一是以三大部门法责任为框架进行研究，主要包括关于环境法律责任的归责原则、损害赔偿的范围、因果关系的认定、环境法律责任的社会化、环境公益诉讼等方面的研究。代表性专著有：张梓太的《环境法律责任研究》、常纪文的《环境法律责任原理研究》。二是以环境法律责任承担主体为分类标准进行类型化研究，包括张建伟的《政府环境责任》、韩利琳的《企业环境责任法律问题研究》等。

此外，越来越多的学者提出环境修复法律责任的独立研究，如刘超的《环境修复审视下我国环境法律责任形式之利弊检讨——基于条文解析与判例研读》等。随着环境法律责任整体研究越来越成熟，逐渐呈现出整体上的固定性。近年来理论界与实务界的关注热点主要聚焦于生态环境损害赔偿责任，主要著作有彭中遥的《生态环境损害赔偿诉讼制度研究》，论文主要有徐以祥的《〈民法典〉中生态环境损害责任的规范解释》、程玉的《生态损害法律责

---

* 刘琳，女，中国人民公安大学法学院讲师，硕士生导师。

任规则私法路径的完善》等。

以三大部门法责任为框架展开环境法律责任研究就决定了生态环保类案件责任界定研究呈现出借鉴与开拓并重的特征，具体来说：第一，生态环保类案件责任界定规则的研究可以分为环境民事法律责任界定规则研究、环境行政法律责任界定规则研究、环境刑事法律责任界定规则研究。虽然近年来越来越多的学者开始研究独立之下的环境法律责任界定规则，但大体上还是难以完全脱离民法、行政法、刑法这三大传统部门法的基本理论与原则。第二，环境民事法律责任界定规则、环境行政法律责任界定规则、环境刑事法律责任界定规则中皆有不同程度的突破。例如，惩罚性赔偿在环境民事法律责任中的运用突破了民事法律责任中传统的填平原则，按日连续处罚在环境行政法律责任中的运用突破了行政法律责任中最为传统的一事不再罚原则，非刑罚性处置措施在环境刑事法律责任中的大量运用一定程度上突破了刑事法律责任中传统的严厉性。第三，环境公益诉讼与生态环境损害赔偿诉讼作为特殊的诉讼形式，不仅在程序上突破了传统诉讼形式，也反作用于实体中的环境法律责任界定规则。例如，生态环境损害赔偿诉讼是政府作为原告起诉造成生态环境损害的自然人、法人及有关组织，显然无法归类于现有立法体系中的任何一种诉讼，这种程序上的创新与开拓也反作用于实体中法律关系与法律责任界定的研究。从实体上通说认为与环境侵权法律关系较为相似，但通说也认为生态环境损害赔偿责任的界定规则与环境侵权界定规则并不完全一致，也不应完全一致。

环境法律责任界定研究延续了环境法学的借鉴与开拓并重的特点，这也给实务工作带来了较多的挑战与考验。因此，与其他部门法相比，生态环保类案件审判更需要技术的辅助。生态环保类案件往往会面对较多的新问题与新难题，有的问题可以在现有立法中找到答案，但也有不少问题无法在现有立法中找到直接的依据，因此，可以通过技术手段梳理、总结现有立法规定、实务做法以及理论界观点，从而给一线司法工作提供参考。

二、环境法律责任的研究以民事责任为主，环境民事法律责任研究以损害赔偿为主，逐渐从事后救济方式转为预防方式

国外学者对环境法律责任的总体研究中，既包括第一性责任的研究，也包括第二性责任的研究，还有的是把这两种"责任"混合在一起加以研究。其中，主要的研究方向是以环境民事法律责任为主，围绕着环境损害（environmental damage）展开，对环境损害行为的范畴、环境损害结果的认定、环境损害行为与环境损害结果之间的因果关系、是否为严格责任、环境损害赔偿的计算标准等研究较多。对于环境民事法律责任承担方式的研究则以损害赔偿方式为主，着重对损害赔偿的方法、范围进行讨论，尤其是对海洋油污污染、核污染的赔偿范围有较多研究，最大的变化是从偏重利用私法中的赔偿制度解决环境损害转为利用公法中的预防和修复制度解决环境损害。具有代表性的著作与期刊论文主要有：麦克·富尔（Micheal Faure）的《环境损害赔偿的转移》（Shifts in compensation for Environmental Damage）、卢卡斯·博格坎普（Lucas Bergkamp）的《国际环境损害民事责任的公、私法问题以及责任与环境问题》（Liability and Environment、Private and Public Law Aspescts of Civil Liability for Environmental Harm in an International Context）等。

国内学者对环境民事法律责任的研究主要包括以下内容。

（一）相较于传统民事法律责任，环境民事法律责任具有显著特征

张璐认为，环境问题中涉及的生态损害，具有不确定性、长远性以及专业性等特征，具体量化困难且责任履行难度大。民事责任原有的实际赔偿以及直接履行往往难以实现。[①]

徐以祥认为，《民法典》侵权责任编将"污染环境和生态破坏责任"单列为一章，将"环境侵权责任"区分为生态环境私益侵权责任和对生态环境公共利益损害进行救济的生态环境损害责任。[②]

刘静认为，生态环境损害赔偿诉讼中大量通过违法行为推定而非通过证据证明案件事实；认定损害时严重依赖虚拟治理成本；污染案件责任认定时评估鉴定费用较高。[③]

---

① 张璐：《环境法与生态化民法典的协同》，载《现代法学》2021 年第 2 期。
② 徐以祥：《〈民法典〉中生态环境损害责任的规范解释》，载《法学评论》2021 年第 2期。
③ 刘静：《生态环境损害赔偿诉讼中的损害认定及量化》，载《法学评论》2020 年第 4 期。

蔡唱认为，环境法律责任认定的规范体系具有稳定性。《民法典》环境侵权责任章是在《侵权责任法》第 8 章的基础上作出的修改和完善，包括增加了三个条文以及对章标题和已有条文的完善。比较新旧法律条文，归责原则、举证责任倒置和第三人追偿等规定基本保持稳定。①

通说认为，环境侵权确实与传统的民事侵权在客观上具有不同之处：第一，环境侵权的原因行为具有价值判断上的双重性。例如，开办工厂是不少环境侵权的原因行为，开工厂不仅是正常的合法的取得行政许可的经济发展行为，而且是能够促进我国经济发展与民生发展的有利行为，这是开工厂这一行为在价值判断上的有利性；而开工厂往往也会导致不同程度的环境污染与生态破坏，这自然又会形成一种价值判断上的否定性。这一特点在其他民事侵权中极少见到，这也就决定了环境侵权的责任界定规则必然有所不同，如我国立法规定环境侵权的构成要件中不考虑行为人是否具有主观上的过错。第二，环境侵权的结果具有不确定性与潜伏性的特征。不确定性与潜伏性也就给法律中因果关系、损害结果的计算造成困难，所以，环境侵权发展出了与传统民事侵权不同的损害结果计算方式，即虚拟成本计算法。第三，环境侵权的因果关系具有复杂性与复合性的特征。以市环保联合会诉农化公司等六家公司污染责任纠纷案为例，市环保联合会诉农化公司等六家公司污染责任纠纷案是一起以水污染引起的环境民事公益诉讼，在泰州案中，被告就提出了现阶段检测水体已检测不出水质不达标、水体污染不一定都是被告所造成的等答辩理由，这也体现出了因果关系的复杂特征。② 由于人类科学技术水平的有限性、水体具有自净能力、水是流动的等客观原因，就给原本复杂的因果关系又增加了复合性，所以也能看到环境侵权在因果关系的举证规则中也形成了以推定为主的举证责任倒置规则。

（二）环境民事法律责任有拓宽责任承担方式和扩大救济范围的发展趋势

刘长兴认为，环境民事法律责任有明显加重惩罚的倾向，主要体现于惩

---

① 蔡唱：《民法典时代环境侵权的法律适用研究》，载《法律适用》2020 年第 4 期。

② 参见（2015）民申字第 1366 号裁定，本书案例均载中国裁判文书网，以下不再标注。

罚性赔偿制度在环境侵权领域的适用。①

秦天宝认为，环境民事公益诉讼制度和生态环境损害赔偿制度不断发展。我国现有环境侵权救济体系的安排、理论和实践重视民事公益诉讼而忽视私益诉讼，未给予私益损害救济目的之实现以足够关注。②

刘静、宋洋溢认为，《民法典》侵权责任编将具有预防作用的侵权责任承担方式——"停止侵害""排除妨碍""消除危险"作为独立的条文提至第一章一般规定中，区分了防御性责任与损害赔偿责任，应当通过绿色条款对第1167条进行扩张性解释以涵盖环境民事公益诉讼。在环境民事诉讼中适用防御性责任时应当以侵权行为、妨害、侵权行为与妨害间的因果关系为构成要件并重视利益衡量在决定救济形式方面的作用。③

不论是责任承担方式的拓宽，还是救济范围的扩大，都体现出了环境民事法律责任界定规则的研究热点所在。一方面当然是因为环境侵权较之传统民事侵权所具有的特点，因此需要更为多样的承担方式，需要更为全面的救济范围；另一方面承担方式的拓宽、救济范围的扩大也会对责任界定规则提出新的考验，甚至是改变了责任界定规则。例如，惩罚性赔偿已被《民法典》所确认，同时也确认了应用惩罚性赔偿时要以行为人具有主观故意为前提，也就是说，惩罚性赔偿看起来只是一种承担方式的变化，但已经改变了自《侵权责任法》以来就确立的环境侵权的无过错归责原则，将其改为了过错归责原则。

（三）通说认为以无过错为环境私益民事法律责任的归责原则，但对生态环境损害赔偿责任的归责原则仍有不同理解

通说认为以无过错为环境民事法律责任的归责原则，但对生态环境损害责任的归责原则仍有一些争议。

① 刘长兴：《超越惩罚：环境法律责任的体系重整》，载《现代法学》2021年第1期。
② 秦天宝：《我国环境民事公益诉讼与私益诉讼的衔接》，载《人民司法》2016年第19期。
③ 刘静、宋洋溢：《环境民事诉讼中的防御性责任研究》，载《南京工业大学学报（社会科学版）》2022年第6期。

观点一：无过错责任原则。张新宝认为，实践中大量的环境公益诉讼案件在追究损害人责任时回避了责任人的"过错"这一问题，在事实上适用了与生态环境私益侵权责任同样的无过错责任归责原则。但是在具体的构成要件方面，增加了行为的违法性这一构成要件。[1]

观点二：过错责任原则。徐以祥认为，《民法典》第 1234 条和第 1235 条规定的"违反国家规定造成生态环境损害"，一方面确定了我国的生态环境损害责任采用过错责任的归责原则，另一方面限定了生态环境损害责任中"过错"的认定标准，即以"违反国家规定"为过错的认定标准。生态环境损害侵权的侵害人和利益受损方并没有强弱明显的利益对比关系，其涉及的利益衡量是个人的经济利益及其他公共利益和生态公共利益的衡量，简单地适用无过错责任违背了公平原则，因此应适用过错责任原则。[2]

观点三：归责原则应类型化处理。吕忠梅等认为，发生环境污染事故应当适用无过错责任原则，而一般情形下生态环境损害适用过错责任原则。[3] 竺效认为，对于那些引发生态环境损害有一般性、内在固定危险性的活动，采用无过错责任原则；对于那些不具有造成生态环境损害普遍性的行为，采用过错责任归责原则。[4]

（四）对责任构成要件的研究变化不大

生态环境私益侵权责任的构成要件是：其一，污染环境或破坏生态的行为；其二，被侵权人人身、财产或其他权益的损害；其三，污染环境或破坏生态的行为与被侵权人人身、财产或其他权益的损害之间具有因果关系。

徐以祥认为，生态环境损害责任的构成要件是：其一，污染环境或破坏生态的行为；其二，存在违反国家规定的过错；其三，生态环境本身的损害；

① 张新宝：《中国民法典释评》，中国人民大学出版社 2020 年版，第 207 页；最高人民法院民法典贯彻实施工作领导小组主编：《民法典侵权责任编理解与适用》，人民法院出版社 2000 年版，第 500 页。
② 徐以祥：《〈民法典〉中生态环境损害责任的规范解释》，载《法学评论》2021 年第 2 期。
③ 吕忠梅等：《环境损害赔偿法的理论与实践》，中国政法大学出版社 2013 年版，第 77—78 页。
④ 竺效：《生态损害综合预防和救济法律机制研究》，法律出版社 2016 年版，第 157 页。

其四，污染环境或破坏生态的行为与生态环境损害之间具有因果关系。①

（五）对新型责任承担方式的研究较多

刘士国认为，环境修复责任，是指因实施生态环境损害而依法承担的恢复环境生态功能的责任方式，是民法责任恢复原状的特殊情形。修复责任的适用条件是：加害人实施了损害生态环境的行为并造成生态环境损害；有修复的可能和必要，并且以恢复破坏的环境功能为标准；修复是由责任人直接承担责任。②

刘琳认为，我国环境法律责任承担方式不应再围绕着三大传统部门法责任来研究与发展，而应当为环境法律责任配备独立的、自成体系的、实施效果更好的承担方式，可以按照环境法律责任的实现目标，发展出适合我国国情的惩罚警示、救济私益损害、救济公益损害、修复生态、环境教育、预防环境风险这六种环境法律责任承担方式。只有构建专门的环境法律责任承担方式，才能真正地、全面地实现治理污染、修复生态环境的目标。③

对于惩罚性赔偿责任，梁勇等认为，《民法典》第1232条规定："侵权人违反法律规定故意污染环境、破坏生态造成严重后果的，被侵权人有权请求相应的惩罚性赔偿。"但是，环境侵权惩罚性赔偿制度的规定仍较为原则，对请求权人、故意的形态、行为方式、损害后果和因果关系等构成要件规定并不明确，有待于进行法律适用研究。④

对于生态环境损害赔偿责任，蔡唱认为，《民法典》第1233条规定："因第三人的过错污染环境、破坏生态的，被侵权人可以向侵权人请求赔偿，也可以向第三人请求赔偿。侵权人赔偿后，有权向第三人追偿。"此条是对因第三人过错致环境污染、生态破坏责任的规定，继受了《侵权责任法》第68条并增加"破坏生态"的惩罚条款。在法律适用中，各案涉及的赔偿损失或费

---

① 徐以祥：《〈民法典〉中生态环境损害责任的规范解释》，载《法学评论》2021年第2期。

② 刘士国：《民法典"环境污染和生态破坏责任"评析》，载《东方法学》2020年第4期。

③ 刘琳：《环境法律责任承担方式的新发展》，中国社会科学出版社2019年版，第175页。

④ 梁勇、朱烨：《环境侵权惩罚性赔偿构成要件法律适用研究》，载《法律适用》2020年第23期。

用的构成往往会有所差异。在法律适用中，须应对环境侵权私益损害救济的特殊性。由于环境侵权行为导致的人身、财产等私益损害的产生、发展和扩大常经历较长过程，因此对该类损害的救济方式单纯以金钱填补不能达成其目的。应关注环境侵权中赔偿损失的特殊问题，包括环境侵权损害赔偿以及特殊目的损害赔偿医疗费用的支付方式和支付对象。①

"代履行"也多次出现在我国司法实践中，如市环保联合会诉农化公司等六家公司污染责任纠纷案中，法院一审判决被告共同支付1.6亿元的修复费用，法院二审维持了这一判决。法院在二审判决判令若被告通过技术改造对污染物进行循环利用，明显降低环境风险，一年内没有因环境违法行为受到处罚的，可以向法院申请在延期支付的40%额度内抵扣。② 对于"代履行"，陈建华认为，"代履行"是生态环境修复主要的一种履责方式，对于保障生态环境修复具有重要意义：一是有利于被损害生态环境的修复，二是有利于破解修复费用执行难的困境，三是有利于完善生态环境修复责任方式。③

必须说明的是，我国环境法律责任承担方式的发展一直以来都是实践领先于理论与立法，更多都是司法实践推动理论研究与立法的发展与完善，这为理论研究提供了较多的空间与需求，也为智能审判在生态环保领域的应用提供了空间与需求。例如，在我国环境司法实践中，法院利用司法解释权对现有恢复原状的责任承担方式扩大解释为一种生态修复的承担方式，我国环境法律责任中的恢复原状承担方式也正在发展出一种新型的法律责任承担方式，即生态修复的承担方式。《民法典》第1234条、第1235条也确立了生态修复的方式。实现生态修复应包括两大部分内容：一部分是清理、治理污染的部分，即对已经造成的污染或破坏进行清理与治理工作。另一部分则是对生态环境的整体恢复，这种恢复较为复杂，需要恢复生境、提高退化环境的生产力，并去除干扰以加强保护、维持其服务功能。④

综上，环境民事法律责任界定规则的研究主要呈现出以下特征与倾向：

---

① 蔡唱：《民法典时代环境侵权的法律适用研究》，载《法律适用》2020年第4期。
② 参见（2015）民申字第1366号裁定。
③ 陈建华：《环境污染责任纠纷案件代履行制度的实证研究》，载《法律适用》2020年第10期。
④ 郑昭佩：《恢复生态学概论》，科学出版社2011年版，第94页。

第一，环境私益侵权责任的归责原则、举证规则、损失计算、救济方式等本就属于传统民法责任中的基本理论问题，自然也就呈现出定型化的特征，立法已明确规定以无过错为归责原则、因果关系的举证责任倒置为举证规则、虚拟成本计算法为常用的损失计算、诉讼为主要的救济方式，理论界与实务界基本上也认可以上内容。智能审判可以将以上内容的多位阶法律依据、指导性案例等内容分门别类地梳理出来，为实践工作提供参考。第二，环境民事公益诉讼与生态环境损害赔偿诉讼同样涉及归责原则、举证规则、损失计算、救济方式等基本内容，基本沿用了《民法典》等民事规定，学界也越来越关注此类研究，做了大量的比较研究，将国内外类似的诉讼类型与法律责任规则进行对比，将环境私益侵权责任与环境公益侵权责任、生态环境损害赔偿责任进行对比等。第三，未来研究可从性质上作出根本性判断，从而对环境民事法律责任的界定规则做出更为系统、全面的研究与规定。

三、环境行政法律责任研究以环境治理理论为依托，强调加重责任后果和处罚力度，对环境行政处罚研究较多

我国国内对环境行政法律责任的研究主要分为两种类型，一类是以环境行政法律责任主体为线索，分别对政府环境法律责任、企业环境法律责任进行研究，包括张建伟的《政府环境责任论》、韩利琳的《企业环境责任法律问题研究》；另一类是以行政手段为标准进行分类研究，包括对环境行政处分、环境行政处罚、环境行政复议等的研究，包括李铮的《环境行政处罚权研究》、刘长兴的《论环境损害的政府补偿责任》等。国内学界对政府环境法律责任的研究较多，有的提出政府环境法律责任的承担不应局限于行政处分或行政赔偿，应当加强对行政行为的确认或更改乃至撤销，还有的提出对政府绩效考核标准的多元化，如李挚萍的《论政府环境法律责任——以政府对环境质量负责为基点》、陈海嵩的《政府环境法律责任的实证研究——以环境风险防范地方立法评估为例》等。国内学界对企业环境法律责任的研究多是以低碳经济为视角，以环境行政处罚为主要承担方式进行研究，对环境行政处罚的研究更多的是强调了加大处罚力度，如程雨燕的《环境行政处罚的立法方向——兼论〈环境保护法〉的修改》、严厚福的《环境行政处罚执行难中

的司法因素：基于实证分析》等。

国外环境行政法律责任的研究更关注的是国家责任或政府责任，以卡罗尔·哈洛的《国家责任——以侵权法为中心的展开》为代表，将环境法律责任中国家责任的范围从"公域"扩展到了"私域"。国外对环境治理理论的研究主要集中在多中心治理理论、社会资本理论、协商民主理论、"第三条"道路理论、政策网络理论等。迈克尔·波兰尼最早在《自由的逻辑》一书中提出"多中心"一词，文特森·奥斯特罗姆与埃莉诺·奥斯特罗姆夫妇则对多中心治理理论进行了实证检验，更强调多中心的互动、创立治理规则与治理形态的能动性；社会资本理论是由布迪厄、科尔曼、帕特南建立的理论体系；协商民主理论由约瑟夫·比塞特首次提出，经过伯纳德·曼宁与乔舒亚·科恩发展以及罗尔斯和尤尔根·哈贝马斯的加入，目前已成为西方政治学说的焦点。不同的理论基础决定了不同承担方式的设定，各国均意识到加大违法者法律行政责任是有效的，也是必要的，所以许多国家在重修或建立法律之初纷纷加重了责任后果和处罚力度，试图通过威慑力和严惩不贷的态度教育警示生产者，转变之一即为规定了连带责任，不仅追究公务人员的责任，还要追究公司管理层的个人责任。例如，印度法律规定，公司、私人协会、政府违反法律时，由其主管人员负个人责任；在印度尼西亚，对构成故意损坏环境的违法者，轻可行政处分，重可构成刑事责任。

与环境民事法律责任、环境刑事法律责任相比，环境行政法律责任具有以下特征：第一，环境行政法律责任的承担主体广泛。环境行政法律关系属于行政法律关系的一种具体类型，因此行政法律关系的相关内容同样适用于环境行政法律关系。环境行政法律责任的主体就是环境行政法律关系的主体，包括环境行政主体与环境行政相对人两大类。第二，环境行政法律责任的追究主体与程序多元。相较于环境民事法律责任主要依赖于司法手段来救济，环境行政法律责任的追究手段则更为多元。环境行政法律责任的追究程序包括行政程序、司法程序、监察程序等，环境行政法律责任的追究主体也就包括各级人民政府相关部门、人民法院、人民检察院、监察委等多元主体。第三，环境行政法律责任是一种法律责任。环境行政法律责任是违法行为人承担的法律上的不利后果，属于法律责任的一种具体表现形式，有别于政治责任、纪律责任以及道义责任。法律责任的形成是因为违反法律上的义务关系，法律责任的追究和执行是由国家强制力实施或者潜在保证的。① 因此，环境行政法律责任是一种法律责任，而不是其他社会责任。第四，环境行政法律责任是惩罚与补救相结合的法律责任。环境民事法律责任以补救损害、填平损失为主，环境刑事法律责任更多的是通过刑罚的威慑力来遏制犯罪的再发生，以惩罚为主要表现形式。相较而言，环境行政法律责任是环境民事法律责任与环境刑事法律责任之间的缓冲地带，也就兼具了惩罚与补救两种特性，环境行政法律责任的实现既体现了惩罚的手段，也体现了补救的意义。

相较于环境民事法律责任界定研究，环境行政法律责任界定研究更多地沿用了传统行政法中的内容，主要研究内容较为分散，往往是专注于极富环境法特点的内容或因立法修改新增的一些内容，具体如下：

1. 对于政府法律责任的研究，较多地聚焦于约谈等新方式，以及与党内法规的结合来进行研究。朱军、杜群认为，在国家治理与公共权力运行场域的背景下，以法律系统与政治系统的协同机制为基础，衍生出的生态环境保护法律与政治责任的协同，其本质是环境风险驱动行政权扩张之后党政统一内涵意蕴下公共权力运行的责任应对，也是一种侧重于行政立法与执法的规范正义监督。在政府生态环境保护法律责任不济、环境目标不达的情况下，涉及生态环境保护的党内法规所促动的法律责任与政治责任功能协同，推动政府环境治理发挥了应有的规范功能作用，有效扭转了生态环境保护法律责任失灵现象，实现了环境法治各项既定目标。②

2. 对于行政相对人法律责任的研究，更多是集中于按日连续处罚这类较具争议的形式。严厚福认为，"按日连续处罚"制度已经在环境执法中显示了巨大的威慑力，但"按照原处罚数额按日连续处罚"的计罚模式不符合行政法中的"比例原则"。在违法行为"先轻后重"或者"先重后轻"的情形下，都可能造成"过罚不当"的问题。对于初始违法情节类似，但复查时违法情节大相径庭的不同违者，会出现"不同情节相同处罚"的不公平情形。在

① 张文显：《法哲学范畴研究》，中国政法大学出版社2001年版，第122页。
② 朱军、杜群：《党内法规视域下生态环境保护法律责任与政治责任的功能协同》，载《理论月刊》2021年第10期。

现有制度框架下，对于"先重后轻"的违法行为，可以考虑在违法者的改正行为已经取得显著成效的情形下不予按日连续处罚，同时依据《生态环境行政处罚办法》的规定，将已经显著减轻的违法排污行为视为新的违法行为进行处罚。对于"先轻后重"的违法行为，可以在进行按日连续处罚时，视具体违法情节动用限产停产、查封扣押或者行政拘留等处罚措施。① 杜辉认为，按日计罚制度在我国仍是一个尚待检验的执法实验。违法排污的行为类型及其所违反义务的类型共同构成了解释、检讨和修正《环境保护法》第 59 条的基础。在规范层面，按日计罚涵摄"直接禁止"和"限期改正"二元结构，它们在法理上可以被分别解释为秩序罚和执行罚。按日计罚旨在促使义务人停止违法行为或为积极改善的义务，而非以处罚为终极目的，因此其适用必须遵守相应的规则并在相关规则约束下从实体和程序两个层面建构系统的方法体系。②

四、环境刑事法律责任研究仍延续了传统刑法的研究，对环境犯罪类型的具体问题研究较多，呈现出刑罚方式与非刑罚方式并重的特点

国外对于环境刑事法律责任的研究多从环境犯罪的概念入手，着重对严格责任的适用进行研究，从而提出资格刑在环境犯罪中的适用研究，强调刑罚方式与非刑罚方式的并驾齐驱。关于环境刑事法律责任承担方式，各国基本形成刑罚方式与非刑罚方式并重的局面。就刑罚方式而言，短期自由刑、罚金刑、资格刑成为适用的主要刑罚；就非刑罚方式而言，以修复改造、资格刑为特色的措施设置较为普遍。

我国对环境刑事法律责任的研究多是将"环境犯罪"或"环境刑法"作为题目，主要有付立忠的《环境刑法学》、李希慧等的《环境犯罪研究》、冯军的《破坏环境资源保护罪研究》、郭建安的《环境犯罪与环境刑法》、陈珊的《水生态环境犯罪刑事法治体系研究》等。我国对于环境刑事法律责任的研究主要内容如下。

---

① 严厚福：《"比例原则"视野下我国环境执法按日连续处罚制度的完善》，载《中国环境管理》2021 年第 1 期。

② 杜辉：《环境法上按日计罚制度的规范分析——以行为和义务的类型化为中心》，载《法商研究》2015 年第 5 期。

（一）环境刑事法律责任的刑法性质不变

王树义等认为，环境刑事法律责任从属于刑事法律责任：在我国现行法律框架下，环境刑事法律责任是从属于刑事法律体系的。[①]

刘之雄认为，随着现代环境法律制度的建立并逐步完善，环境刑法上的严格责任正趋于软化和衰落。[②]

刘琳认为，我国环境刑事法律责任的发展特点有：（1）罚金刑成为环境刑事法律责任的主要承担方式之一。虽然，罚金刑的适用并不以经济损失为前提条件，但罚金刑的设置逻辑中包含了经济损失的现实考量。环境犯罪或者直接造成了环境污染治理的开销，或者造成了环境行政资源的浪费，这就使得罚金刑在环境犯罪中的适用不仅具有谴责之意，也具有了现实需求。（2）非刑罚性处置措施的适用频率增高。虽然，我国《刑法》未在"破坏环境资源保护罪"专节中专门规范非刑罚性处置措施的适用，但我国环境司法实践对非刑罚性处置措施的适用与日俱增，尤其是对职业禁止的适用。（3）涌现出"补植复绿"等修复生态的新承担方式。目前，补植复绿几乎已经成为所有与林业资源相关的环境刑事案件的法律责任承担方式。[③]

（二）环境刑事法律责任的归责原则研究存在一定争议

观点一：刑法应当坚持过错责任原则。

刘艳红认为，刑法对环境犯罪的主观罪过应该保留过错责任原则。以与《民法典》环境污染和生态破坏责任的无过错责任原则形成轻重有别、层次分明的责任体系，这恰恰是刑法与民法环境治理责任追究的衔接体现。如果要坚守刑法责任主义与现有犯罪论体系，我国刑法不应引入严格责任，环境犯罪的特殊性也不能成为打破现有刑法责任体系的理由。从刑民一体化思维出发，刑法对环境犯罪的治理，应该与《民法典》无过错责任的归责原则相衔接。这种衔接是基于多层次的责任设置要求从民法无过错责任到刑法过错责

---

① 王树义等：《环境法基本理论研究》，科学出版社 2012 年版，第 125 页。
② 刘之雄：《环境刑法的整体思维与制度设计》，载《法学论坛》2009 年第 5 期。
③ 刘琳：《环境法律责任承担方式的新发展》，中国社会科学出版社 2019 年版。

任的衔接，而不是归责原则上的等同。①

刘之雄认为，我国环境刑法没有必要采行严格责任原则：总体上看，在环境刑法上采行严格责任的国家和地区数量有限，适用范围有限，且在司法适用中受到种种限制而趋于软化，一定程度上在向罪过责任原则回归。我国的环境刑法是否应借鉴国外的严格责任制度，不是一个局部性的技术问题，也不是一个观念革新的问题，而是一个需要用整体思维通盘考虑的问题。首先，我国的环境管制法律体系已经建立并逐步完善，在主要的环境污染领域，都有较为具体明确的管制规则及排放标准，环境危害行为的过错认定不再是一个突出的问题。其次，环境刑法的完善需要通盘考虑，如果今后的环境刑法像许多人呼吁的那样，将环境利益作为基本的保护法益，将对环境的危害结果作为构成要件结果，并相应地将主观过错定位于对环境危害结果的过错，则其罪过的认定就没有独特的困难可言。最后，从环保制度体系看，刑罚在众多手段中不是最有效的手段，也不是一种经济的手段，不具有优先选择性，而对于不具有可非难性的行为或者可非难性难以定夺的行为，动用刑罚更应该慎之又慎。因此，即使对于环境危害不明的新兴产业造成的环境危害，也没有必要通过严格责任予以刑罚处罚。②

观点二：中国环境犯罪刑罚处罚的适用原则没有引入严格责任制度，导致相关刑罚的震慑效果大为减弱。

陈璐认为，对于环境犯罪的归责原则，中国1979年《刑法》和现行《刑法》遵循的均是传统的过错责任原则。据此，检控方在指控环境犯罪时，不仅要证明具有客观上污染或破坏环境的行为（在结果犯中还要证明发生了法定的危害后果），而且需证明行为人行为时存在主观罪过。笔者认为，中国在环境犯罪中完全排斥严格责任的运用是环境刑法的一个缺陷，不利于过错责任原则在环境犯罪中的贯彻执行，使刑罚的威慑力大为减弱，无法满足社会对环境保护的需要，也有悖于严格责任原则在各国环境刑法立法中的发展趋势。③

---

① 刘艳红：《民法典绿色原则对刑法环境犯罪认定的影响》，载《中国刑事法杂志》2020年第6期，第3—19页。
② 刘之雄：《环境刑法的整体思维与制度设计》，载《法学论坛》2009年第5期。
③ 陈璐：《当代中国环境犯罪刑法立法及其完善》，载《现代法学》2011年第6期。

观点三：可以适当适用严格责任原则。

侯艳芳认为，我国环境犯罪的刑事犯特征决定了不宜大范围适用严格责任。环境犯罪已经日渐发展为具有伦理责难性的行为，人们对环境犯罪的道德容忍度急剧降低，严惩环境犯罪成为社会发展的迫切需要。因此，环境犯罪的设置宜由行政犯向刑事犯逐步转化。我国环境犯罪已经具备明显的刑事犯特征，如果对我国环境犯罪大范围适用严格责任，则可能导致司法公正的严重缺失。在环境刑法中适用严格责任发挥的刑罚矫正功能有限。刑事法律规范并引导着人们实施合法行为，刑事法律的规范和引导功能主要通过行为人的主观罪过到客观行为。在环境刑法中适用严格责任，无须证明罪过的存在环境犯罪亦可成立，势必会造成刑罚矫治功能的弱化甚至缺失，无法通过适用刑罚对行为人进行改造，从而达到矫治罪犯之目的，最终将导致作为环境犯罪刑事责任承担方式的刑罚沦为简单的因果报复工具。[1]

陶卫东认为，在个别环境犯罪中引入严格责任。在我国的环境犯罪认定过程中，应当借鉴世界一些国家的立法例，在个别环境犯罪中引入严格责任，如我国《刑法》第338条规定了重大环境污染事故罪："违反国家规定，向土地、水体、大气排放、倾倒或者处置有放射性的废物、含传染病病原体的废物、有毒物质或者其他危险废物，造成重大环境污染事故，致使公私财产遭受重大损失或者人身伤亡的严重后果的，处三年以下有期徒刑或者拘役，并处或者单处罚金；后果特别严重的，处三年以上七年以下有期徒刑，并处罚金。"对于该类犯罪，笔者认为就可规定严格责任，即只要"企业或者个人违反国家规定，向土地、水体、大气排放、倾倒或者处置有放射性的废物、含传染病病原体的废物、有毒物质或者其他危险废物，造成重大环境污染事故，致使公私财产遭受重大损失或者人身伤亡的严重后果的"，不问故意或者过失，都构成重大环境污染事故罪，应依法追究刑事责任。当然对于环境犯罪严格责任的适用，应当严格加以限制，即采取有限适用原则，以防止随意出入罪的消极现象的发生，最终违背刑罚谦抑的思想和人权保障的诉讼目的。[2]

———————

①　侯艳芳：《我国环境刑法中严格责任适用新论》，载《法学论坛》2015年第5期。
②　陶卫东：《论环境犯罪严格责任原则之有限适用》，载《法学论坛》2009年第1期。

观点四：可以在部分情况下采取过错推定的规则。

张梓太认为，兼顾刑事责任的主观性和污染犯罪的特殊性，可以采取过错推定的规则，即通过诉讼程序上举证责任的倒置来减轻犯罪指控的难度，直接根据污染事实推定污染企业对危害后果的发生是有主观过错的，但同时允许污染企业反证自己主观没有过错，如证明自己已经尽到了合理注意的义务，或者证明污染行为是由不可抗力或第三人的过错造成的。在这里，所谓的合理注意义务，应当以环境行政管理机关要求的污染防治措施和手段为依据，而不能以污染方自己实际具备的预防措施和能力为限。至于破坏资源罪和抗拒环保监管罪，因为犯罪行为与危害后果之间的因果关系通常比较明确，所以在一般情况下适用原有的过错责任原则，由控诉方证明犯罪嫌疑人的主观过错。与其他犯罪相比，并没有什么特别困难之处，因此没有必要采取过错推定的做法以降低控诉方举证的负担。①

(三) 责任构成要件

1. 关于环境犯罪的客体。

观点一：应将环境犯罪的客体看成复杂客体，表述为两个层次。

曹子丹、颜九江认为，环境犯罪的客体具有不同于其他犯罪的特殊性。因为环境犯罪首先侵犯的是环境保护管理制度及为该制度所保护的自然环境和自然资源，是对大气、水、土地、动植物、森林、草原、海洋等人类赖以生存和发展并为法律所保护的自然要素的危害，环境犯罪对人们的人身权和财产权的危害则是间接的，是通过污染和破坏的环境要素而施加于人身和财产上的，这是环境犯罪的本质所在，如果一种犯罪对环境要素没有造成危害，而是直接对人们的生命健康和财产造成危害，就不构成环境犯罪。反之，如果一种犯罪对环境要素造成了严重危害，但对人们的生命、财产的危害暂时看不出来，也有可能构成环境犯罪。所以，应将环境犯罪的客体看成复杂客体，表述为两个层次，即环境犯罪首先侵犯的是国家环境资源保护管理制度，其次环境犯罪侵犯的是人们的生命健康和重大公私财产的安全。环境犯罪对人们的生命健康和财产的危害，

① 张梓太：《环境犯罪归责的主观要件分析》，载《现代法学》2003 年第 5 期。

是通过被污染、破坏的环境资源而起作用的。环境犯罪客体的这种层次性，科学地说明环境犯罪并非单一客体，而是一个复杂客体。①

观点二：环境犯罪客体已从复杂客体转为单一客体。

王勇认为，环境犯罪客体已从复杂客体转为单一客体。《刑法修正案（九）》之前，环境犯罪是侵犯复杂客体的犯罪，其主要客体为国家环境资源保护管理制度，次要客体为人们的生命、健康以及重大公私财产安全。本次修订删除了关于造成人身、财产损害严重后果的规定，这在事实上取消了本罪的次要客体，从而使环境犯罪成为侵犯单一客体的犯罪。因此在认定犯罪成立与否的时候，仅考察行为人是否实施了环境污染、破坏行为以及是否达到诸如"严重污染环境的""情节严重的"程度即可，开始贯彻与反映国家保护环境资源的立法意图。②

刘红认为，环境权是环境犯罪的客体。环境权是以环境危机为背景而产生和发展起来的一项权利，它源于人类对自己与环境关系的重新认识。环境权成为环境犯罪之客体主要有以下几点理由：第一，环境权经过不断发展已经成为人权之一，是权利的一种，属于法益的范畴。第二，从国外对环境犯罪客体的认识来看，都集中于法益侵害这一点。环境刑法所保护的法益，并不只是生命法益、身体法益或财产法益，而且包括所谓的"环境法益"，由于生态环境破坏，将足以导致生命、身体或财产的危险，故以刑法保护环境法益，亦是间接地保护个人生命、身体或财产法益。第三，在对环境社会关系实行综合法律调整的过程中，各个法律部门是相互配合、相互联系和相互作用的。刑法在环境保护方面既要具有自身部门法的特殊功能和属性，又要兼顾环境法的特色与内容，所以将"环境权"作为环境犯罪的客体比适用"社会关系"说在保护环境方面会发挥更好的功效。③

2. 污染环境罪主观上应当包括几种罪过形式。

观点一：污染环境罪主观方面包括复合罪过。

①　曹子丹、颜九红：《关于环境犯罪若干问题的探讨》，载《法制与社会发展》1998年第4期。

②　王勇：《环境犯罪立法：理念转换与趋势前瞻》，载《当代法学》2014年第3期。

③　刘红：《环境权应为环境犯罪客体之提倡》，载《中国刑事法杂志》2004年第5期。

　　汪维才持双重罪过（混合罪过）说。该说认为，从文理解释看，本罪罪状中"严重污染环境"表明本罪主观罪过自当包括过失，从立法者原意即可探知，本罪主观罪过能涵盖故意。主要理由是：复合罪过说符合刑法理论；复合罪过说符合司法实际。①

　　观点二：承认故意或过失的行为都可以成立环境危险犯罪——提倡过失环境危险犯。

　　赵星认为，应对环境危险犯进行新的立法设计，承认故意或过失的行为都可以成立环境危险犯罪。笔者认为，环境过失危险犯不同于传统的一般过失危险犯的最大特点在于传统的一般过失危险犯中的"危险"是一种推定的危险，而环境过失危险犯是可以设置精确的判断标准并被精密地测量出来的。因此，设置环境危险犯，尤其是设置环境过失危险犯在理论上就不是那么难解决的问题了，因为它拥有客观的、物理的、可测定的污染结果，而不是泛泛地规制某些抽象的危险。换言之，设置过失环境危险犯虽然体现着环境犯罪相关的立法的"严"，但是是与我国通行的过失犯的有"危害结果"才处罚原则相容的，因此并不存在令人难以接受的、惊人的理论突破，这时的法益保护显得并不过于"严厉"，因为，这种"严"是可以认识和把握的"严"，所需要的是确定好一个适当的、精确的入罪标准。②

　　观点三：污染环境罪主观上有两种罪过形式不太妥当。

　　汪维才不认同对同一罪名有两种罪过的立法。理由在于：其一，有违刑法理论与立法惯例。故意犯罪与过失犯罪之间有着不可也不应逾越的鸿沟，所以刑事立法上一般将故意实施某种犯罪的行为作为一项罪名设置，而将过失实施该种犯罪的行为另作为一项罪名，或在其他条文中单列，或在同一条文中以另一款的方式单列。国外立法一般也采用如此模式。其二，就本罪而言，行为人出于故意还是过失，反映出其不同的主观恶性，而刑法规定同样的法定刑，这也不符合罪责刑相适应的刑法基本原则。当然，这是从应然角度进行的分析，期待日后《刑法》之完善。在《刑法》未修改之前，还是应

---

① 汪维才：《再论污染环境罪的主客观要件》，载《法学杂志》2020年第9期。
② 赵星：《法益保护和权利保障视域中的环境犯罪立法与解释》，载《政法论坛》2011年第6期。

当遵守《刑法》的规定。①

3. 关于主观过错的认定。

周加海、喻海松认为：司法实践中，对于环境污染犯罪特别是污染环境罪的主观罪过形式，存在不同认识。鉴于司法实践中环境污染犯罪的主观罪过形式通常表现为故意，故《最高人民法院、最高人民检察院、公安部、司法部、生态环境部关于办理环境污染刑事案件有关问题座谈会纪要》（以下简称《纪要》）对判断行为人是否具有环境污染犯罪的故意作出专门规定。一是综合分析判断规则。《纪要》规定："判断犯罪嫌疑人、被告人是否具有环境污染犯罪的故意，应当依据犯罪嫌疑人、被告人的任职情况、职业经历、专业背景、培训经历、本人因同类行为受到行政处罚或者刑事追究情况以及污染物种类、污染方式、资金流向等证据，结合其供述，进行综合分析判断。"二是主观故意推定规则。根据《纪要》的规定，具有下列情形之一，犯罪嫌疑人、被告人不能作出合理解释的，可以认定其故意实施环境污染犯罪，但有证据证明确系不知情的除外：（1）企业没有依法通过环境影响评价，或者未依法取得排污许可证，排放污染物，或者已经通过环境影响评价并且防治污染设施验收合格后，擅自更改工艺流程、原辅材料，导致产生新的污染物质的；（2）不使用验收合格的防治污染设施或者不按规范要求使用的；（3）防治污染设施发生故障，发现后不及时排除，继续生产放任污染物排放的；（4）生态环境部门责令限制生产、停产整治或者予以行政处罚后，继续生产放任污染物排放的；（5）将危险废物委托第三方处置，没有尽到查验经营许可的义务，或者委托处置费用明显低于市场价格或者处置成本的；（6）通过暗管、渗井、渗坑、裂隙、溶洞、灌注等逃避监管的方式排放污染物的；（7）通过篡改、伪造监测数据的方式排放污染物的；（8）其他足以认定的情形。②

4. 单位环境犯罪的责任主体问题。

因单位过错导致自然人不知环境保护行政法律、法规的规定，能否因基于

① 汪维才：《污染环境罪主客观要件问题研究——以〈中华人民共和国刑法修正案（八）〉为视角》，载《法学杂志》2011 年第 8 期。

② 周加海、喻海松：《〈关于办理环境污染刑事案件有关问题座谈会纪要〉的理解与适用》，载《人民司法》2019 年第 16 期。

单位利益的判断而由单位承担刑事责任？

侯艳芳认为，不知环境保护行政法律、法规的规定而实施的环境资源犯罪应归属于自然人还是单位，应当适用传统违法性认识理论予以考察，即不允许存在对法律的无知，而且应当充分考虑单位承担的环境保护责任。环境保护行政法律、法规对单位规定了环境保护责任，单位是环境保护责任的主要承担主体。如果单位已经依法尽到了对单位成员进行环境保护培训、环境责任书面告知等职责，则不允许以自然人不知环境保护法律、行政法规的规定为由否定责任（即由自然人承担刑事责任）。如果单位未尽到环境保护的告知职责，只要是基于单位利益实施行为，就应当直接由单位承担刑事责任。①

除了对于环境刑事法律责任归责原则的整体研究有争议之外，对于具体的环境罪名的构成要件也有争议。例如，《刑法》第338条规定的污染环境罪，《刑法修正案（八）》以"严重污染环境"替换了"造成重大污染事故，致使公私财产遭受重大损失或者人身伤亡的严重后果"，据此，有学者认为此罪不再是结果犯而是行为犯，至少通说认为在某种程度上此改变体现了该罪从结果犯改为行为犯的趋势，体现了刑法对污染环境行为的处罚力度的加大。

（四）对于环境刑事法律责任的新型承担方式研究逐渐增多

对于环境刑事法律责任承担方式的研究就是对环境犯罪的刑罚研究，关于环境犯罪的刑罚研究并未跳脱出传统的刑罚范围，即主刑中的管制、拘役、有期徒刑、无期徒刑、死刑和附加刑中的罚金、剥夺政治权利和没收财产，更多的是研究环境犯罪可以适用哪些刑罚种类。目前的相关研究主要包括两大类：一是对现有环境犯罪刑罚的深化，多是对有期徒刑的刑期提出完善建议，如冯军在《破坏环境资源保护罪研究》中就提出应提高某些破坏环境资源保护罪的有期徒刑的上限或下限；二是提出对现有环境犯罪刑罚的创新，强调从单一刑罚走向多元化刑罚，如李希慧等在《环境犯罪研究》中就提出资格刑在环境犯罪中的适用，多篇硕博士学位论文也提出了类似的观点。

---

① 侯艳芳：《单位环境资源犯罪的刑事责任：甄别基准与具体认定》，载《政治与法律》2017年第8期。

　　1. 环境刑事法律责任承担方式的总体样态。

　　雷鑫总结了我国环境刑事责任实现方式的发展趋势：第一，财产刑逐渐代替自由刑在环境犯罪中扩大适用，有罚金刑主刑化之势。第二，资格刑已经被提上议程，将被引入环境犯罪中并发挥积极作用。①

　　吕忠梅认为，刑罚措施以罚金刑和自由刑为主，且罚金刑更重要。按照我国《刑法》的规定，环境犯罪嫌疑人承担的刑事法律责任形式与一般犯罪嫌疑人并无异处，但针对环境犯罪的特点，死刑是不宜适用的，所以环境犯罪的刑罚措施主要是罚金刑和自由刑，但罚金刑的运用在其中尤为注重。②

　　蒋兰香认为，环境刑事法律责任仍旧是以自由刑作为主刑，对环境犯罪应当贯彻财产刑与自由刑并用的原则，自由刑是我国惩治环境犯罪的最重要手段。虽然罚金刑的惩罚具有经济性的效果，但罚金刑的执行情况不是很理性，所以自由刑作为主刑，对于惩治环境犯罪是非常有必要的。③

　　2. 是否应当提高环境犯罪刑罚中自由刑的处罚力度。

　　周峨春、孙鹏义认为，环境犯罪的刑罚设置与危害性不匹配，应提高环境犯罪刑罚的力度。环境犯罪是侵犯人类赖以生存和发展的环境利益的犯罪形态，人身损害和财产损害只是环境损害可能造成的间接结果，其社会危害性至少要比财产型犯罪严重得多，认为环境犯罪现行刑罚的设置与这种危害性不匹配，提出应提高环境犯罪自由刑的最高法定刑。④

　　刘琳认为，不应当提高我国环境犯罪自由刑的法定最高刑。原因有二：一方面，与境外环境犯罪的刑罚处罚力度相比，如德国的环境犯罪的法定刑以三年以下的自由刑为主，日本的环境犯罪的法定刑以一年以下的自由刑为主，而我国环境犯罪的法定刑以三年以下的有期徒刑和三年以上七年以下的有期徒刑为主，还包括了十年以上的有期徒刑。中国对环境犯罪的刑罚处罚力度总体上已经较高，不宜再普遍提高。另一方面，环境犯罪侵犯的是环境法益，具体体现为环境污染或环境破坏行为，而判处犯罪嫌疑人承担自由刑

---

①　雷鑫：《生态现代化语境下的环境刑事责任研究》，知识产权出版社 2021 年版，第 199 页。

②　吕忠梅：《环境法原理》，复旦大学出版社 2007 年版，第 215 页。

③　蒋兰香：《环境刑法》，中国林业出版社 2004 年版，第 75—76、81 页。

④　周峨春、孙鹏义：《环境犯罪立法研究》，中国政法大学出版社 2015 年版，第 133 页。

只会限制其人身自由，并不能达到修复生态或提高环境品质的预期效果，无法单一地依靠自由刑达到惩罚目的与预防功效，应增加使用一些可以修复生态或提高环境品质的刑罚或非刑罚处置措施来实现环境刑事法律责任，而不是盲目地提高环境犯罪的法定刑。①

3. 应确立"修复生态环境"在刑法中的应然定位。

梁云宝认为，立足于节约资源、保护生态环境的绿色原则，修复生态环境在刑法中应定位为刑法惩处罪刑上的轻缓化事由。所谓刑法惩处罪刑上的轻缓化事由，主要包括两个方面，一是阻却行为人的行为构成犯罪的情形，二是行为人的行为构成犯罪时法院在是否动用刑罚、刑罚裁量等过程中应予考量的各种从宽情形。换句话说，修复生态环境不仅应在定罪上发挥积极的出罪功效，在量刑上也应发挥轻缓化功效。②

4. 应当采用多元化的处罚原则，增加资格刑和非刑罚措施。

郭建安、张桂英认为，由于绝大多数环境犯罪尤其是环境污染犯罪都是单位实施的，而我国目前对单位实施环境犯罪的刑罚更为单一，仅有罚金一种。这种单一而模糊的刑种在一定程度上纵容了环境犯罪，变相放任了实施环境犯罪的单位的破坏、污染行为。在现实中也由于罚金数额没有固定标准，普遍偏低，缺乏威慑力。企业往往会为了谋取更大的经济利益而甘愿付出较小的罚金代价。因此，应当采用多元化的处罚原则，增加资格刑。对于单位实施环境犯罪的，应当在明确罚金数额标准和提高罚金数额的同时，对于单位犯罪采用多元化的处罚方式。如限制生产经营活动、限期整治、吊销营业执照、责令关停、解散法人组织等措施。笔者认为，我国应针对环境犯罪的特点，规定类似责令恢复环境的刑罚手段，使那些因过失导致环境犯罪，主观认罪态度又好的犯罪嫌疑人能用自己的劳动恢复自己破坏的环境，这样既惩罚了犯罪嫌疑人，同时又使环境价值得以恢复。③

---

① 刘琳：《环境法律责任承担方式的新发展》，中国社会科学出版社 2019 年版，第 107—111 页。

② 梁云宝：《民法典绿色原则视域下"修复生态环境"的刑法定位》，载《中国刑事法杂志》2020 年第 6 期。

③ 郭建安、张桂荣：《关于改革与完善我国环境刑事立法的建议》，载《法律适用》2007 年第 10 期。

　　游伟、肖晚祥认为，由于环境犯罪大多是涉及经济的犯罪，从行为人最关注的经济利益上予以制裁，能够促使其权衡犯罪的成本投入与犯罪收益。此外，在环境犯罪中，过失犯占有相当大比重，而对过失犯判处财产刑，常常要比判处自由刑能起到更好的效果。因此，笔者主张扩大财产刑的适用范围，适当增加其刑罚量。由于在环境犯罪中，单位犯罪现象亦比较突出，因此，针对实施环境犯罪的单位设置"禁止其从事某种生产经营"的资格刑，更能达到一般预防和特别预防的效果。与此同时，还可以设置一些非刑罚的制裁措施，如责令修复或者恢复原状等。这样，就既能有效预防环境犯罪的形成，还可以将制裁犯罪嫌疑人和最大恢复与整治受破坏的环境有机地结合起来，实现刑法适用功能上的"综合治理"。①

　　李慧英给出了三个具体建议：（1）调整法定刑的幅度，适当提高自由刑的刑期，对于造成严重后果的环境犯罪加重处罚。环境犯罪刑事责任难以体现罪刑相适应原则。刑法对于环境犯罪规定了有期徒刑、管制、拘役、没收财产和罚金等刑罚方式。其中有期徒刑适用面最广，其量刑幅度涵盖最低刑期到最高刑期，适应了惩罚不同程度犯罪的需要。但比照个罪而言，存在量刑幅度过轻的问题。如污染环境罪与危害公共安全罪中的投放危险物质罪。对此，应建立罪刑相适应的刑事责任体系。应当优化自由刑。调整法定刑的幅度，适当提高自由刑的刑期，对于造成严重后果的环境犯罪加重处罚。完善管制刑的执行，对于违反管制规定的给予相应处罚，参照《刑法修正案（八）》的规定，对于违反《刑法》第39条规定的，应当由公安机关依照治安管理处罚法的规定处罚。（2）应当完善罚金刑。环境犯罪中另一种普遍适用的刑罚是罚金刑。但罚金刑的处罚标准不一，具有很大的随意性，这不仅导致难以实现刑罚的目的，也违背了罪刑法定原则。对此，应当完善罚金刑。一是要提高罚金刑的地位，规范罚金刑的数额。从世界刑罚发展的趋势来看，应当提高罚金刑的地位，将罚金刑上升为主刑，这样既符合世界各国刑罚结构改革和发展的趋势，也适应在市场经济条件下与犯罪特别是法人犯罪作斗争的需要。二是要规范罚金刑的具体数额，从经济上对犯罪人予以明确的制

---

① 游伟、肖晚祥：《环境刑法的伦理属性及其立法选择》，载《华东政法大学学报》2009年第4期。

裁。（3）应当完善资格刑。环境犯罪刑事责任实现方式单一。我国的刑罚体系分为主刑和附加刑两大类，在环境犯罪的主刑中，没有规定死刑和无期徒刑，自由刑占据了重要地位。在附加刑中，环境犯罪中规定了罚金刑和没收财产两种，而没有规定附加刑中的资格刑，虽然刑法规定了非刑罚处罚方法，但是在环境犯罪中并不适用。对此，应当完善资格刑。目前我国的资格刑只有针对自然人规定的禁止担任国家机关职务和国有公司、企业、事业单位和人民团体领导职务。这只是任职资格的限制，不是对违法者的处罚。应当完善资格刑特别是对单位犯罪的资格刑，如规定禁止从事特定职业或活动，禁止法人参与公共工程、禁止公开募集资金等特定活动。[①]

非刑罚性处置措施的适用频率增高，尤其是对职业禁止的适用。很多案件中，法院都判决被告人禁止在缓刑考验期内从事相关的活动，这起到了具有更强针对性的特殊预防功能。例如，王某祥、黄某林污染环境罪案中，法院最终判决：被告人王某祥犯污染环境罪，判处拘役六个月，并处罚金人民币二万五千元；被告人黄某林犯污染环境罪，判处拘役六个月，缓刑一年，并处罚金人民币二万五千元；禁止被告人黄某林在缓刑考验期内从事金属配件酸洗等生产经营活动。[②]

五、对于智能审判的整体研究较多，缺乏对生态环保类智能审判规则的专门研究

（一）通说认可智能审判具有重要意义

李占国认为，面向互联网、人工智能的未来发展，需要推动司法与网络思维、技术、监管等治理要素的耦合，以更加专业化的网络司法来整合监管资源，推进网络社会治理能力现代化，保障网络发展，维护国家主权，为全球网络治理贡献中国智慧。[③]

孙晓勇认为，人民法院积极适应信息技术革命，推动建立司法大数据管

---

① 李慧英、宋忠祥：《应当构建环境犯罪法律责任体系》，载《人民检察》2015 年第 6 期。
② 参见（2017）浙 0602 刑初 145 号判决，载中国裁判文书网。
③ 李占国：《网络社会司法治理的实践探索与前景展望》，载《中国法学》2020 年第 6 期。

理和服务平台，在服务司法审判实践、提升审判管理质效、建立阳光司法机制、深化应用法学研究、助力科学决策等方面进行了积极有益探索。同时，司法大数据的应用也面临一些挑战，应进一步加强对数据的利用和管理，提升数据处理能力和数据质量，重视法律和数据技术复合型人才培养。未来的司法大数据应用，将秉持"服务司法实践、服务公众需求、服务社会发展"的理念，立足于提升司法大数据应用效能，朝着"使法院更健康，使法官更健康，使社会更健康"的趋势发展，在助力提升审判体系和审判能力现代化水平以及社会协同治理能力、优化社会治理模式方面发挥更大作用。[①]

雷磊认为，司法人工智能应作为司法裁判活动的辅助手段。司法人工智能的基本运行逻辑是在历史数据基础上的预测，既包括基于类案裁判之历史数据的同案预测，也包括基于法院或法官个人裁判历史数据的个性预测。在同案预测中，司法人工智能有助于实现司法统一，但不一定能实现同案同判或依法裁判意义上的形式正义，更有可能与实质正义相矛盾。在个性预测中，"法官画像"的现实主义逻辑可能与实体公正背道而驰，"买卖法官"的商业偏好逻辑必然侵蚀程序公正的理念。因此，司法人工智能无法实现司法公正，目前它的合适定位就是司法裁判活动的辅助手段。[②]

（二）学界研究聚焦于智能审判规则的构建

魏斌强调了智能审判规则确立的重要性。司法人工智能融入司法改革是新一代科学技术推动司法改革的新范式，它为提升司法改革质效、提高司法能力、推进司法公开、坚持司法为民和公正司法提供了智能化解决方案。司法人工智能面临着公正和效率价值的失衡，实践中仍难以满足司法改革的需求，技术上存在算法不可解释和过拟合的瓶颈，还缺乏精细化评估司法改革成效的科学方法。未来路径需要从顶层设计上构建多维司法价值均衡发展的科学理论，研发遵循司法规律的智能化应用，建立以司法人员为中心的人机协同机制，构建司法改革成效评估的科学方法，制定司法人工智能的伦理规

---

① 孙晓勇：《司法大数据在中国法院的应用与前景展望》，载《中国法学》2021年第4期。
② 雷磊：《司法人工智能能否实现司法公正》，载《政法论丛》2022年第4期。

范，探索适应司法数字化改革的诉讼制度。①

王竹认为，我国司法人工智能研发面临法律思维、可解释性和可计算性三大瓶颈，应以可解释的司法人工智能推理辅助作为主要突破方向，法律要件解耦是关键。在司法人工智能推理辅助中无法直接嵌入传统三段论逻辑，应当以"争议焦点"替换"结论"，构建"准三段论"逻辑结构，应对大前提的横向杂糅性、争议焦点的类型化和小前提的复杂性与多样性等主要挑战，并实现动态维护。②

（三）生态环保类案件智能审判研究呈现出碎片化的特点，缺乏体系研究

郑少华、王慧认为，在环境大数据时代之前，环境行政管理以专家统治论思想为基础，即环境专家的意见在环境政策的制定中起到较为重要的作用。在这种语境下，司法机构主要审查环境行政管理机构作出环境决策时是否基于正确的专家建议之上。③

冯汝认为，大数据可以为生态环境损害责任的证明提供新工具。因果关系的证明是推进生态环境损害赔偿制度的难题。为破除环境侵权因果关系证明的障碍，我国相关法律和司法解释规定了因果关系推定和举证责任倒置制度，但在进行生态环境损害责任认定时，仍然要对污染环境或破坏生态行为与生态环境损害间是否存在因果关系进行判定。生态环境大数据建设将推进数据资源的全面整合共享，实现全国生态环境监测数据联网共享，这将为生态环境损害赔偿基线的确定提供重要的数据支持和技术保障。④

---

① 魏斌：《司法人工智能融入司法改革的难题与路径》，载《现代法学》2021 年第 3 期。

② 王竹：《司法人工智能推理辅助的"准三段论"实现路径》，载《政法论坛》2022 年第 5 期。

③ 郑少华、王慧：《大数据时代环境法治的变革与挑战》，载《华东政法大学学报》2020 年第 2 期。

④ 冯汝：《大数据：生态环境损害赔偿制度的助推器》，载《中国社会科学报》2018 年 4 月 17 日。

生态环保类案件证据认定难问题文献综述

韩仁洁*

（中国人民公安大学法学院）

一、引言

在案件办理过程中，证据认定的准确与否决定着司法裁判的公正程度，因此，高度重视与准确回应生态环保类案件证据认定相关问题，对于化解生态环保类矛盾纠纷，打击生态环保类刑事犯罪，及时、有效开展生态修复工作具有重要意义，也是"织密法网"、立足法治手段加强生态文明建设的必由之路。

智能裁判证据审查是搭建生态环保类案件智能审判法律推理逻辑体系的重要一环，为提高其中生态环保类案件证据认定标准的科学性，本课题组认为，在研究过程中应当坚持问题导向，通过发现与梳理生态环保类案件证据认定难问题的具体表现形式，厘清生态环保类案件证据发现、分析、裁判过程中的疑难点，准确把握当下生态环保类案件证据认定环节亟待回应的问题所在，了解相关理论争鸣的基础与价值，为进一步设计智能裁判证据审查模块提供资料支持。

二、生态环保类案件证据认定难问题文献分布情况概览

目前学界鲜有研究成果就生态环保类案件证据认定难问题作系统分析，与这一主题相关的文献资料主要包括以下三类：

一是以"环境司法"为研究对象，在对环境司法具体问题展开分析时，

---

* 韩仁洁，女，中国人民公安大学法学院讲师。

兼及对个中证据问题的讨论。代表成果有郭武发表于《东方法学》2022 年第 6 期的文章《论中国环境诉讼类型的整合策略》、秦天宝发表于《清华法学》2022 年第 5 期的文章《司法能动主义下环境司法之发展方向》、吕忠梅等发表于《中国应用法学》2019 年第 2 期的文章《环境司法专门化与专业化创新发展：2017—2018 年度考察》、蒋云飞发表于《西南政法大学学报》2018 年第 1 期的文章《论生态文明视域下的环境"两法"衔接机制》、郭武发表于《法学评论》2017 年第 2 期的文章《论环境行政与环境司法联动的中国模式》、张忠民发表于《中国法学》2016 年第 6 期的文章《环境司法专门化发展的实证检视：以环境审判机构和环境审判机制为中心》、陈海松发表于《中州学刊》2016 年第 4 期的文章《环境司法"三审合一"的检视与完善》、浙江省温州市中级人民法院课题组发表于《法律适用》2014 年第 6 期的文章《环境司法的困境、成因与出路》、吕忠梅等发表于《法学》2011 年第 4 期的文章《中国环境司法现状调查——以千份环境裁判文书为样本》，等等。

二是立足证据法学视角，对生态环保类案件中的某一证据/证明问题作专门分析。代表成果有孙佑海等发表于《环境保护》2018 年第 23 期的文章《环境诉讼"关联性"证明规则实施阻碍和对策研究》、周龙发表于《环境科学与管理》2017 年第 3 期的文章《主观性在环境侵权案件证据和证明中的作用研究》、焦艳鹏发表于《政治与法律》2015 年第 7 期的文章《实体法与程序法双重约束下的污染环境罪司法证明——以 2013 年第 15 号司法解释的司法实践为切入》、焦艳鹏发表于《法学》2014 年第 8 期的文章《污染环境罪因果关系的证明路径——以"2013 年第 15 号司法解释"的适用为切入点》、董邦俊等发表于《中国人民公安大学学报（社会科学版）》2014 年第 6 期的文章《环境犯罪之证明责任研究》、胡学军发表于《中国法学》2013 年第 5 期的文章《环境侵权中的因果关系及其证明问题研究》、唐双娥发表于《法学论坛》2012 年第 5 期的文章《我国污染型环境犯罪因果关系证明方法之综合运用》、董彬发表于《检察调研与指导》的文章《电子证据在办理环境污染案件中的效用、适用与应用》、任惠华等发表于《犯罪研究》2008 年第 3 期的文章《论危害环境犯罪案件的侦查——以证据调查为中心》，等等。

除此以外，近年来，两类生态环保类案件证据问题为各界广泛关注，相关研究成果数量呈井喷式增长。其一，生态环保类案件诉讼过程中的行刑证据转换问题。代表成果有宋歌发表于《法学杂志》2021年第7期的文章《我国环境公益诉讼行刑衔接理论与实践完善研究》、周长军发表于《山东法官培训学院学报》2021年第3期的文章《环境犯罪的行刑衔接》、洪浩等发表于《人民检察》2020年第21期的文章《生态环境保护修复责任制度体系化研究——以建立刑事制裁、民事赔偿与生态补偿衔接机制为视角》、蒋兰香发表于《时代法学》2020年第4期的文章《论行刑衔接刑事优先原则及其在环保领域的适用与例外》、董邦俊发表于《中国地质大学学报（社会科学版）》2013年第6期的文章《论我国环境行政执法与刑事司法之衔接》，等等。其二，生态环保类案件诉讼过程中鉴定意见的认定问题。代表成果有周虹发表于《法治论坛》第65辑的文章《专家意见的证据属性——以民事检察环境公益诉讼为视角》、王灿发等发表于《中国司法鉴定》2021年第5期的文章《环境诉讼中鉴定意见与专家意见证明力研究》、王灿发等发表于《证据科学》2021年第6期的文章《论环境诉讼中专业意见的证明力》、吴凯敏发表于《人民法治》2015年第5期的文章《环境诉讼引入专家意见的可行性考察》，等等。

三是区分环境民事诉讼、环境刑事诉讼、环境公益诉讼，在对不同类型环境诉讼进行研究的过程中，将证据问题作为研究对象之一予以分析。

环境民事诉讼相关①代表成果有刘超发表于《政法论丛》2020年第3期的文章《环境修复理念下环境侵权责任形式司法适用之局限与补强》、汪劲发表于《环境保护》2018年第5期的文章《论生态环境损害赔偿诉讼与关联诉讼衔接规则的建立——以德司达公司案和生态环境损害赔偿相关判例为鉴》、梅宏等发表于《重庆大学学报（社会科学版）》2017年第5期的文章《论行政机关提起生态损害赔偿诉讼的正当性与可行性》、张新宝等发表于《比较法研究》2016年第5期的文章《污染环境与破坏生态侵权责任的再法典化思考》、张挺发表于《法学》2016年第7期的文章《环境侵权因果关系证明责任之再构成——基于619份相关民事判决书的实证分析》、胡学军发表于《中

---

① 此处的"相关"是指文章涉及对环境证据/证明问题的专门研究，后述亦同，不再单独进行解释。

国法学》2013 年第 5 期的文章《环境侵权中的因果关系及其证明问题评析》、吕忠梅发表于《政法论坛》2003 年第 5 期的文章《环境侵权诉讼证明标准初探》，等等。

环境刑事诉讼相关代表成果有谢登科发表于《学术交流》2020 年第 8 期的文章《论污染环境罪主体司法认定的困境与出路——基于东北三省 209 个案例的实证分析》、焦艳鹏发表于《中国社会科学》2017 年第 11 期的文章《生态文明保障的刑法机制》、卢金有等发表于《人民检察》2016 年第 9 期的文章《环境污染犯罪治理困境破解》、王树义等发表于《法学评论》2014 年第 3 期的文章《我国环境刑事司法的困境及其对策》、吴伟华等发表于《河北法学》2014 年第 6 期的文章《污染环境罪司法适用问题研究——以"两高"〈关于办理环境污染刑事案件适用法律若干问题的解释〉为视角》、焦艳鹏发表于《法学》2013 年第 6 期的文章《我国环境污染刑事判决阙如的成因与反思——基于相关资料的统计分析》、赵微等发表于《学习与探索》2006 年第 6 期的文章《我国海洋环境污染犯罪的刑事司法障碍及其对策》，等等。

环境公益诉讼是近年来的热点话题，围绕环境公益诉讼又可以区分环境行政公益诉讼、环境民事公益诉讼、刑事附带民事公益诉讼三方面研究进行考察。围绕环境行政公益诉讼中证据问题展开讨论的代表成果有高文英发表于《中国人民公安大学学报（社会科学版）》2020 年第 6 期的文章《环境行政公益诉讼诉前程序研究——以检察机关的调查取证为视角》、王一或发表于《中国政法大学学报》2019 年第 5 期的文章《检察机关提起环境行政公益诉讼现状检视与制度完善》、李劲发表于《渤海大学学报（哲学社会科学版）》2018 年第 2 期的文章《环境行政公益诉讼证明责任问题研究》、景勤发表于《中国环境管理》2018 年第 5 期的文章《环境公益诉讼中检察机关与公众的合作机制研究》、湛中乐等发表于《国家检察官学院学报》2017 年第 2 期的文章《环境行政公益诉讼的发展路径》，等等；围绕环境民事公益诉讼中证据问题进行论述的代表成果有王慧发表于《中外法学》2022 年第 6 期的文章《环境民事公益诉讼的司法执行功能及其实现》、包冰锋发表于《行政法学研究》（2022 年 10 月 8 日网络首发）的文章《环境民事公益诉讼中初步证明的理论澄清与规则构建》、毋爱斌发表于《中州学刊》2022 年第 9 期的文章

《环境民事公益诉讼中因果关系要件的证明》、李声高等发表于《学海》2022年第4期的文章《我国海洋环境民事公益诉讼证明制度及其完善路径——证明责任分层与证明标准降格的契合》、纪格非发表于《理论探索》2022年第3期的文章《证据法视角下环境民事公益诉讼难题之破解》、王秀卫发表于《法学评论》2019年第2期的文章《我国环境民事公益诉讼举证责任分配的反思与重构》、巩固发表于《法学研究》2019年第3期的文章《环境民事公益诉讼性质定位省思》、段厚省发表于《中外法学》2016年第4期的文章《环境民事公益诉讼基本理论思考》、张辉发表于《法学论坛》2014年第6期的文章《论环境民事公益诉讼的责任承担方式》、李艳芳发表于《法学家》2006年第5期的文章《论我国环境民事公益诉讼制度的构建与创新》、叶勇飞发表于《中国法学》2004年第5期的文章《论环境民事公益诉讼》，等等；围绕刑事附带民事公益诉讼中证据问题进行研究的代表成果有蒋敏等发表于《法律适用》2020年第18期的文章《从无到有与从有到精：环境检察公益诉讼的困局与破局——以C市刑事附带民事环境检察公益诉讼案件为实证研究范式》、俞蕾等发表于《中国检察官》2020年第16期的文章《生态环境刑事附带民事公益诉讼的证据规则与衔接机制研究——以上海地区检察公益诉讼为例》、卞建林等发表于《中国法律评论》2020年第5期的文章《刑事附带民事公益诉讼的实践探索——东乌珠穆沁旗人民检察院诉王某某等三人非法狩猎案评析》、贾科等发表于《司法改革论评》2020年第1期的文章《检察机关提起刑事附带民事环境公益诉讼的实践反思与制度完善》、王连民发表于《山东法官培训学院学报》2020年第1期的文章《刑事附带民事公益诉讼的实践困境与完善路径——以污染环境相关案件为切入点》，等等。

三、生态环保类案件证据认定难问题实证研究综述

环境司法在我国发展已久，积累了丰富的实践经验，同时也暴露出诸多值得进一步探索与反思的问题。我国相关专家学者从经验层面出发，运用实证研究方法，对环境司法实践中暴露的证据问题进行了梳理与检视。

（一）生态环保类案件证据认定难问题的现实反映

不同学者在不同时期就生态环保类案件实践样态进行分析形成的研究成

果，在证据认定问题方面发现了相似的经验事实，具体包括以下几个方面：

第一，刑事侦查取证难问题。① 对此，有学者认为，环境污染自身特点是导致这一问题产生的主要原因。环境污染本身就存在取证难的特殊性，办案机关自身现场采样缺乏专业取证手段和技巧，监测数据时效性不强，相关资料不全，取证设备落后，难以做到证据充分、确凿。② 有学者则指出③，环境执法部门与刑事侦查部门操作规范方面的迥异是导致这一问题产生的重要原因。以污染环境犯罪为例，污染环境犯罪案件一般是由环境执法部门移送公安机关立案侦查的。首先，由于行政执法的取证要求低于刑事侦查，双方对于污染环境案件究竟是否符合移送条件存在不同认识，由此导致环境执法部门移送的案件并非都能进入刑事侦查程序。其次，与前一学者观点类似，污染环境案件自身特点导致对应追究刑事责任人员的甄别工作极其浩繁的现象出现，客观上给公安机关介入进行刑事侦查带来极大挑战。特别是随着犯罪嫌疑人对抗侦查意识和能力的提高，污染环境犯罪案件除了需要获取常规意义上的证据如物证、书证、证人证言、犯罪嫌疑人的供述等证据外，还要提取大量的隐秘性、专业性证据，如果公安机关在侦查过程中忽视对这些关键

① 有学者将取证难问题进一步细化为物证不到位、取证受限制、取证采样难三方面问题，取证受限制的原因包括受部门限制、受时间限制、受人的限制三种；取证采样难又分为准确取样难、样本难以保存两类。详见卢金有、董潇：《环境污染犯罪治理困境破解》，载《人民检察》2016 年第 9 期；邢捷：《生态安全视阈下环境警察的定位与实践问题思考》，载《环境保护》2018 年第 Z1 期；朱越：《Y 市基层环境执法问题的研究》，扬州大学 2019 年硕士单位毕业论文；浙江省温州市中级人民法院课题组：《环境司法的困境、成因与出路》，载《法律适用》2014 年第 6 期；薛培、王煜：《污染水环境案的办理难点及应对——以四川省成都市为例》，载《中国检察官》2018 年第 11 期。

② 参见浙江省温州市中级人民法院课题组：《环境司法的困境、成因与出路》，载《法律适用》2014 年第 6 期，第 83 页。

③ 有学者在对个案进行分析时指出，环境污染案件中证据提取与审查存在的问题主要包括证据未及时提取，客观性证据缺失；证据提取后未固定，证据能力丧失或削弱；证据提取程序不合法，认定事实存疑；证据综合审查不细致，不能排除合理怀疑。参见涂俊峰、李磊：《环境污染诉讼中的证据审查》，载《人民司法（案例）》2018 年第 11 期。有学者指出，公益诉讼中，检察机关调查核实所获材料也存在类似问题。该学者将相关证据证明资格存在缺陷的表现形式总结为三类：一是调查核实所获材料的证据形式不合法，二是调查核实所获材料的证据内容不客观，三是调查核实所获材料的取证程序不规范。该学者将存在如上问题的制度原因进行了归纳，其中存在调查核实手段与调查取证方式不统一、检察机关调查核实程序缺乏明确规定两项证据相关问题。参见赵勇：《论公益诉讼检察调查核实所获材料的证据资格——以环境资源领域案件为例》，载《江西理工大学学报》2022 年第 4 期。

证据的收集固定，那么，就会导致言词证据成为主要的证明材料，且无法得到充分印证，证据的证明能力和证明效力较为低下，难以形成严密的证据锁链。再次，行政执法在取证方面要求低于刑事侦查使得案件移送的部分证据达不到刑事证据标准要求，主要反映在实践中，部分询问笔录因主要情况缺失，不能够清晰反映污染环境违法犯罪的基本情况。复次，生态环境部门无查封、扣押、冻结权，在现场执法时因无公安机关协助不能对物品采取强制措施，而在刑事立案前公安机关无权对现场物品作出处理，由此导致现场执法后涉案人员可能对污染物进行隐匿、销毁、转移。最后，环保执法人员在制作污染环境类案件询问笔录时，往往将普通员工而非组织者、策划者、直接责任人员作为询问对象，待案件移送后，普通员工可能已难见踪影，侦查人员难以核实相关情况。①

与刑事侦查取证难问题相关的另一问题是，生态环境刑事附带民事公益诉讼的调查取证标准不统一。有学者通过对上海地区检察公益诉讼实践样态进行分析后指出，生态环境刑事附带民事公益诉讼案件办理过程中，虽然公益诉讼部分证据依托刑事证据，但二者在证据标准方面仍存在明显差异。刑事证据证明重点主要是根据"两高"《关于办理环境污染刑事案件适用法律若干问题的解释》，认定特定重金属是否超过国家或者地方污染物排放标准3倍、10倍以上；是否符合通过暗管、渗井、渗坑等逃避监管的方式排放、倾倒、处置有毒物质，是否倾倒、排放危险废物超过三吨等。而公益诉讼证明重点则集中在环境损害结果的量化上，一般需要委托市环科院或司法鉴定研究院对环境损害做鉴定评估来确定损害结果。②

第二，民事案件当事人举证难问题。有研究人员从实践出发将这一问题归纳为确定侵权主体有难度、证明损失事实难、因果关系认定难三方面障碍。③从生态环保类案件自身特点来看，资源开发和环境保护类案件一般都具

---

① 参见薛培、王煜：《污染水环境案的办理难点及应对——以四川省成都市为例》，载《中国检察官》2018年第11期。

② 参见俞蕾、黄潇筱：《生态环境刑事附带民事公益诉讼的证据规则与衔接机制研究——以上海地区检察公益诉讼为例》，载《中国检察官》2020年第6期。

③ 参见浙江省温州市中级人民法院课题组：《环境司法的困境、成因与出路》，载《法律适用》2014年第6期。

有发生持续性、隐蔽性和滞后性的特点，环境案件证据往往专业性强、不容易收集，如认定噪声污染要在一定距离和特定环境中持续测试分贝若干小时以上，污染标准及污染级别确定程序上也存在各地规定不完善、不统一等问题。① 从民事案件当事人客观情况来看，以原告方为例，原告方由于缺乏关于环境资源损害的举证、质证、鉴定等专业知识技术，往往对被告方（特别是大企业）出具的证据材料、鉴定意见难以提出有效的质证意见，由于财力不足也难以邀请专家出具专业建议。② 举证难问题也导致司法实践中出现行政诉讼功能异化的问题。有学者在研究中发现，环境行政裁判文书中相当一部分与环境民事案件有关联，或者说是一个案件分别提起了行政诉讼和民事诉讼，而提起行政诉讼是为了取得民事诉讼的证据。部分环境律师反映，这是因为"打一场环境行政官司，可以取得和固化某些关键性的证据，为将来的环境民事诉讼做准备"③。

第三，举证责任划分难问题。针对环境污染纠纷案件，司法实践中确立了举证责任倒置的举证责任分配标准，即在传统的侵权行为必须有损害事实、侵权行为、行为与事实之间的因果关系、行为违法性四要件的基础上，由加害人就损害事实与污染行为之间不存在因果关系及免责事由承担举证责任。但在审判实践中，往往会发生举证责任分担的转移，如何适时、正确、灵活地确定原、被告之间的举证责任，是审判实务中的一大难题。④ 有学者通过对收集到的裁判文书进行研究后发现，在其筛选对样本案件范围内，运用举证责任倒置的仅有 49.6%，一些文书一边适用举证责任倒置规则，一边仍然坚持运用鉴定结论认定因果关系。⑤有学者在对 4328 件相关案件样本进行研究后也发现，其中涉及因果关系争议的案件共 1332 件，适用举证责任倒置的仅有

---

① 参见马献钊：《河南省环境犯罪的实证调查与分析》，载《华北水利水电学院学报（社科版）》2013 年第 1 期。

② 陈海嵩：《环境司法"三审合一"的检视与完善》，载《中州学刊》2016 年第 4 期。

③ 参见吕忠梅：《环境行政司法：问题与对策——以实证分析为视角》，载《法律适用》2014 年第 4 期。

④ 参见马献钊：《河南省环境犯罪的实证调查与分析》，载《华北水利水电学院学报（社科版）》2013 年第 1 期。

⑤ 吕忠梅：《中国环境司法现状调查——以千份环境裁判文书为样本》，载《法学》2011 年第 4 期。

360 件，占比 27%。弱化举证责任倒置的做法大致表现为以下几种情形：一是明确指出受害人仅承担初步的证明责任，但无论是受害者关于关联性的证明，还是加害人关于因果关系不存在的证明，均高度依赖鉴定意见。二是明确指出受害人仅承担初步的证明责任，但由法官直接认定损害的发生具有多因性，因而不能推定因果关系成立。三是法官以损害的发生具有多因性，直接判断按比例划分侵权责任。在环境侵权因果关系难以进行"全有或全无"判断的情况下，这一类型在实践中越来越多见。[①] 类似的研究还包括有学者基于 619 份相关民事判决书对环境污染侵权因果关系证明责任问题所做的探索，该研究同样得出"司法实践与立法之间在环境污染侵权因果关系证明责任问题上形成了明显的矛盾与冲突，立法要求环境污染者就侵权因果关系的不成立承担积极的证明责任，而司法实践却更多地要求受害人就因果关系承担主要的证明责任"的结论。[②]

第四，司法审判事实认定难问题，并由此衍生出审判人员过度依赖鉴定意见问题。司法审判事实认定难主要体现在四个方面：一是追责主体认定难，可划分为单位犯罪认定难、具体责任人认定难两种情况；二是主观明知认定难，包括共同犯罪案件中的"明知"认定难、普通员工的"明知"认定难两种情况；三是危害后果认定难，包括环境污染程度认定难、危害后果量化难两种情况；四是因果关系认定难，主要包括污染源认定难、污染区间界定难、污染行为和危害结果显现之间具有时差性三种情况。[③] 这一点也在前述举证责任划分难问题过程中有所体现。有学者在对河南省环境犯罪进行实证调查与分析后指出，事实认定难的主要原因是资源开发和环境保护类案件往往涉及化学、生物、物理等自然科学知识，而大多数基层法官在实践中往往并不具备这些专业知识，导致在审理案件过程中难以完全正确地判断相关证据材料，

---

① 张宝：《环境侵权责任构成的适用争议及其消解——基于 4328 份裁判文书的实证分析》，载《湘潭大学学报（哲学社会科学版）》2018 年第 2 期。

② 参见张挺：《环境污染侵权因果关系证明责任之再构成——基于 619 份相关民事判决书的实证分析》，载《法学》2016 年第 7 期。

③ 参见卢金有、董潇：《环境污染犯罪治理困境破解》，载《人民检察》2016 年第 9 期。

使得事实的认定在一定程度上可能会出现偏差。① 有学者在对浙江温州环境司法实践状况进行分析时，同样指出，就司法审判事实认定难问题而言，主要因为环境污染具有复杂性、多因性和长期性的特点，支持环境违法事实的认定要有较强的专业性和客观性特征，需要以专门的监测、检验为手段、法定的环境监测机构检验结果、监测记录、鉴定结论，来作为认定环境违法事实的依据。②

据研究人员观察，司法审判事实认定难衍生出一个更为棘手的问题，即审判人员过度依赖鉴定意见。有学者在对上千份裁判文书进行研究后发现，对于环境民事案件，民事裁判文书中的事实认定主要集中在两个部分：一是损害后果，二是加害行为与损害后果之间的因果关系。鉴定结论对案件事实起着决定性作用，而其他证据的运用明显不足。以其收集到的水污染案件为例，其中鉴定主要是"渔业损失鉴定"，而鉴定机构多样，且一个案件多次鉴定的情况大量存在，当事人有关损害后果的辩论主要在于鉴定结论是否有效（更多的是鉴定机构是否具备相应资质）。③ 然而，环保类事项鉴定本身即存在诸多问题。其一，鉴定机构少导致法定鉴定机构出具的鉴定意见难获取。目前，具有环境污染鉴定资质的鉴定机构数量少、费用高，难以满足办案需求。各地办理环境污染刑事案件中指定的鉴定机构标准不统一，因不同鉴定机构的级别、条件、水平有差异，鉴定意见常常不一致，给证据的客观性、公正性埋下隐患。④ 以浙江省为例，涉环境类案件中，侵权、犯罪事实尤其是因果关系的认定是一项高度专业性的工作，往往需要司法鉴定，但浙江全省只有浙江省环境监测中心一家机构能够开展环境检测和评估，且该机构无力

① 调查范围为 2001—2011 年河南省法院审结环境刑事案件 1 件，审结环境民事案件 926 件，审结环境行政案件 2403 件（大部分是非诉执行案件）。参见马献钊：《河南省环境犯罪的实证调查与分析》，载《华北水利水电学院学报（社会科学版）》2013 年第 1 期。

② 参见浙江省温州市中级人民法院课题组：《环境司法的困境、成因与出路》，载《法律适用》2014 年第 6 期。

③ 吕忠梅、张忠民、熊晓青：《中国环境司法现状调查——以千份环境裁判文书为样本》，载《法学》2011 年第 4 期。

④ 参见卢金有、董潇：《环境污染犯罪治理困境破解》，载《人民检察》2016 年第 9 期。

也不愿意就侵权行为与损害结果是否有因果关系进行鉴定。① 再以四川省为例，截至 2018 年，四川省内尚无专业的污染环境司法鉴定机构，全国虽然有多家环境污染专业鉴定机构，但路途遥远、费用高，鉴定效率远远跟不上案件频发的态势，实践中生态环境部门和公安机关不得不依赖省环境科学研究院提供相应的认定意见，但在庭审中是否能够得到采信也是不确定的因素。② 其二，鉴定过程往往存在诸多问题。生产实践产生的污染物复杂多样，对不同污染物往往需要采取不同的鉴定方式，从而导致鉴定周期过长。特别是对含有放射性、易挥发性物质污染物的鉴定，可能还会面临技术上的障碍和鉴定费用高昂等问题。③

司法实践中鉴定意见存在的如上问题导致四种现象发生，一是涉及环境资源案件的鉴定机构、鉴定资质、鉴定程序混乱，多头鉴定、重复鉴定，鉴定结论相互矛盾，导致当事人不服裁判。④ 二是当多份鉴定意见出现偏差、冲突时，法官面临采信哪份鉴定意见、多大程度上采信、采信理由是否充分的难题。此时，法官要综合考虑鉴定机构和鉴定人的资质级别、专业能力、中立性；鉴定方式的科学性；鉴定时间远近；环境变化等因素，比较分析鉴定意见的证明力大小，这样加大了审理难度。⑤ 这些专业性知识对于无相关背景的法官而言属于盲区，无关的专业信息、非线性的出示顺序、缺乏证据获取的记录等都会扰乱法官的心证从而做出"妥协"判决。⑥ 三是检察机关作为起诉人的案件中，检察机关在举证方面倾向于选择易获取证据、低成本方式。有学者在对公益诉讼案件检察机关举证方式进行研究后指出，选择容易固定证据的领域进行起诉、尽量选择低成本的方式进行举证成为检察机关起诉案

---

① 参见浙江省温州市中级人民法院课题组：《环境司法的困境、成因与出路》，载《法律适用》2014 年第 6 期。

② 参见薛培、王煜：《污染水环境案的办理难点及应对——以四川省成都市为例》，载《中国检察官》2018 年第 11 期。

③ 卢金有、董潇：《环境污染犯罪治理困境破解》，载《人民检察》2016 年第 9 期。

④ 参见吕忠梅：《中国环境司法现状调查——以千份环境裁判文书为样本》，载《法学》2011 年第 4 期。

⑤ 有学者在对中部某省 H 市环境污染责任纠纷案进行系统研究后指出这一问题。参见罗方圆：《环境侵权案件"审理难"问题分析与对策》，载《四川文理学院学报》2019 年第 6 期。

⑥ 参见秦天宝：《司法能动主义下环境司法之发展方向》，载《清华法学》2022 年第 5 期。

件举证的大方向。① 四是环境污染鉴定主体与执法主体重合。许多环境执法单位滥用自由裁量权，只注重运用法律中的授权性规范，强调本部门拥有的权力，将应当由其他具有专业资质单位进行鉴定的事情包揽在自己身上。②

　　除了以上在生态环保类案件实证研究中频繁暴露的问题外，环境司法实践中还有一些问题同样值得关注，如有学者研究后发现，对于环境行政案件，环境行政裁判文书中认定事实的焦点主要是被告具体行政行为合法与否，关键在于被告是否拥有执法权、执法权行使的程序和内容是否合法。文书中对于事实的认定大多比较简单，证据部分罗列规范性文件和执法文件的情况较多，对证据的分析以及认定事实的逻辑说明不够，还存在对执法程序的审查不够严格的现象。③ 有学者在针对生态环境主管部门执法监测数据审查认定情况进行考察时，同样发现，样本案件范围内多达六成的案件仅限于对执法监测数据的形式审查，而执法监测数据的证明力一般处于优先认可地位。④

　　整体而言，从现有研究对实践情况的考察结果来看，本课题组认为，生态环保类案件证据认定难的核心问题，按照其重要性由高到低排列依次为：鉴定意见的获取和运用问题、行刑衔接问题、举证责任分配问题。之所以做如此总结，主要考虑到，首先，通过前述分析可知，环境司法的专业性强特征是导致实践中问题频发、乱象丛生的主要原因，其与调查取证的有效性、起诉裁量的准确性、司法审判的公正性都密切相关。同时，它在客观上限制了当事人有效行使诉讼权利，使司法资源无法平等分配给不同经济条件、不同知识水平的当事人，让当事人陷入举证难困境。但不得不承认的是，有些鉴定问题是难以得到解决的，如鉴定机构资质问题。其次，由于对环境不法行为进行监管和处理的主体具有多样性特征，对环境不法行为的发现需要借

① 参见王惠、于家富：《2018 年我国环境行政公益诉讼案例的实证研究》，载《环境保护》2019 年第 19 期。
② 参见马献钊：《河南省环境犯罪的实证调查与分析》，载《华北水利水电学院学报（社科版）》2013 年第 1 期。
③ 吕忠梅：《中国环境司法现状调查——以千份环境裁判文书为样本》，载《法学》2011 年第 4 期。
④ 参见周卫：《数字化转型时期环境监测数据证据效力的司法认定——基于 2015—2020 年环境行政诉讼裁判文书的考察》，载《南京工业大学学报（社会科学版）》2022 年第 4 期。

助协同共治的力量，其中主要依托行政执法机关与刑事侦查机关。因此，实践中行政执法人员往往是生态环保类案件的发现主体，承担着发现、固定、记录、保存、转交案件证据材料的任务，在诉讼活动中存在行刑衔接流程。但行政执法人员证据意识、操作要求、能力水平等方面的不足，使得其转交刑事侦查机关的关键性证据材料证据能力存疑、证明力不足，无法发挥还原案件事实的重要作用，损害了打击犯罪的刑事司法功能。最后，举证责任规则不被尊重和落实的问题是导致鉴定意见被过分依赖的原因之一，也就间接放大了鉴定意见获取和运用问题对司法裁判的不利影响，使诉讼中的因果关系和科学意义上的因果关系被等同化处理，基于原被告双方提供的证明材料形成自由心证的裁判要求形同虚设。

（二）生态环保类案件证据认定难问题的实践对策

在回应鉴定意见的获取和运用问题方面，目前实践中主要采取的是通过放宽鉴定机构资质要求的方式弥补相关不足。以昆明中院为例，在鉴定方面，规定了损害后果的评估报告、因果关系的鉴定结论可以作为证据，同时规定了申请鉴定的责任。在鉴定机构的选择上，规定了对于损害后果的评估、因果关系的鉴定，有法定评估、鉴定机构的，由法定机构评估、鉴定；无法定机构的，可以由司法鉴定机构评估、鉴定；司法鉴定机构无法进行评估、鉴定的，可以由依法成立的科研机构评估、鉴定；科研机构无法评估、鉴定的，可以由专门技术人员评估、鉴定。这样规定解决了环境案件中申请鉴定主体不明、鉴定机构缺位、鉴定结论的证据效力等的问题。此外，由于环境侵权往往涉及较强的专业技术问题，因此，昆明中院还规定了当事人及人民法院有权聘请专门技术人员作为专家辅助人当庭作证，专门技术人员的陈述可以作为证据。① 类似做法在一些个案处理中也得到体现。例如，在某省绿家园及自然之友诉谢某锦等四被告生态破坏案中，法庭通过"专家辅助人"制度，由专业公司出具评估报告，高校教授提供生态破坏鉴定意见，为涉案林地生

---

① 袁学红：《构建我国环境公益诉讼生态修复机制实证研究——以昆明中院的实践为视角》，载《法律适用》2016 年第 2 期。

态恢复项目所需费用作出初步专业估算。① 环境司法"三审合一"模式的出现与发展，对于解决这一问题也具有重要意义。环境司法"三审合一"是指人民法院在探索环境司法专门化的实践过程中，使涉环境类案件不再按照现有民事、行政、刑事的类型由三个不同的审判庭分别进行审理，而是交由独立建制的环保法庭进行统一审理，以期对环境资源形成全方位、综合性的立体司法保护的案件审理模式。在这一模式下，法官具有比较丰富的环境资源审判经验和能力，通过指派专家提供咨询、委托第三方鉴定、申请特定基金支持等方式，可以矫正诉讼双方诉讼能力不平等的格局，保障实现当事人的合法权益。② 此外，在司法实践中，目前大多省（区、市）已将环境损害司法鉴定评估纳入鉴定的法律援助项目。③

　　在应对行刑衔接问题方面，一方面，有些地方肯定了行政执法中获取材料的证据能力。例如，昆明中院针对"行政先行"的环境民事公益诉讼特点，规定环境行政机关在行政执法中取得的调查笔录、询问笔录、监测数据、检验结果可以作为证据使用。④ 另一方面，许多地方探索建立了环境行政与环境司法联动机制，有学者将其归类为点式合作联动机制和递进式整体联动机制。前者目前在实践中运用较为广泛且经验较为丰富，它主要包括环境保护机关与公安机关的联动（具体制度包括联勤联动执法制度、联席会议制度、信息共享制度、紧急案件联合调查制度、案件查办协作和重大环境案件刑事处置会商制度、案件移送制度、行政复议与行政诉讼配合衔接制度，等等），环境保护机关与检察机关的联动（具体制度包括立案调查制度、督促案件移送与移送备案制度、支持起诉制度、环境渎职犯罪案件启动制度、环境执法检察监督制度、派驻制度、介入引导取证制度、环境申诉案件优先办理制度、有条件推行环境公益诉讼制度，等等），环境保护机关与审判机关的联动（具体制度包括联席会议制度、环境执法中环境诉讼案件启动制度、环境执法案件

　　① 巩固：《2015 年中国环境民事公益诉讼的实证分析》，载《法学》2016 年第 9 期。
　　② 陈海嵩：《环境司法"三审合一"的检视与完善》，载《中州学刊》2016 年第 4 期。
　　③ 李清、文国云：《检视与破局：生态环境损害司法鉴定评估制度研究——基于全国 19 个环境民事公益诉讼典型案件的实证分析》，载《中国司法鉴定》2019 年第 6 期。
　　④ 袁学红：《构建我国环境公益诉讼生态修复机制实证研究——以昆明中院的实践为视角》，载《法律适用》2016 年第 2 期。

的司法执行制度、环保机关与司法鉴定部门的信息、技术共享制度、环境保护专案会商制度、司法建议推动环境行政执法制度，等等），环境保护机关与公安、检察审判机关之间的大联动（昆明经验形成的具体制度包括环境保护和执法联席会议制度、环境保护执法联络员制度、执法协助制度、案件移送制度、环境渎职犯罪案件启动制度、环境公益诉讼证据支持制度、环境司法专门化及"四审合一"审判模式、环境行政处罚案件司法执行制度，等等）。①

在应对举证责任划分问题方面，仅透过现状分析，并未发现能够有效解决这一问题的实践方案。以昆明中院为例，该院也只是规定了举证责任的一般分配原则，即环境民事公益诉讼案件的损害事实、损害后果由公益诉讼人承担举证责任，侵权行为与损害后果之间的因果关系由被告承担举证责任，并未做其他更为深入的实践探索。②

四、生态环保类案件证据认定难问题学理研究综述

有关生态环保类案件证据认定难问题的学理研究情况，课题组主要从证据调查方法、证据的证据能力、证据的证明力、司法证明机制以及人工智能与证据认定五个方面予以考察。

（一）证据调查方法

生态环保类案件中的证据调查具有一定的特殊性，对此应当讲究如下策略：（1）积极主动；（2）加强间接证据、传来证据的收集；（3）提高收集、固定和保全证据措施的科技含量；（4）注意基础资料和信息的收集与共享。在实践中，提取固定和保全证据的具体形式主要有：制作笔录、制作书面鉴定结论，扣押、调取、摄影、造型、制图、实验、装套、塑封、冷冻、药藏等。归纳起来主要可以分为四类：一是文字记录形式；二是实物收集固定形式；三是技术检验鉴定形式；四是审判判断形势。这四类除第一大类外，都

① 参见郭武：《论环境行政与环境司法联动的中国模式》，载《法学评论》2017年第2期。
② 袁学红：《构建我国环境公益诉讼生态修复机制实证研究——以昆明中院的实践为视角》，载《法律适用》2016年第2期。

涉及有关科学技术的大量应用。①

（二）证据能力问题

1. 鉴定意见相关问题。

环境损害鉴定评估是生态环保类案件中被广泛应用的一类证据材料。有学者认为环境损害司法鉴定意见的证据特性可以从内在方面和外在方面两个角度予以讨论。在内在方面，环境损害司法鉴定意见表现为客观性、科学性和独立性相互依存的特质，另外，经辩证分析，环境损害司法鉴定意见又可表现为主观性、伪科学性和依附性的相互交织。在外在方面，环境损害司法鉴定意见的属性主要有二：一是鉴定事项的多元化；二是鉴定标准的一元化。② 有学者在对海洋环境损害司法鉴定的研究过程中指出，其中鉴定意见证据能力的审查需要涵括鉴定主体的适格性、鉴定事项的必要性、鉴定程序的规范性、鉴定内容的关联性、样品来源的合法性等要素。③

鉴定机构的资质问题。在我国，生态环境部除了对环境损害鉴定评估机构列举了推荐名录外，并没有说明没有列入推荐名录的鉴定评估机构具备必要条件后也可以从事环境损害司法鉴定。而且最高人民法院等联合颁发的《关于将环境损害司法鉴定纳入统一登记管理范围的通知》要求将环境鉴定机构统一管理，客观上将没有登记的鉴定机构排除在环境损害鉴定评估机构之外，由此导致，仅依赖专家辅助人或环境科学专业人员作出损害赔偿的鉴定意见，鉴定主体的合法性与其鉴定意见的证据能力就会受到损害。④ 对此，不仅如前所述，实践中存在弱化鉴定机构不具备鉴定资质问题对定罪量刑的消极影响，在理论研究层面，同样有学者主张污染物的鉴定不一定必须由司法行政部门主管的鉴定机构进行。主要原因包括：（1）纳入司法管理的鉴定业

---

① 参见任惠华：《论危害环境犯罪案件的侦查——以证据调查为中心》，载《犯罪研究》2008 年第 3 期。

② 参见柯阳友、蒋楠：《证据视角下的环境损害司法鉴定问题探讨》，载《河北科技师范学院学报（社会科学版）》2017 年第 16 期。

③ 参见李琛、赵玉慧、孙培艳：《海洋环境污染损害司法鉴定及其证据效力探究》，载《海洋环境科学》2015 年第 34 期。

④ 参见庄琳：《对环境损害司法鉴定的若干思考》，载《环境保护》2018 年第 17 期。

务是有限的；（2）根据刑事诉讼法的规定，只要是具有专门性知识的人都可以接受指派或聘请进行鉴定，并出具鉴定意见；（3）最高法院司法解释规定，对于需要鉴定但没有法定司法鉴定机关的，可以指派、聘请有专门知识的人进行检验，检验报告可以作为定罪量刑的参考；（4）实践中大量存在类似鉴定，如国家安全法对间谍器材的鉴定，等等；（5）在包括海域污染损害等环境污染诉讼中，就存在许多新型污染源或法律规定不明确的鉴定业务，现行立法并未规定司法鉴定的范围与管理方式，对鉴定主体也没有明确的标准。同时，该学者还主张，如果被告人提出鉴定人资质、取样不规范、鉴定方法错误，应当提供必要的证据或证据线索。①

鉴定操作的规范问题。环境损害鉴定在实践中存在技术规范缺失问题。如在我国，总体而言，目前污染事故经济损失评估体系建设相对滞后。②

2. 环境执法部门收集证据的证据资格问题。

首先，就如何认定某证据为"行政执法证据"问题，学界主要存在"绝对肯定说""相对肯定说"和"否定说"三种观点。③ "绝对肯定说"认为，取证主体的合法性是影响证据能力的因素之一，调查取证人员应符合法定的条件和资格，不具备法定资格的人员收集的证据，都不具备证据能力。④ "相对肯定说"则认为，对于不具备法定资格人员所收集的证据，并不能一概否定其证据能力，而需结合取证的行为性质、证据的具体种类、越权的主观方面等因素来决定其证据能力。⑤ "否定说"则认为取证主体并不是证据合法性的构成要素，只要取证程序不违法，法定主体之外的人员收集的证据仍然具

---

① 参见涂俊峰、李磊：《环境污染诉讼中的证据审查》，载《人民司法（案例）》2018年第11期。

② 参见庄琳：《对环境损害司法鉴定的若干思考》，载《环境保护》2018年第17期。

③ 谢登科：《论行政执法证据在刑事诉讼中的使用——基于典型案例的实证分析》，载《华东政法大学学报》2016年第4期。

④ 详见陈瑞华：《刑事证据法学》，北京大学出版社2012年版，第87—88页；陈光中主编：《证据法学》，法律出版社2011年版，第148—149页。转引自谢登科：《论行政执法证据在刑事诉讼中的使用——基于典型案例的实证分析》，载《华东政法大学学报》2016年第4期。

⑤ 详见龙宗智：《取证主体合法性若干问题》，载《法学研究》2007年第3期。转引自谢登科：《论行政执法证据在刑事诉讼中的使用——基于典型案例的实证分析》，载《华东政法大学学报》2016年第4期。

有证据能力。① 其次，就行政证据与刑事证据是否能够进行转化的问题，有学者认为行政证据与刑事证据内在属性和外在表现形式均相同，为二者转化提供了可行性基础。② 也有学者认为两种证据的收集标准、收集主体不同为二者转化带来了困难，但行政机关在收集证据时可以以刑事诉讼法为标准或者邀请司法机关予以指导，保证行政证据顺利向刑事证据转化。③ 最后，就哪些行政执法证据可以作为刑事证据使用的问题，有学者认为，对于生态环境部门行政执法中收集的证据，且不说言词证据，即使是实物证据，也不宜一律承认其刑事证据资格，而应当在对证据要件进行必要审查的基础上，作出是否允许其在刑事诉讼中作为证据使用的决定，以便在考虑秩序维护、行政效率、诉讼经济的同时，尽可能地兼顾涉案人员的权利保障。针对如何设立审查标准的问题，该学者在区分实物证据和言词证据的基础上指出，对于生态环境部门执法中收集的实物证据，只有在符合行政执法程序要求的同时，没有违反刑事诉讼法规定的非法证据排除规则，才可以在刑事诉讼中作为证据使用。否则，虽然符合行政执法规范，但由于违反刑事诉讼法规定的取证程序，可能会严重影响司法公正，且不能补正或作出合理解释的，应当排除其在刑事诉讼中的使用。对于生态环境部门行政执法中收集的言词证据，则应采取严格态度，原则上不能承认其刑事诉讼证据资格，应当由公安机关依据刑事诉讼法的规定重新收集。④ 也有学者提出了三种行政证据转化规则：直接转化规则、重新收集转化规则、授权委托转化规则。⑤ 此外，有学者从规范的可操作性层面指出，在环境司法领域，环境执法证据向司法证据转化的过程中存在两方面现实难题：一是没有明确的言词证据转化规则，导致生态环境部门收

---

① 详见万毅：《取证主体合法性理论批判》，载《江苏行政学院学报》2010 年第 5 期。转引自谢登科：《论行政执法证据在刑事诉讼中的使用——基于典型案例的实证分析》，载《华东政法大学学报》2016 年第 4 期。

② 参见张晗：《行政执法与刑事司法衔接之证据转化制度研究——以〈刑事诉讼法〉第 52 条第 2 款为切入点》，载《法学杂志》2015 年第 4 期。

③ 参见商浩文：《证券领域行政执法与刑事司法衔接机制研究》，载《刑法论丛》2020 年第 4 期。

④ 周长军：《环境犯罪的行刑衔接》，载《山东法官培训学院学报》2021 年第 3 期。

⑤ 参见孙洪坤、张毅：《环境行政执法与刑事司法相衔接的程序失灵研究》，载《政法学刊》2017 年第 3 期。

集的言词证据不能直接转化，公安机关与检察机关必须重新收集，但在人、财、物等资源有限而环境犯罪案件日渐增多的情况下，公安机关与检察机关可能没有能力或者没有必要重新收集；二是没有明确联合执法情况下证据的收集与转化规则，若生态环境部门、公安机关与检察机关联合执法，此时应由谁收集与固定各类证据，收集的言词证据是否可以直接转化，尚未形成定论。①

3. 环境监测数据的证据能力问题。

环境监测数据事实上属于环境执法部门收集证据中的一类，但有学者对其证据属性和证据能力问题作单独讨论。环境监测报告是凭借其记载的具体内容来反映监测样本中特定物质的数量，这些数量就是对特定地点、时刻所发生的事实的描述与证明。这完全符合书证"以其所表达的内容来证明案件的待证事实"的特征，因此环境监测报告属于书证。但是，不同的监测方式会使得监测数据的证据属性产生差别，因此应当对作为电子数据的在线监测数据和作为书证的环境检测报告的证据能力判定规则分别进行讨论。②

（三）证明力问题

1. 证据的关联性问题。

有学者将环境诉讼"关联性"界定为污染者排放的污染物或其次生污染物与损害事实相关联，能够增减损害发生的可能性。并进一步认为"关联性"证明规则要求被侵权人提供一定的证明材料。即被侵权人通过多个相关事实的相互联系、相互印证来证明污染物与损害事实相关，而非直接对污染物与损害事实进行证明。"关联性"应从时间和空间两个维度对污染者排放污染物导致被侵权人损害的过程进行逻辑推演。据此，"关联性"举证证明的具体要求限定在：一是污染者排放了污染物；二是污染物到达被侵权人生活区域；三是被侵权人长期生活在污染环境中；四是对被侵权人产生损害。被侵权人

---

① 参见蒋云飞：《论生态文明视域下的环境"两法"衔接》，载《西南政法大学学报》2018 年第 1 期。

② 参见王社坤、苗振华：《环境监测数据的证据属性与证据能力研究》，载《环境保护》2016 年第 22 期。

只要提供证据证明以上四项内容，就完成了该环境诉讼案件"关联性"举证证明的责任。同时，不能将"关联性"证明与"因果关系"证明混同。① 有学者在对《最高人民法院关于审理环境侵权责任纠纷案件适用法律若干问题的解释》进行分析后指出，司法解释中要求原告提交"初步证明材料"及"行为与损害之间具有关联性"的证据材料可以理解为，赋予环境民事公益诉讼中原告方初步的事案释明义务。这意味着原告虽然不对因果关系要件的证明承担客观证明义务，但其负有陈述相关事实、提出证据资料的义务，即需要提交有关行为与结果之间存在因果关系的"初步证明材料"或"关联性证据材料"，为被告的证明活动划定具体的范围。原告只需要证明有因果关系的可能性即可，即此种"关联性"证据材料的证明标准为低度盖然性。②

但与之不同的是，在环境刑事诉讼中，有学者认为，恰恰应当从被告人排污行为与危害结果的因果关系，分析证据的"关联性"。在污染环境犯罪案件中，审判人员分析被告人排污行为与危害结果的因果关系时，既要结合刑事诉讼的一般规则，也要考虑环境污染诉讼的特殊情形。一方面，对比被告人的排污行为以及污染造成的损害，分析行为与结果的内在关系；另一方面，注意环境污染案件中因果关系认定的特殊性。从保护公益和受害方的角度出发，适当降低控诉方的证明力标准，对此类因果关系进行举证责任的合理分配。③

2. 证据的证明力大小问题。

针对鉴定意见的证明力大小问题，有学者以海洋污染损害司法鉴定为例，指出其主要涉及样品的代表性、鉴定方法的权威性及鉴定结论的充分性三方面内容。鉴定样品是鉴定的基础性要件，对鉴定意见证明力的强弱有着重要影响。在海洋环境污染损害案件中，样品采集站位能够根据污染区域、自然地理条件及动力场等方面的状况进行设置，具有代表性，同时合理设置对照点，在项目、频率等方面能反映调查海域的污染状况。同时，样品的数量和

---

① 孙佑海、孙淑芬：《环境诉讼"关联性"证明规则实施阻碍和对策研究》，载《环境保护》2018 年第 23 期。

② 纪格非、陈嘉帝：《证据法视角下环境民事公益诉讼难题之破解》，载《理论探索》2022 年第 3 期。

③ 参见涂俊峰、李磊：《环境污染诉讼中的证据审查》，载《人民司法（案例）》2018 年第 11 期，第 49 页。

质量应具有可靠性，数量应在考虑经济成本的前提下尽可能丰富，以消除偶然性、特殊性等因素，在采样和储运过程中应注意采样器具、样品容器免受玷污。所有采集的样品应至少有两位采样人签名，并详细记录样品信息。若样品由非鉴定机构工作人员采集，则应在鉴定意见中注明"仅对来样负责"。涉及多个鉴定意见证明力强弱比较时常涉及对鉴定方法权威性的判断。在其他条件都相同的情况下，通常认为理论上得到领域内多数专业人士认可，且经受多次实践检验的鉴定方法相对而言具有更强的权威性，运用权威方法出具的鉴定意见也就具有较强的证明力。鉴定意见所得结论的充分性主要涉及结论的论证过程是否做到充分合理、逻辑严谨。鉴定样品及相关记录应真实、完整、充分，因果关系推理应合理有效。鉴定意见应对所需鉴定的各项事由逐一做出明确回答，能有通俗准确的文字概括性地反映得出结论的过程，对调查、分析、鉴别、推理和判断的过程进行阐述和释明。[①] 尽管该学者提出的证明力判断标准十分详细，但仔细观察可以发现，其适用的基本前提在于能够提取到有效样本且具备相应的鉴定条件。然而通过前述生态环保类案件实践研究综述可知，取证难本身就是环境污染案件根深蒂固的问题所在，鉴定机构少也是鉴定意见难获取的主要原因之一，有鉴于此，获得高标准的有效样本并对其及时进行分析处理在生态环保类案件审理过程中本身就是很难实现的。

针对环境监测报告的证明力大小问题。有学者研究后指出，实践中监测数据的证明力争议问题多发生在环境监测服务市场化改革以后，且多关涉污染源监测数据。该学者在对中国裁判文书网中 2015—2020 年涉及污染源监测数据证据效力争议的行政诉讼案件进行分析后发现，样本文书中的污染源监测数据争议主要集中在如何对待企业自主监测数据的证据效力问题上。实践中，企业多主张其自主监测数据具有当然的证据效力。一方面，在企业看来，如直接规定行政机关的执法监测数据的证明力优于企业自主监测数据，最终导致对排污单位或第三方监测数据的证据效力的否认，则企业遵守自主监测义务不仅成本畸高，而且实际意义不大，与我国激励企业自主监测的排污管理制度及环境监测服务市场化改革的初衷相悖，也难以满足环境监测数字化

---

① 参见李琛、赵玉慧、孙培艳：《海洋环境污染损害司法鉴定及其证据效力探究》，载《海洋环境科学》2015 年第 34 期。

转型过程中促进环境公共数据生产的需求。另一方面，由于企业在自主监测过程中弄虚作假的情况时有发生，生态环境主管部门的执法监测亦应受到相当重视。因此，回应企业自主监测数据与生态环境主管部门的执法监测数据证据效力比较问题，对于提高法院裁判标准的一致性，提升证据效力判断的可预期性，估计企业通过自主监测提供有效的排放数据，推进环境治理的数字化以及环境公共数据的生产、集成和共享均具有积极意义。在对相关法律文件进行研究后，该学者认为，无论是行政机关的执法监测数据还是排污企业的自主监测数据，进入司法程序以后同样须接受法律的审查，其证据资格是否得到认可以及证明力的强弱，取决于法院针对案件事实的全面审查而非法规或规章的预设，法院应依法对个案作出独立评价与判断。通过对裁判文书的考察，该学者指出，在审查形式方面，存在形式审查和全面审查两种模式；在审查强度方面，实践中对生态环境主管部门的执法监测数据，各地法院对监测报告的不同要素表现出不同的审查强度，主要分为弱审查型、强审查型两类；在审查标准方面，对于污染源监测数据的证据效力判断，法院和行政部门的判断标准存在较大差异。在具体分析后，该学者进一步指出实践中有关污染源监测数据证据效力判断规范存在诸多冲突和模糊之处，司法实务中法院对于污染源监测数据的审查存在审查形式不一、审查强弱各有偏好及证据的司法判断标准较行政判断标准为高的复杂情形，对此，应当从建立"二阶审查"模式、适当借鉴"实质性证据标准"、确立多元化证明标准三个角度出发回应相关问题。①

（四）司法证明机制问题

环境侵权（民事）诉讼中原告的证明标准问题。在环境诉讼的理论研究中，学者们根据立法及司法实践，提出了各种降低原告证明标准的学说与观点。归纳起来主要有：（1）采用过错推定方法降低证明标准。包括事实本身说明问题（又名事实自证）和表见证明。前者是英美法上的理论。在英美法中，如果某种事物本身具有可能招致失败的性质而发生事故，在一定条件下

① 参见周卫：《数字化转型时期环境监测数据证据效力的司法认定》，载《南京工业大学学报（社会科学版）》2022年第4期。

就允许法官和陪审团从间接证据中推定被告的过失。申言之，在环境侵权诉讼中，就是原告只要提出间接证据，证明污染可能是由被告造成的，就可以满足使法官或者陪审团推定事实成立的要求。后者系德国法上的理论。如果原告以一定的盖然性，对推翻被告过失能够立证的话，只要其后被告不能证明是例外，便不能推翻其推定。（2）采用间接证明的方法降低证明标准，又分为疫因学证明、大致推定和间接反证。疫因学证明是指只要证明某种因素与某种疾病具有疫学上的因果关系，即可认定二者之间具有法律上的因果关系。疫学因果说能够在一定程度上降低盖然性，虽依此说难以得出百分之百的正确结论，但它提出了一种具体的标准，可以对复杂的因果关系做出有效的判断。这种证明方法主要运用于日本痛痛病、水俣病、四日市哮喘病和斯蒙诉讼中。大致推定又称为姑且推定，是指在一些侵权案件中围绕过失或因果关系等难以证明的类型化事实，如果确有必要适当减轻负有证明责任的当事人的举证负担，虽然法律上不存在有关推定的明文规定，也允许法官在满足一定条件的前提下适当适用推定。大致推定也是日本法上的概念，它被认为是受到了德国法上的"表见证明"理论的影响。间接反证原系德国民事证据法上的理论，其含义是指当主要事实是否存在尚不明确时，由不负举证责任的当事人负反证其事实不存在的证明责任理论。① 在我国，普遍支持对于破坏生态侵权责任应适用"因果关系举证责任倒置"规则，有学者对此进行了详细解释，一方面，应当正确理解因果关系举证责任倒置的规则内涵。其一，举证责任分配的"倒置"是相对的，而非绝对的。在适用举证责任倒置规则的案件中，"被告只是承担其中的部分要件事实的举证责任"，原告仍然需要对其他要件事实的存在承担举证责任，而非完全免除举证责任。② 其二，倒置可以产生两个效果，一是使得整个证明过程更易启动；二是当因果关系难以确定时判定因果关系在事实层面成立。另一方面，应当正确理解因果关系举证责任倒置规则的目的。其一，因果关系举证责任倒置的原因是原被告举证

---

① 参见吕忠梅：《环境侵权诉讼证明标准初探》，载《政法论坛（中国政法大学学报）》2003 年第 5 期。

② 参见叶自强：《举证责任的倒置与分割》，载《中国法学》2004 年第 5 期，转引自张新宝、汪榆森：《污染环境与破坏生态侵权责任的再法典化思考》，载《比较法研究》2016 年第 5 期。

能力的严重失衡；其二，因果关系举证责任倒置不同于"证明的方法"与"证明的标准"。[①]

环境犯罪（刑事诉讼）中证明责任问题。有学者将环境犯罪区分为污染环境犯罪和破坏环境资源犯罪，并在此基础上指出，污染环境犯罪证明责任分担过程中存在公安机关在承担污染环境犯罪的证明责任上缺少自主性，污染环境犯罪的证明模式单一、证明责任难以有效承担，人民检察院主要针对严重污染环境犯罪承担举证责任问题；破坏环境资源犯罪证明责任分担过程中存在破坏环境资源犯罪案件中承担证明责任的主要条件为破坏程度是否达到立案标准，破坏环境资源案件的案情复杂、侦查难度大、公安机关难以完全履行证明职责，在公安机关取证难、证明难的影响下，检察机关举证责任的承担也同样受到阻碍。证明标准难把握、有效证据难获取、举证效率难提升是公安机关、人民检察院面临履职困境的主要原因。对此，该学者从举证责任倒置原则应否及如何应用于环境犯罪诉讼的角度出发作进一步探索，其在研究后指出，环境犯罪举证责任倒置有可能造成证明责任主体推卸责任，迫使被告人对控诉自己的事实进行证明，但是，为了更加有效地打击环境犯罪，沿用举证责任倒置有可能解决环境犯罪中证据专业性强、因果关系难推定、诉讼效率难以保障等问题。[②] 有学者针对污染环境罪因果关系证明问题做专门研究。在证明标准方面，因果关系证明标准应与客观要素证明标准适应；在证明内容方面，关于危害物质的查证尤其是危害物质与排放物质的同一性的认定是关键环节，另外，还需对被侵害法益与危害行为之间的关联进行实质判定，并在此基础上对概括或推定的危害结果进行相应修正，修正后的危害结果方可纳入定罪与量刑过程中考量；在证明形式方面，在传统的证明方式与证据形式之外，污染环境犯罪因果关系的证明中应高度重视环境影响评价文件的证明功能以及鉴定结论、专家意见等专业性意见的证明力并实现它

---

① 参见张新宝、汪榆森：《污染环境与破坏生态侵权责任的再法典化思考》，载《比较法研究》2016 年第 5 期。

② 参见董邦俊、胡德葳：《环境犯罪之证明责任研究》，载《中国人民公安大学学报（社会科学版）》2014 年第 6 期。

们的证据转化。①

（五）人工智能与证据认定

首先，技术界和司法界关于刑事司法人工智能应否存在禁区问题有着不同的立场。技术界始终是积极进取的姿态，通常的见解认为，只要技术可以实现，人工智能在司法领域的应用空间，就不应有所限制。在司法界，一种基于"谨慎乐观态度"的观点具有代表性。该观点认为，智慧司法所需要的人工智能，第一要务是辅助或服务司法官办案，而不是替代司法裁决、淘汰办案司法官。② 而关于人工智能在证据裁判方面的作用，有专家指出，针对刑事司法智能系统中基本证据标准指引的功能，要避免法定证据制度理性地走向反面，如果过于追求证据规则细致化、繁密化，可能会使司法官的理性判断窒息，由事务性取代人性，会使一些案件事实在信息化、智能化的操作之下扁平化。③ 更有学者直接指出，人工智能无法实现对证据的取舍和证明力大小的判断。人工智能对证据的审查判断所得出的结论仅是对法官采信证据提供数据上的参考，即使人工智能将所有真实合法的证据摆在法官面前，其证据证明力的有无和大小仍由法官自主判断和采信；虽然人工智能可以进行证据链的印证和逻辑判断，但是其自动提取的核心要素是否全面客观和比对是否准确有效仍由法官作出判断。④ 在实践中，目前人工智能在证据裁判方面已得到了一定程度的适用。例如，上海的"206系统"建立了逮捕条件审查、证据标准指引、单一证据审查、证据链和全案证据审查、庭审示证、类案推送、办案证据合法性审查监督等自动程序。⑤

五、结语

通过对相关文献资料的考察可以发现，无论是在单个证据的认定方面，

---

① 参见焦艳鹏：《污染环境罪因果关系的证明路径——以"2013年第15号司法解释"的适用为切入点》，载《法学》2014年第8期。

② 参见黄京平：《刑事司法人工智能的负面清单》，载《探索与争鸣》2017年第10期。

③ 参见王治国、徐盈雁、闫晶晶：《司改要敢于啃下硬骨头——专家学者建言检察机关深化司法体制改革》，载《检察日报》2017年7月22日。

④ 参见潘庸鲁：《人工智能介入司法领域路径分析》，载《东方法学》2018年第3期。

⑤ 参见马长山：《司法人工智能的重塑效应及其限度》，载《法学研究》2020年第4期。

还是在全案证据链的形成方面，生态环保类案件的治理工程建设都面临着诸多挑战。前者如，在生态环保类案件处理过程中，对鉴定意见的审查判断在很大程度上关乎确定被追诉人法律责任有无及大小问题，但是囿于此类证据纷繁复杂且专业性极强的特征，法官在审查判断时往往力不从心，司法实践对于相关鉴定规则的细化与更新要求也相对较高；后者如，生态环保类案件证明标准、证明内容、举证责任分配等相关要素的不确定性阻碍了证据裁判进程，对此，有专家在评析广受关注的"'排污门'事件"时就曾指出，"如何建立污染证据链，是本案的难点所在"。①

导致生态环保类案件证据认定难的原因是多元的，一方面，在证据呈递法院前，此类案件处理即面临线索排查难、调查取证难等诸多问题；另一方面，在证据获得后，无论是行政执法机关，还是司法机关，在单个证据分析和证据链条完整性判断方面都被提出更高的要求，这既与此类案件天然的专业性强特征相关，也是因为受制于实体层面因果关系等要件证明难，程序层面行刑衔接、证据转换普遍等复杂情况。

在人工智能司法应用功能被广泛开发的当下，亟待运用技术发展优势高效回应生态环保类案件办理过程中的诸多问题。构建生态环保类案件智能审判法律推理逻辑体系是本课题组研究的主要方向，智能裁判证据审查则是该体系的重要组成部分。尽管当下法律界对人工智能的质疑声不断，技术带来发展契机的同时也会不可避免地招致风险挑战，但是技术发展的浪潮不可阻挡，技术红利也有利于弥补生态环保类案件传统办理模式的不足。智能发展背景下，一方面，通过机器提供的快速证据研判服务，能够大幅提升生态环保类案件的办理速度，同时提高案件处理结果的可预见性和准确性；另一方面，对于法官难以准确处理的专业性证据认定问题，机器可以相对中立地提供参考意见，帮助法官发现案件争点，找到处理对策。相信在发展经验长足积累的基础上，未来生态环保类案件智能审判法律推理逻辑体系一定能对症下药，有针对性地解决此类案件证据认定相关问题，从而助力我国生态文明建设。

---

① 参见中国绿发会：《马勇：如何建立污染证据链是环境侵权案难点所在丨〈中国新闻周刊采访报道〉》，载澎湃网，https：//m.thepaper.cn/baijiahao_ 19196679，2022 年 7 月 27 日访问。

人工智能审判逻辑推理文献综述

刘敏娜*　张　润**

（中国人民公安大学法学院）

一、引言

近年来，随着科学技术的不断提高以及社会公众生活的持续需要，人工智能审判逐渐走进公众的视野，并且展现出其存在的必要性。在我国发展战略的助力推动下，"人工智能与司法改革深度融合"在全国范围内迅速开展，对于相关方面的学术研究成果也呈现出"井喷式"爆发，中国的"智慧法院"建设也取得了跨越式发展。并且在目前世界各国的发展中，人工智能审判逐渐取得了更大范围的认可和支持，司法和人工智能的融合已经成为大势所趋，因此人工智能审判的应用也便具有了可能性和现实性。但当前发展水平下的司法人工智能尚未完全实现人工智能裁判，普遍认为我国的人工智能审判目前处于"弱人工智能阶段"，应当朝向"强人工智能"进行努力，最终可以实现"超人工智能"。当然，法律人工智能研究领域实际上出现了一定程度上的冷热差异，因此应该思考目前阻碍人工智能裁判成为现实的困境是什么？应当如何才能以正当、合理的方式实现有限度的人工司法智能？发展人工智能审判时的内在逻辑推理模式应当如何搭建？并且应当兼顾对智能裁判正当性的反思，从合法性和合理性两个层面同时展示。通过司法本质反思主体正当性，通过司法手段肯定逻辑正当性，借由司法过程确定智能裁判符

---

　* 刘敏娜，女，中国人民公安大学法学院硕士研究生。

　** 张润，男，中国人民公安大学法学院讲师，硕士生导师，中国人民公安大学纠纷解决智能化研究中心副主任，邮箱：zhangrungad@ppsuc.edu.cn，通讯地址：北京市西城区木樨地南里1号中国人民公安大学法学院，邮政编码100038。

合程序正义，进而肯定司法结局具有结果正当性的逻辑将可类型化的要素交给机器，最终结论仍由法官作出判断的"人机协作"型司法人工智能系统仍是提高司法质效最具可行性的方案。

因此，本文将会从人工智能审判的困境进行具体分析，重点从逻辑推理角度出发，分析司法职能的逻辑推理的概念，对于目前所存在的逻辑推理模式的现状以及理论学说进行阐述，分析不同学说的深层理论以及价值，找出该逻辑推理模式的缺陷和短板，为进一步推动人工司法审判的逻辑推理提供资料。

二、人工智能审判的困境

（一）数据的处理上存在不足

自然语言存在不可避免的模糊性和一定的语境依赖。系统运行过程中，自然语言语义多变、句式复杂，评价性概念、可争议性词汇等难以准确表达，处理个案时对语言和词汇的精确理解也存在困难。吴宇琴在《人工智能审判裁判的逻辑检视与学理反思》中指出如何将语言的奥妙传达给人工智能就成了一个很大的难题。[1] 法律语言模糊是法律条文在语义表达上的不确定性，包括法的类属边界的不确定性和立法时故意附加模糊词的情形。[2] 法律规则的结构具有不确定性和多变性。[3] 这就导致遵循相对确定规则的机器学习模型在处理模糊法律术语时存在障碍，如"显著轻微""特别恶劣"等法律表达仅依算法均难以识别。[4] 因此，庭审中的程序性语言可以通过机器形式化来完成，但法庭场景、当事人身份、情绪以及语言的非常规运用等实质性语言，由于机器缺乏灵活性，无法掌控也不能真正理解它所生产的形式化语言中的实质性内容。[5]

---

① 栗峥：《人工智能与事实认定》，载《法学研究》2020 年第 42 期。
② 朱福勇、高帆：《审判案件事实要素智能抽取探究》，载《理论月刊》2021 年第 6 期。
③ 周翔：《法律智能应用中的两种推理逻辑》，载《人工智能》2020 年第 4 期。
④ 朱福勇、高帆：《审判案件事实要素智能抽取探究》，载《理论月刊》2021 年第 6 期。
⑤ 吴宇琴：《人工智能审判裁判的逻辑检视与学理反思》，载《湘湘论坛》2022 年第 35 期。

人工智能如何抽取司法领域的专业术语也值得进一步探讨，在统计阶段忽视分词抽取的重要性会给赋值阶段带来难以弥补的漏洞。并且在提取要素的时候，涉案诉讼材料中存在大量与案件无关的要素，人工智能难以识别在审判过程中所需要的目标要素。[1] 同任何工具一样，计算机也有能力上的局限。可计算性理论（computability theory）表明，世界上只有一部分问题，并且是一小部分问题，才能通过计算找到答案。可计算性的限制为法律智能系统划定了能力边界。如果在实践中遇到了"不可计算"的情况，人工智能审判系统则会出现应用空白。

在所掌握的数据中，有学者还提出存在数据杂质的问题，司法数据的收集主要基于过去裁判文书、法律法规等，历史裁判文书质量可能受地域差异和新旧法律法规交替的影响，导致司法数据标准不一的情况，影响整个司法数据的质量，从而破坏数据模型的精准度。[2] 例如，中国裁判文书网上的裁判文书质量参差不齐。同时，法律法规更新迭代速度很快，新法颁布前后的裁判文书之间多有龃龉，而且有些案件裁判结果与当时司法政策紧密关联。[3] 当下人工智能在司法领域的运用，仅局限于要素数据的收集与流转，通过减少人工机械性、重复性工作内容，达到减少案件压力的实际效果，而其他功能受到技术限制，未能有效实现。同时，由于各省份构建的智能审判系统之间相互独立，各自为营，导致司法数据难以跨省份交流，各部门之间未实现数据流转，数据壁垒严重[4]，数据共享程度极低。中国裁判文书网建设中同样存在缺陷，上传的司法数据与实际案件数量差额较大，影响了司法数据的共享与使用效率，造成了资源的浪费。[5]

并且，数据公开不全面也是人工智能审判所面对的一大困境。目前只公

---

[1] 朱福勇、高帆：《审判案件事实要素智能抽取探究》，载《理论月刊》2021 年第 6 期。

[2] 李琳：《智能化要素式审判：类型化案件审判方式新路径》，载《法制与社会》2021 年第 18 期。

[3] 叶锋：《人工智能在法官裁判领域的运行机理、实践障碍和前景展望》，载《〈上海法学研究〉集刊》2019 年第 5 期。

[4] 李琳：《智能化要素式审判：类型化案件审判方式新路径》，载《法制与社会》2021 年第 18 期。

[5] 袁德华：《人工智能在要素式审判中的应用现状与改进思考》，载《〈上海法学研究〉集刊》2022 年第 5 期。

布裁判的结果即裁判文书，对裁判所依据的起诉状、答辩状、证据、庭审笔录以及审结报告等决策信息都没有公开。① 将证据转化为逻辑命题仍然是自然语言翻译难以突破的，尽管贝叶斯理论提供了量化方案，但是从定量的角度来认定案件事实的结果至今备受争议，需要在定量和定性研究之间寻找平衡。②

对于机器来讲，即使可以让机器知晓民事诉讼的高度盖然性证明标准，其也很难理解和运用该标准，目前我国的人工智能系统还难以实现证明的具体量化。③ 如何量化？如何统一量化标准？如何将该过程形成具体的数据表达出来？这些都将成为数据技术中需要面对的问题。

（二）算法的处理上存在缺陷

法律人工智能并未形成一套高效、成熟的算法④，刘鲁吉在《类比推理在法律人工智能中的应用——以指导性案例智能推送系统的构建为例》一文中提到了"类案推送系统"的算法设计不明晰、不科学，没有与司法实践真正结合，没有立足法律人活动的场景需求，没有体现对法律方法的尊重和运用，导致算法"仅在形式上关注最大相关性而无力解释、说明其间的因果逻辑、原因机制"。⑤ 机器直接从事物原始特征出发，自动学习和生成认知结果。在输入数据和输出答案之间存在"隐层"或"黑箱"，人们只能获知答案，却无法了解机器"自由心证"的过程。⑥ 从机器工作原理来看，事实认定的过程是通过算法完成的，外界只能看到人们输入了什么、机器输出了什么，至于机器是如何完成的，外界一无所知。⑦ 人们无法从技术层面对技术公司、电

---

① 叶锋：《人工智能在法官裁判领域的运行机理、实践障碍和前景展望》，载《〈上海法学研究〉集刊》2019 年第 5 期。

② 魏斌、郑志峰：《刑事案件事实认定的人工智能方法》，载《刑事技术》2018 年第 6 期。

③ 王琦：《民事诉讼事实认定的智能化》，载《当代法学》2021 年第 35 期。

④ 叶锋：《人工智能在法官裁判领域的运行机理、实践障碍和前景展望》，载《〈上海法学研究〉集刊》2019 年第 5 期。

⑤ 刘鲁吉：《类比推理在法律人工智能中的应用——以指导性案例智能推送系统的构建为例》，载《法律方法》2019 年第 27 期。

⑥ 叶锋：《人工智能在法官裁判领域的运行机理、实践障碍和前景展望》，载《〈上海法学研究〉集刊》2019 年第 5 期。

⑦ 王琦：《民事诉讼事实认定的智能化》，载《当代法学》2021 年第 35 期。

脑工程师的工作进行有效监督，这给算法的暗箱操作留下空间。① 并且算法往往暗藏歧视，主要存在于两方面。一是大数据本身非中立性，人类文化是存在偏见的，作为与人类社会同构的大数据，目前的算法无法实现对数据中所带有歧视性的信息进行筛选，而是直接组成数据库，在信息中必然会带有社会固有的不平等、排斥性和歧视的痕迹；二是算法设计者自身非中立性，算法的数据运用等都是开发者、设计者的主观价值选择，并非完全中立的态度，他们可能会把自己持有的偏见嵌入算法之中，导致算法继承人类决策者的种种偏见。② 人脑完成上述因果推理的心证历程，在人工智能中还难以实现。人工智能并不依赖因果，确切地说，它无法理解因果。③ 因此在面对一些推理中较为复杂的因果关系时，人工智能的算法无法实现和人类一样的理解能力，对于案件的审判形成阻力。

（三）对于价值因素缺乏考量

人工智能审判系统犹如一个现行法的严格执行者，但也可能因此陷入概念法学和机械主义。一个案件获得合乎情理的司法裁判结果并不局限于案件的事实和法律原则。同一个案件，不同法官可能因为职业训练、知识背景的不同对法律的理解和适用会有所差异。④ 高翔在《人工智能民事司法应用的法律知识图谱构建——以要件事实型民事裁判论为基础》中指出自由心证建立在对法官的信任之上，裁判规律具有零散性与不确定性，并不适宜人工智能的知识积累及应用。并且内心确信必须由法官根据具体案件、具体情势进行具体判断，人工智能不可能代替法官进行内心确信。⑤

任何制度里，自由裁量都是存在的。如何运用自由裁量权，取决于法官

---

① 叶锋：《人工智能在法官裁判领域的运行机理、实践障碍和前景展望》，载《〈上海法学研究〉集刊》2019 年第 5 期。

② 叶锋：《人工智能在法官裁判领域的运行机理、实践障碍和前景展望》，载《〈上海法学研究〉集刊》2019 年第 5 期。

③ 栗峥：《人工智能与事实认定》，载《法学研究》2020 年第 42 期。

④ 吴宇琴：《人工智能审判裁判的逻辑检视与学理反思》，载《湖湘论坛》2022 年第 35 期。

⑤ 高翔：《人工智能民事司法应用的法律知识图谱构建——以要件事实型民事裁判论为基础》，载《法制与社会发展》2018 年第 24 期。

内心的良心和道德。法律存在空白或漏洞的时候，法官凭借其审判经验和思维理性，行使自由裁量权作出自主判断。人工智能审判裁判以数据中的客观规律消除法官的自由裁量空间，但由于现实情境的复杂性、多变性，裁量结果的合法性、正当性无法得到保证。吴宇琴在《人工智能审判裁判的逻辑检视与学理反思》中提到证据的可信性涉及对话者之间信息传送、接收和加工所必需的感知能力、记忆能力、诚实性和叙述能力，它需要法官更多的经验智慧。① 而无论是价值权衡还是经验体会，对于人工智能来说，都是一项极为艰难的工作。对于人工智能来说，"常识"也是其难以逾越的屏障。② 除此之外，高翔在《人工智能民事司法应用的法律知识图谱构建——以要件事实型民事裁判论为基础》中举例说明当事人、证人等诉讼参与人在庭审中的态度、神情、反应、语气、肢体语言等与身体相关的非语言因素，被称为情态证据，其无法被客观标准衡量，人工智能对此难以有效学习，故不适宜由人工智能对其作出判断。③

智能裁判系统并没有直接接触当事人，它处理的对象是司法人员输入的信息。而且，由于智能裁判过程是在极短时间内完成的，这就使得整个裁判是个"一次性"过程。在此过程中，裁判系统只能被动地接收和识别信息，而不能与当事人进行互动筛选信息。这就违反了司法的"亲历性"特征。人工智能系统缺乏常识、无法理解人类语言的真正含义，这两个问题也构成法律论证计算机化的关键障碍。即使在法律智能系统可处理范围内的案件，要求其像人类法官一样"阐明事理""释明法理""讲明情理""讲究文理"，这种高标准的法律论证在技术上也无法实现。④

① 吴宇琴：《人工智能审判裁判的逻辑检视与学理反思》，载《湖湘论坛》2022 年第 35 期。

② 谢慧：《"智能+"模式下裁判形成的过程分析》，载《济南大学学报（社会科学版）》2019 年第 29 期。

③ 高翔：《人工智能民事司法应用的法律知识图谱构建——以要件事实型民事裁判论为基础》，载《法制与社会发展》2018 年第 24 期。

④ 刘东亮：《新一代法律智能系统的逻辑推理和论证说理》，载《中国法学》2022 年第 3 期。

（四）人工智能系统建设的混乱

对于简单的案件办案人员往往能够如同条件反射一般熟练操作。这原本就不需要人工智能系统进行指引和辅助。而在复杂案件中，办案人员当然会投入更多的精力，其审查程度自然也更高，在面对并不熟悉的人工智能系统时，办案人员也更愿意相信自己的大脑而不是眼前的机器，从而形成了"简单案件不需要，复杂案件不敢用的情况"。[1] 这在一定层面上是因为法律人参与深度不足，不了解人工智能技术，不能准确表达自身需求，开发人员又普遍不了解法院业务，无法掌握技术应用中的痛点，司法机关对于算法了解较少处于失控状态，导致技术与业务无法深度融合。[2]

面对全新的信息操作系统与审判方式，审判团队的沟通协作面临巨大障碍。开发应用与实际需求存在偏差。全新的审判平台，必然导致较高的时间成本与学习成本，需要构建专业审判团队适应新型审判平台的出现。同时，当下的审判团队中，缺少关于智能审判平台使用的分工配置，导致系统的使用率仍然处于低位。[3] 案件要素表的填写是一项严谨的工作，需要法院相关的人员进行指导配合，但是究竟由哪类法院工作人员负责，存在一定的争议。一方面增加了基层法官的工作量，另一方面使得开庭工作流于形式，没有起到应有的作用。[4]

（五）人工智能应用的伦理难题

司法作为公平正义的最后一道防线，在当今尚且由人类主导审判的司法社会，人们对于错案、冤案的容忍度都是极为有限的。如若真的来到由机器

---

[1] 谢澍：《人工智能如何"无偏见"地助力刑事司法——由"证据指引"转向"证明辅助"》，载《法律科学（西北政法大学学报）》2020 年第 38 期。

[2] 叶锋：《人工智能在法官裁判领域的运行机理、实践障碍和前景展望》，载《〈上海法学研究〉集刊》2019 年第 5 期。

[3] 袁德华：《人工智能在要素式审判中的应用现状与改进思考》，载《〈上海法学研究〉集刊》2022 年第 5 期。

[4] 李琳：《智能化要素式审判：类型化案件审判方式新路径》，载《法制与社会》2021 年第 18 期。

人掌管人类司法命运的那一天，人类毫无疑问会有深刻的不安全感。①

个案中涉及的利益、情感以及最终的裁判结果，都会影响到整个社会对司法工作人员的整体印象，以及社会对司法系统的看法。法官在做决定时，极少能顺着一条单一的推理模式作出判断，很可能要反复思考、权衡各种因子及其权重系数来最终得出一个他认为合理的结论。② 这是由于智能技术仍无法实现高度"类人"思维，深度学习仍不足以综合解决"事实认定""证据审查""法律适用"等核心问题，也无法真正有效地实现"类人"裁判。"人"不再主导刑事司法活动，刑事司法的定罪量刑活动则缺乏立命根基，裁判主体的合法性地位、裁判活动的可视化及其结果的正当性、认同性等都将丧失殆尽。③

孙道萃在《我国刑事司法智能化的知识解构与应对逻辑》中提到人工智能在使用中可能威胁法官专享的独立权力，并隐藏着误导和空想的危险。司法权是国家权力，刑事司法活动是国家行为，是主动干预社会和打击犯罪的官方仪式。司法权的运行是在实现刑事法治体系目标之际，一并巩固司法权威。由智能主体部分或全部取代人的司法活动，司法权则成为智能司法活动的"物化"依据，成为智能司法运行体系的"对象"，难谈司法权的主动性、主导性，甚至意味着传统司法的消亡。④ 人工智能并不具备公共授权，有可能会引发权利合法性的危机。

孙卓婷在《人工智能对法律的挑战——以法律推理与裁量模型为研究中心》一文中提到了同案同判并非绝对的公平，通过人工智能实现"同案同判"，而不经过"反复""往返"过程的想法其实是一种企图直线达到人类真理的妄想，而这一"揠苗助长"过程所导致的结果也必然会偏离人类社会应有的预期。⑤ 不同案件适用的规则具有差异性与个体化，个案细节差异的认知

---

① 孙卓婷：《人工智能对法律的挑战——以法律推理与裁量模型为研究中心》，载《政法学刊》2019 年第 36 期。

② 吴习彧：《司法裁判人工智能化的可能性及问题》，载《浙江社会科学》2017 年第 4 期。

③ 孙道萃：《我国刑事司法智能化的知识解构与应对逻辑》，载《当代法学》2019 年第 33期。

④ 孙道萃：《我国刑事司法智能化的知识解构与应对逻辑》，载《当代法学》2019 年第 33期。

⑤ 孙卓婷：《人工智能对法律的挑战——以法律推理与裁量模型为研究中心》，载《政法学刊》2019 年第 36 期。

并非易事。孙卓婷认为在人类社会之中，存在"类似案件不同处理"的阶段才是正常也是更具非凡意义的。① 并且由于人工智能的单向性输入的特点，存在剥夺公民言论自由等基本权利的现象，并且不加甄别就剥夺抗诉权利，没有对当事人的权利给予全面的保障。②

人工智能审判在一定程度上会出现司法错误，那么就会产生司法责任的承担问题。人工智能司法决策必然要求重新审视法律推理逻辑，重构审判责任理论。法律智能系统无论是辅助型还是自主决策型，都会直接或间接地产生审判责任的相关问题，如何在法律智能系统参与或主导司法裁决过程中合理分配审判责任，这是对法律智能系统可能出现误差的事先制度性预防。③ 从广义上看，除了违法审判责任之外，审判责任还包括事实瑕疵、证据瑕疵、法律瑕疵、文书瑕疵等审判瑕疵责任，以及职业纪律责任等。④ 如果机器裁判出现了失误，那么由谁来承担责任？如何承担责任？如果法官依靠机器的辅助作出了裁判，责任应当如何分配？⑤ 这些都是需要面对并且作出明确回应的内容。

三、人工智能法律应用的逻辑推理模型

阿列克西曾指出法律论证的其中一种形式是通过诉诸某种规则来证明自己是正当的，于是便提出了道义论。与其相对应的便是康德的目的论，目的论指的则是通过提及后果来证明自己是正当的。雷磊和王品在《法律人工能背景下的法律推理：性质与特征》一文中提出："古希腊时代，当时以至善论、快乐论等流派为主要代表的目的论推理观点更为发达，随着资本主义的兴起，目的论主要表现为功利主义，并再次取代道义论成为更为主流理论。目的论推理掺杂了诸如价值、情感主义和直觉主义的很多主观因素，法律人

---

① 孙卓婷：《人工智能对法律的挑战——以法律推理与裁量模型为研究中心》，载《政法学刊》2019 年第 36 期。

② 张海宁：《互联网上的人工智能：数字版权保护新助力》，载《人民论坛·学术前沿》2020 年第 14 期。

③ 周尚君、伍茜：《人工智能审判决策的可能与限度》，载《华东政法大学学报》2019 年第 22 期。

④ 陈卫东：《司法责任制改革研究》，载《法学杂志》2017 年第 38 期。

⑤ 周尚君、伍茜：《人工智能审判决策的可能与限度》，载《华东政法大学学报》2019 年第 22 期。

工智能的核心是法律逻辑，没有形式逻辑去空谈目的、空谈辩证推理都是空中楼阁，秉承的是一种修正的法律形式主义或者说是以法律形式主义为基础、以法律形式主义为智能化裁判以及为人工智能法律推理提供理论根基，谓基于道义论，就是要以道义论而非目的论作为其基本属性，要以基于理性法则建构的更为形式化的和客观的、具有普遍性、更加固定的以及具体的道义规则作为推理的依据，而非以非形式化的、主观的、特殊性的、非固定的和抽象的目的作为推理的基础。由于理性法则在道义论中的关键作用，因此引出了人工智能视角下法律推理的另一个面向，即从性质上来看，人工智能视角下的法律推理更加凸显出基于实践理性的性质。"①

　　故此，可以得出人工智能的核心问题是用计算机实现自动推理。1950 年图灵提出了"机器会思维吗"这一著名的哲学问题。并且设计了一个名叫"模仿游戏"的思维实验。"模仿游戏"是一个三人游戏，由一位男性（A）、一位女性（B）和一位或男或女的询问者（C）组成。询问者待在与 A 和 B 不同的房间，其目标是要确定他们两个人的性别。询问者通过标记 X（女）和 Y（男）来识别他们，在游戏的最后，他将判断"X 是 A，Y 是 B"或者"X 是 B，Y 是 A"。在游戏中，询问者可以向 A 和 B 提问，如"请告诉我你的头发有多长"。在游戏中，A 的目标是要让 C 的识别出错，故他的回答可能是："我的头发是带状的，最长的一束有九英寸。"B 的游戏目标是给询问者提供帮助。对她来说，最好的策略可能是给出真实的答案，如"我是女人，不要相信他的话"，但她的回答可能无济于事，因为 A 也可以这样回答。那么在游戏中，如果用机器代替 A 时会怎样？在同样的游戏中，询问者会像与人类游戏过程中一样经常作出错误的判断吗？这些问题取代了"机器会思考吗"这一原来的问题。也就是说，当一个人与某个智能体进行交流时，竟然可能无法识别他是否只是一台机器。假如图灵的"机器会思维吗"问题成立，那么人工智能的核心事实上可归结为"机器会推理吗"这一问题。② 在逻辑学家看来，推理才是思维形式的核心概念，"机器是否会思维"问题就转变成了

---

① 雷磊、王品：《法律人工智能背景下的法律推理：性质与特征》，载《武汉科技大学学报（社会科学版）》2022 年第 24 期。

② 熊明辉：《法律人工智能的推理建模路径》，载《求是学刊》2020 年第 47 期。

"机器是否会自动推理"问题。可见，法律人工智能的核心问题就是自动法律推理的实现问题。[①] 智能方法本身作为一种可计算的方法，属于逻辑分析。如果每一个都是真的，系统就得出结论是真的。如果发现一个错误的前提，规则就会失败。[②] 法律推理在性质上就是通过运用各种理由，致力于在法秩序的框架中获得一个规范性共识的论证活动。[③] 因此，模拟法律推理能力是人工智能裁判运行的动力，并直接制约着人工智能裁判能否真正实现，这需要人工智能学会"理解"，而非简单"运行"。[④]

在传统法律逻辑理论中，更多关注小前提的客观性（描述性）而不关注大前提的规定性以及逻辑二值（真假），更多地关注于法律推理的时效性、程序性，从而将法律推理认为是一个静态的而非动态的过程。瑞典法学家瓦尔格伦从人工智能角度对法律推理过程进行微观研究，将其描述为一个从案情开始历经 7 个阶段而作出裁决的活动过程。[⑤]

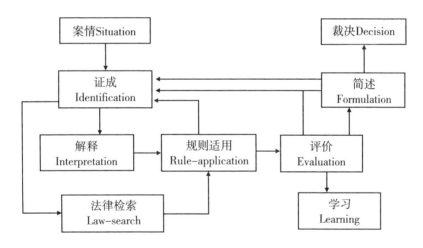

①　熊明辉：《法律人工智能的推理建模路径》，载《求是学刊》2020 年第 47 期。

②　彭中礼：《论案件事实的智能认定》，载《内蒙古社会科学》2021 年第 42 期。

③　雷磊、王品：《法律人工智能背景下的法律推理：性质与特征》，载《武汉科技大学学报（社会科学版）》2022 年第 24 期。

④　尤文杰：《"冷热交替"地再思考：人工智能裁判的困局与进路》，载《〈上海法学研究〉集刊》2022 年第 11 期。

⑤　P. Wahlgren：Automation of Legal Reasoning：A Study on Artificial Intelligence and Law, Computer Law, Series 11（1992）.（P. 沃尔格伦：《法律推理自动化：人工智能与法律研究》，载《计算机法学》1992 年第 11 期。）

由证成、法律检索、解释、规则适用、评价、学习、简述构成的 7 个阶段，使法律推理过程进一步细化，这对法学家具有重要的启发。① 简单案件的法律推理一般是按照"法律规则+事实真相＝判决结论"三段论方式进行的，由于案件事实简单清楚，无须经过复杂的证据推理，便可直接进入第二阶段的法律检索。然而经过实践的检验，传统的逻辑推理显然不足以应对新情况、新问题，因此，我国众多学者呼吁建设新兴的逻辑体系以应对不断变化的现实需求，使其在实践中应用于更多更复杂的场景。② 有学者提出应当避免将形式逻辑应用于法律，形式逻辑不能帮助消除法律中的矛盾和填补法律中的空隙。新的逻辑形式应当建立在将批判性思维、非形式逻辑、谬误理论、语用原理等理论引入对判决结论的后果主义验证、一致性验证、融惯性检验等之上。逻辑推理的基石是法律概念，核心要素是对于法律规范的判断，不同的法律规范（法律原则和法律规则）都有其特定的逻辑结构，每个完整的法律规范都包含着因果关系和价值判断，司法证明过程包含多种推理形式，但面对众多证据，最关键的莫过于寻找彼此的因果联系，建立符合常识认知的合理事实叙事，即因果推理。因果推理一直是事实求证中组织编排证据、构建事实图景的核心逻辑。③ 比利时法学家佩雷尔曼说得更为干脆，"法律逻辑根本离不开价值判断"，要基于事实判断经价值判断而得到。司法裁判是一个复杂的判断、决策过程，不仅需要处理事实、规范与价值之间的关系，还会涉及复杂的利益衡量和价值判断，受到外部政治和社会环境的制约。④ 法律问题往往没有唯一"正确"的答案⑤，在法律语境下的论证活动是一个知识更新的过程，其逻辑的论证活动也是一个开放的过程。大多数法律概念、法律规

---

① 张保生：《人工智能法律系统：两个难题和一个悖论》，载《上海师范大学学报（哲学社会科学版）》2018 年第 47 期。

② 雷磊、王品：《法律人工智能背景下的法律推理：性质与特征》，载《武汉科技大学学报（社会科学版）》2022 年第 24 期。

③ 栗峥：《人工智能与事实认定》，载《法学研究》2020 年第 42 期。

④ 雷磊、王品：《法律人工智能背景下的法律推理：性质与特征》，载《武汉科技大学学报（社会科学版）》2022 年第 24 期。

⑤ 刘东亮：《新一代法律智能系统的逻辑推理和论证说理》，载《中国法学》2022 年第 3 期。

则是可废止的，基于规则和案例的推理都是非单调的[1]，法律规则无法事先就规划好一切，个案新情况的层出不穷要求法官以最恰当的合法性姿态去平衡各种价值和利益关系。因此，推理并不是一个从规则到结论的简单线性的推论过程，而要随时面临相反的挑战，从而存在改变固有结论的可能。[2] 逻辑推理是允许推理结论的非唯一性，由法官通过对自身决定的论证，给出正当性理由，以说服作为直接受众的而价值判断具有多元性[3]，同时应当以案件事实与证据为揭示案件事实的证明方法为客观依据，重视司法三段论的正当性、真实性、合法性与公正性。[4] 在论证结果的真实性上，法律逻辑要求的并不是"可靠性"而是其"可信度"，虽然无法绝对排除出错的可能，但却是可接受的。[5]

在人工智能审判的逻辑体系建立中，将推理嵌入智能程序当中，成为人工智能认定案件事实的重要方法。有学者指出，法理学争论的焦点是法律的性质、法律推理的过程、法律规则和制度的结构、逻辑与法律的关系以及成文法和判例法的解释。这是因为在原本的法官审判中，律师以及法官所受到的训练也主要是逻辑训练，因此如果要建立更类人的审判系统，就应当着重于提高人工智能的逻辑推理能力。[6]

根据已有的学说理论和资料，有学者提出在人工智能审判逻辑推理中，推理的模式具有以下特点：（1）超越性，超越个人的目的和价值，人工智能法律推理的初始设定应当体现出一种中立性，既不支持也不反对特定观点。（2）辩证性，法律推理对怀疑的观点、反对的观点、对立的观点保持开放性，还应当涵盖法律推理的不确定性或者盖然性的特点。（3）语用性，法律人工智能背景下的法律推理更注重语用思维和语用学的相关理论。这是因为语用性在法律人工智能模型（尤其是在法律人工智能的论辩层面）建构的重要元

[1] 梁庆寅、魏斌：《法律论证适用的人工智能模型》，载《中山大学学报（社会科学版）》2013 年第 53 期。

[2] 雷磊、王品：《法律人工智能背景下的法律推理：性质与特征》，载《武汉科技大学学报（社会科学版）》2022 年第 24 期。

[3] 刘东亮：《新一代法律智能系统的逻辑推理和论证说理》，载《中国法学》2022 年第 3 期。

[4] 黄泽敏、李光恩：《构建新型法律逻辑论纲》，载《上海政法学院学报（法治论丛）》2019 年第 34 期。

[5] 刘东亮：《新一代法律智能系统的逻辑推理和论证说理》，载《中国法学》2022 年第 3 期。

[6] 彭中礼：《论案件事实的智能认定》，载《内蒙古社会科学》2021 年第 42 期。

素、要件、逻辑关系中具有十分重要的作用。（4）所依赖知识的特殊性，是将所陈述知识表示路径而衍生的知识系统或知识库系统与符号范例相结合，同时还需要将逻辑知识与启发类知识、知识与使用知识的方式相分离，这种分离和将知识与其推理方式的分开理论极为相似，从而来解决人工智能法律推理中与知识库建构相关的一些难题。（5）因果关系的特殊性，传统法律推理中的因果关系本质上是归纳式的，是一种基于自下而上的进路形成的因果关系。① 不仅是现有的逻辑体系中具有这些特点，我国的学者也认为在进一步优化逻辑推理时也应当贴合人工智能审判的特点来进行发展，不能脱离本质。

在司法审判当中，推理贯穿于证据证明、事实认定以及审判中法官的"自由心证"中，证据之间要形成"证据链"对案件事实的认定产生更强的影响力，再通过因果推理，将基于证据形成的、带有碎片性质的证明事实组合成为合理的、完整的案件事实提供给法官，法官根据自己的认知来理解证据，把体现在案件表层和案件深层的隐藏真相揭露出来。②

基于此，我国众多学者提出了对于逻辑推理的不同推理模式，目前主要的逻辑推理模式有规则推理模型、案例推理模型、大数据推理模型、证据推理模型等，在下文中将就各个推理模型的概念、逻辑内涵、理论框架、缺陷以及优化意见进行进一步阐述。

（一）基于规则的推理模型

基于规则的推理在法律人工智能中，规则推理建模的本质就是将法条表达为机器可理解的法律知识库，供自动法律推理引擎随时调用。1984年斯坦福大学计算机学院加德纳的博士论文是法律人工智能领域的第一篇博士论文，加德纳系统地给出了规则推理建模路径，其关注的问题是"当规则运行"时会发生什么，也就是，当规则前件使用了一个未用其他规则定义的谓词时，特别是涉及语词专业含义与常识含义之间关系的法律概念与问题所固有的开

① 雷磊、王品：《法律人工智能背景下的法律推理：性质与特征》，载《武汉科技大学学报（社会科学版）》2022年第24期。
② 彭中礼：《论案件事实的智能认定》，载《内蒙古社会科学》2021年第42期。

放结构时，会发生什么。① 《法律人工智能杂志》主编阿什利认为，法律首先是一个规则领域，许多法律规则体现在法律与法规中。只需向计算机程序输入一个事实情节，程序就会识别相关规则，判定规则的条件是否得以满足，并根据规则提供解释或给出答案。②

基于规则的推理在大多数语境下都被视为传统人工智能的运行方式，传统人工智能的具体运作与时下的"大数据"概念是无关的，其基本运行原理在于对机器输入特定的运行规则，使得机器能够按照一定的逻辑进行运算。③ 规则即作出裁定的公式，是一种推理引擎在与数据模式匹配的规则中搜索模式。而法律人工智能建模的首要工作就是法律知识表示，即将法条和案例知识表示为可计算的法律知识库，在需要的时候为自动法律推理提供基础法律知识库。只要所有前提均为真，就必然推导出其结论也为真。④

法律适用是逻辑三段论的演绎系统在法律领域的使用过程，即通过将特定的案件事实归属于某一法律规范作为大前提，将一定的事实作为小前提，在该事实符合大前提所规定的各项要件特征时，则以一定的法律效果为内容的结论将确定地产生。⑤ 关于法律逻辑和形式逻辑以及三段论三者的关系，可用下图表示：⑥

---

① Gardner Anne: An Artificial Intelligence Approach to Legal Reasoning, The MIT Press, 1988. (加德纳·安妮：《法律推理的人工智能方法》，麻省理工学院出版社 1988 年版。)

② 熊明辉：《法律人工智能的推理建模路径》，载《求是学刊》2020 年第 47 期。

③ 周世中、吕桐炆：《人工智能法律系统推理的方法论审思》，载《湖南社会科学》2021 年第 3 期。

④ 熊明辉：《法律人工智能的推理建模路径》，载《求是学刊》2020 年第 47 期。

⑤ 王泽鉴：《法律思维与民法实例》，中国政法大学出版社 2001 年版。

⑥ 刘东亮：《新一代法律智能系统的逻辑推理和论证说理》，载《中国法学》2022 年第 3 期。

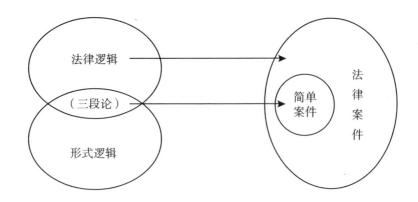

巴斯纳德和亨特根据经典逻辑构造了一个演绎论证模型语言以一阶语言为基础，增加了一些表达知识库 Δ 的元素和算子。论证和反论证都是从知识库中得到的，Δ 内的公式可以表达确定的和不确定的信息，知识库的假定符合法律实践中信息的不一致性和法律推理的容错性要求。系统定义了基本的论证和攻击关系概念，给出了表达论证间关系的论证树。① 根据该系统的定义，容易构造一个适用于表达司法三段论的论证树：

$$\langle \{ \forall x. A (x) \to B (x) \}, B (a) \rangle$$

$$\langle \{ \exists x \neg (A (x) \to B(x)) \}, \nabla \rangle \qquad \langle \{ \neg A (a) \}, \nabla \rangle②$$

同时有学者指出，在传统三段论的基本模式中，作为大前提的法律规范 N 并非现成摆放好的制定法条款或判例法规则，而是法官根据个案具体情况并结合法律规范及其他因素的说明而建构的裁判规范（Ni）。因此，裁判规范的生成过程是一个法官对法律文本以及各种规范进行发现、理解和阐明的过程，在这一过程中，法官要运用一定的法律或法学中的理由，来揭示、选择或确定某个法律规范的某个意义，构造裁判规则，并以此作为裁判的大前提。法官裁判的真正思维并非"规范——事实——结论"的单向路径，而是以其先接触到的事实为思考起点，是一种目光在"事实与规范之间进行流连忘返"

---

① P. Besnard、A. Hunter：Elements of Argumentation, The MIT Press, pp. 37—68（2008）.（P. 贝斯纳德、A. 亨特：《论证的要素》，麻省理工学院出版社 2008 年版，第 37—68 页。）

② $\nabla = \neg A (a) \lor \exists x \neg (A (a) \to B(x))$

的活动，其大致路径为"事实——规范——事实——决定"。① 人工智能裁判是模仿人类认知对案件进行逻辑推理。法律推理基于客观事实、规范事实及形式逻辑去判断法律规范下的一切具体行为，即将裁判公式化。无论是谁进行裁判均可得出相同结论。可以按照设定的规则输出和人相同的裁判结论。

在规则推理中包含四个要件：（1）一组被统称为"检测"的要素；（2）所有要素都出现并满足了检测时的结果；（3）一个用来判定结果是属于强制性的、禁止性的、任意性的还是陈述性的因果术语；（4）一个或一个以上的例外，即便所有要素均得以满足，结论仍然会被击败。法律人工智能建模的首要工作就是将法条和案例知识表示为可计算的法律知识库，为自动法律推理提供基础法律知识库。其中包含了四种规则：禁止性规则、强制性规则、任意性规则、陈述性规则。将规则拆分成构成要件进行编号并且识别因果术语和结果，要厘清每个要素、因果术语、结果以及例外的意义再将规则按有助于推理引擎调用的方式重新整合在一起。② 洪潇潇利用法定犯的法律内涵论证了人工智能审判中规则推理的可适用性，她指出法定犯因其行政违法从属性，使证据可采性具备形式化特征，法定犯认定事实证据的客观性和形式性，证据特征通常较为固定，具有一定的静态性，从而有效避免了人工智能在证据认知中无法掺杂感性因素而使识别结果出现超越朴素认知的可能性。③

许多学者提出了构建"准三段论"式的图谱体系。"准三段论"标签具有相对对应性的横向法律逻辑关系，以对应法律关系构成要件理论，设置兼容标签来融合"大前提≥争议焦点≥小前提"的层次性态势，合并不同层次性选择从而构成图谱的构建。④ 并且提出了以判决书中法官总结的"争议焦点"（Issue，用字母 I 表示）替换作为结论（P）的判决结果，以"大前提——争议焦点——小前提"（SIM）替换传统三段论"大前提——小前提——结论"

---

① 谢慧：《"智能+"模式下裁判形成的过程分析》，载《济南大学学报（社会科学版）》2019 年第 29 期。

② 熊明辉：《法律人工智能的推理建模路径》，载《求是学刊》2020 年第 47 期。

③ 洪潇潇：《司法人工智能的提升路径——以法定犯裁判事实证成智能化为样例》，载《山东法官培训学院学报》2021 年第 1 期。

④ 洪潇潇：《司法人工智能的提升路径——以法定犯裁判事实证成智能化为样例》，载《山东法官培训学院学报》2021 年第 1 期。

（SMP）的司法人工智能推理结构，通过筛选相对规范、优秀的判决书，标注的"准三段论"逻辑链条本身代表了相对较为精确的法官思维方式，形成的"准三段论"特征图谱能够避免不必要的谬误，"准三段论"特征图谱将能够在事实和证据两个维度上增加新的图谱特征。[①]

同时，也有学者提出了应当以"自顶而下"的图谱构建为辅助。"自顶而下"的构建方式是指通过人工审核的方式并借助一定技术手段，从公开采集的数据中整理出较高可信度的知识模式用于完成构建知识本体库。有学者通过对法定犯的法律概念分析来论证行政不法前置型知识图谱建构。集合行政违法行为类型、行政规范要素以及证据类型解构的相关数据作为人工智能提取和学习的样本，该种建构方式的优势在于数据具有稳定性和准确性。采用人工神经网络的方法构建知识图谱。[②]

人工神经网络系统在司法裁判中的运行运作机理和技术路线如下：首先进行由词法、结构、过程等构成的语义网络知识建模，即针对某特定领域建立知识图谱，构造内部知识库，以此作为分词设置的基础，同时对各分词予以属性标注并对各分词的关系予以关系标注，以便作为在构造抽取规则时的信息提取点，然后将案件分解成最基础的 A、B、C 等若干要素，要素对应若干分词，以运算法则生成假设，并将假设与待决案件所包含的要素 A、B、C 进行对比，若干吻合或类似，则可适用同类规则。[③] 其裁判过程可以简单表述为：案件情况文本输入→文本信息初步分类→文本信息精准分析→适用条文选择→结果输出。第三层面信息的输出与实现，为法律推理阶段。其间法官要反复思考，在法律文本与事实之间进行目光交互流转，权衡各种因素；在法律与事实之间建立有效的逻辑关系，以最终得出一个妥当合理的结论；在既有法律秩序之内，寻求法律依据，将结论予以正当化与合理化。[④]

[①] 王竹：《司法人工智能推理辅助的"准三段论"实现路径》，载《政法论坛》2022 年第 40 期。

[②] 洪潇潇：《司法人工智能的提升路径——以法定犯裁判事实证成智能化为样例》，载《山东法官培训学院学报》2021 年第 1 期。

[③] 高翔：《人工智能民事司法应用的法律知识图谱构建——以要件事实型民事裁判论为基础》，载《法制与社会发展》2018 年第 6 期。

[④] 谢慧：《"智能+"模式下裁判形成的过程分析》，载《济南大学学报（社会科学版）》2019 年第 29 期。

最近十多年来，人工智能的研究工作不断深入，已经使得基于规则的推理在具体实现路径上有了较为长足的进展。但其主要应用领域并非法律，而是部分对于规则和逻辑要求较为苛刻的学科，如数学运算、临床医学等。当下较为常见的基于规则推理的人工智能法律系统主要仅限于对审判起到一定的辅助作用。运用自然语言处理、语义分析等技术使得人工智能能够自动提取和对比公诉意见书、起诉书、答辩状等材料中的辩诉意见和事实理由，从而归纳案件情节和争议焦点[①]，以供法官在审判案件的过程中进行参考。

规则推理也还存在其他弊端，三段论的有效性是建立在其大小前提都真实的基础上的，但是大小前提并不能保证自身的真实性，如果对大小前提尤其是大前提本身提出质疑或者其本身就存在疑问，那么这种推理就有可能站不住脚，一个单纯的三段论"逻辑骨架"无法完成一个完整描绘法律适用过程的重任。[②] 并且裁判形成的过程不是单纯地演绎或者归纳，而是包括逻辑推理在内的多种方法、多种思考方式综合作用的结果，在这一过程中，法学的传统、逻辑的理论、历史惯例、价值判断、利益衡量、人们的道德感、法感情以及人们不能言说的种种知识、偏见、下意识都有可能潜入其中。裁判的形成是一个规则与法官共同作用的过程，它既强调规则不可或缺的意义，又反对规则决定论；既拒绝法官完全按照自己的预感来随意判案，又不得不承认其直觉的存在。人工智能审判目前由于发展中还存在众多值得商榷的问题，仍然缺少明确的立法目的指引。上述基于规则的法律推理应用，主要是基于语义的理解。而对法律规则的理解显然不能缺少对立法目的的掌握。缺少立法目的的指引，就难以真正把握法条间的逻辑联系。[③] 同时也会导致社会上对于人工智能审判结果正当性的怀疑，如果将人类法官的裁量权交给形式主义的机器行使，无论是否有实效，都是难以接受的。法官会根据自身对公平正义的理解和对案件具体案情的把握行使一定的自由裁量权，现阶段的基于规则推理的弱人工智能本身并无能力作出价值判断，严重挑战了人的道德主体

---

① 周世中、吕桐弢：《人工智能法律系统推理的方法论审思》，载《湖南社会科学》2021年第3期。

② 谢慧：《"智能+"模式下裁判形成的过程分析》，载《济南大学学报（社会科学版）》2019年第29期。

③ 周翔：《法律智能应用中的两种推理逻辑》，载《人工智能》2020年第4期。

地位。司法是社会争端解决的最后一道防线，司法裁决涉及人的生命、自由、财产和人格等权利，这最后一道防线还是由人类法官来把守为好，这是"政治适当性"问题的含义所在。① 从技术层面来说，有学者指出由于通常情况下成文法是模糊的，在语义和语法上是含混的，同时也受制于结构上的不确定性。② 法规在制定时由于社会的现实情况无法穷尽地描述，因此在词语的使用上是模糊的，语法和语义上是模糊的，法律规则的结构也具有不确定性和多变性。③ 在处理模糊法律术语时存在障碍，如"显著轻微""特别恶劣"等法律表述仅依算法均难以识别。④ 中文词义与数学和逻辑形式化和计算机代码不同，文本不允许显式地表达出具有逻辑连接功能的一些词语，如"如果""和""或"和"除非"等并不直接在法条的文本中出现⑤，但是目前的规则推理逻辑中表达出该逻辑中的深层意思，形式的刻板机器缺乏灵活性，无法掌控也不能真正理解它所生产的形式化语言中实质性内容。⑥

因此，在应用的过程中，就有可能会出现信息滞后、信息不对等、信息偏差等各种情况。假如某个计算机程序要应用一个法条，那么它应该应用哪种逻辑解释，如何处理法律术语的含糊性和模糊性，或者如何判定是否有例外呢？⑦ 在法条内部的各种条件假设、法条之间错综复杂的关联，导致在流程图中完整地还原法条的逻辑关系并非易事。⑧ 这些都是规则推理必然要面临的挑战。

（二）基于案例的推理模型

案例推理，又称"基于案例的推理"，源自英文术语"case-based reason-

---

① 王竹：《司法人工智能推理辅助的"准三段论"实现路径》，载《政法论坛》2022年第40期。
② 熊明辉：《法律人工智能的推理建模路径》，载《求是学刊》2020年第47期。
③ 周翔：《法律智能应用中的两种推理逻辑》，载《人工智能》2020年第4期。
④ 朱福勇、高帆：《审判案件事实要素智能抽取探究》，载《理论月刊》2021年第6期。
⑤ 周翔：《法律智能应用中的两种推理逻辑》，载《人工智能》2020年第4期。
⑥ 吴宇琴：《人工智能审判裁判的逻辑检视与学理反思》，载《湘湖论坛》2022年第35期。
⑦ 熊明辉：《法律人工智能的推理建模路径》，载《求是学刊》2020年第47期。
⑧ 周翔：《法律智能应用中的两种推理逻辑》，载《人工智能》2020年第4期。

ing"。案件推理建模揭示了如何表达法律案例，使得计算机程序（即推理引擎）能够就它们是否与待判决的案件类似进行推理。以我国的"206系统"为例，"206系统"在2017年6月试运行时，所使用的上海刑事案件大数据资源库已汇集了1695万条数据，其中案例库案例9012个、裁判文书库文书1600万篇、法律法规司法解释库条文948384条。试运行一年多后，该系统的9个数据库已包含2800万份数据资料。① 其"类案推送"功能即采用机器学习方式，通过深度神经网络自动抽取各类法律文书中的案件信息，构建深度神经网络模型。该功能可根据案由、证据组成情况，运用智能搜索引擎，从海量刑事案件信息资源库中查找最相似的案件进行自动推送，供办案人员参考。该系统的量刑参考功能也基于同样的原理，建立量刑预测模型，为检察官提出量刑建议并为法官量刑提供参考，从而起到规范量刑、减少量刑偏差和量刑失衡的作用。②

在基于实例的推理以及数学中的"约束示例生成"方面最早的工作是1984年里士兰和她的学生阿什利首次报告了海波法律论证项目及其维度机制。③ 基于该报告，形成了第一个真正的案例推理系统——海波系统，一个用于帮助诉讼代理人评估纠纷的计算机程序。④ 海波系统会将具体的问题情形与案例库中的案例进行系统的比较与对比，找出最相似的案例，也是最早的类案推送系统。海波系统的主要输入内容是描述法律纠纷的问题情形。诉讼代理人或助手通过计算机录入问题情形描述。由于海波系统不具备理解自然语言的能力，用户必须使用专门设计的语言来录入表达法律纠纷的问题情形。程序会有一个菜单驱动环境来引导录入过程。海波系统的主要输出内容为：各方可引用的最佳案例概要，引用各方最佳案例并展示代表对方如何回应的论证，以及表明如何修改问题情形以补强或削弱某方论证的假设。

---

① 严剑漪：《揭秘"206"：法院未来的人工智能图景——上海刑事案件智能辅助办案系统164天研发实录》，载《人民法治》2018年第2期。

② 刘东亮：《新一代法律智能系统的逻辑推理和论证说理》，载《中国法学》2022年第3期。

③ 熊明辉：《法律人工智能的推理建模路径》，载《求是学刊》2020年第47期。

④ Rissland Edwina L. etal.：AI and Law：Afruitfulsynergy, in Artificial Intelligence, No. 1—2, (2003).（里斯兰·埃德温娜等：《人工智能与法律：富有成效的协同效应》，载《人工智能》2003年第1—2期。）

海波系统有八大关键要素：（1）案例知识库，一个结构化的真实案例数据库；（2）维度索引，一种使用维度从案件知识库中检索相关判例的索引路径；（3）维度分析，即分析当前事实问题以及从案件知识库中检索相关案例的方法；（4）案例定位，即将问题情形相对于案例知识库中的相关判例进行定位并找到最恰当判例的方法；（5）标杆案件比较，即对案件进行比照与对比以引证、区别或发现反例；（6）提出假设，即打乱当前事实情况以生成用以检验论证强度的假设并凸显具有破坏性的新事实而抹黑既有有利事实的方法；（7）三层论证，即生成用于试运行和调试法律论证并以律师熟悉的方式使用引证标签来描述现有判例强度的三层论证方法；（8）解释说明，通过引用先例来解释决定及其选择的框架。其中，用三层论证来对先例强度进行批判性分析，并提出对当前事实情形和先例假设变体来证明"若有不同，则会导致不同结论"的关键特征。

海波系统的推理过程为：（1）从维度上分析当前事实情形；（2）从案例知识库中检索相关先例；（3）将当前事实情形相对于检索到的案件进行定位；（4）比较案件并挑选最佳先例；（5）针对引用先例的当前事实情形生成三层论证；（6）启发性或假设性修改当前事实情形；（7）生成所选假设的三层论证；（8）通过展示和比较论证来解释当前事实情形以及所选假设。①

在此基础上，阿列文和阿什利的"卡托（CATO）系统"是对海波系统进一步的扩展和改进。卡托旨在支持基于案例论证技巧的学习，也就是教会学生如何区分案例之间的差异性使其更有利于己方。为此，卡托将海波系统中的维度简化为维度上的特定点，即要么总是支持原告要么总是支持被告的要素。在卡托系统中，这些要素通过分层结构进行划分，倘若一个不同要素与相同的抽象要素有关联，那么可以替代其他的要素。②

不同于基于规则的推理，人工智能法律专家系统之中基于案例的推理其基本运行原理来源于英美法系的遵循先例原则，先例（或判例法）是英美法

① 洪潇潇：《司法人工智能的提升路径——以法定犯裁判事实证成智能化为样例》，载《山东法官培训学院学报》2021年第1期。

② 洪潇潇：《司法人工智能的提升路径——以法定犯裁判事实证成智能化为样例》，载《山东法官培训学院学报》2021年第1期。

系法律推理的核心要素。无论是在普通法还是在大陆法系统中，判例均是法的渊源之一。对于案例模型的研究也是时下法律人工智能领域最为主要的成就之一，此类人工智能法律专家系统的方法论大多是以数据驱动为主的。基于此的人工智能法律系统可以智能研判案情，预测裁判结果。根据训练集所得出的决策函数，由机器对案例组成的数据库先行进行索引和匹配。[①] 利用历史案例应对手头的案件裁判，用案例透视司法实践关于法律概念、法律规则的理解，以不同的组织方法对这些不同的理解加以组织、成文。[②]

当提供新的问题需要解决时，它会转向该先例数据库并对其进行比较，以分析或解决新问题。[③] 案例推理系统可以帮助法官、律师从存储案例的知识库中发现类似案例，其为用户在"几乎穷尽案例知识库中的所有类似案件"时推送"类案"。这对于"加强和规范司法解释和案例指导，统一法律适用标准"具有重要的实践价值，也为我国在规范裁判尺度、辅助法律决策等方面提供了技术支持。[④]

也有学者提出了在更新推理模式时还可以参考 CBR 系统的构建，这是一种基于框架而产生的逻辑推理模式。将文本中的非结构化数据表示为结构化的信息，从而成为构建"基于案例的推理"（case-based reasoning）的专家系统，因此简称为 CBR。当人们遇到一个新问题时，总是先进行回忆，从记忆中找到一个与新问题相似的案例，然后把案例中的知识复用到新问题的求解之中。CBR 专家系统即是对这种求解方法的模拟。它使用的知识不是既定的规则而是案例，这决定了 CBR 专家系统的核心组件是案例库，合理的案例表示可以使问题求解容易且高效。CBR 系统的工作过程，可以概括为四个阶段：案例的检索（retrieval）、复用（reuse）、修正（revise）与保存（retain）。也就是说，首先需要从存储的案例库中找到最相似的案例，然后在当前问题情

① 周世中、吕桐弢：《人工智能法律系统推理的方法论审思》，载《湖南社会科学》2021年第 3 期。

② 周翔：《法律智能应用中的两种推理逻辑》，载《人工智能》2020 年第 4 期。

③ 周世中、吕桐弢：《人工智能法律系统推理的方法论审思》，载《湖南社会科学》2021年第 3 期。

④ 杜文静、蔡会明：《法律论证的人工智能模型》，载《上海政法学院学报（法治论丛）》2019 年第 34 期。

境下，复用相似案例的解决方案。如果复用产生的求解结果不好，则需要根据当前问题和过去问题的差异对解决方案进行调整。若修正后的解决方案得到适当确认，新方案将作为新案例保存到案例库中以备将来使用。这四个阶段完整体现了 CBR 专家系统的工作过程，因此被称为 "4R 过程"。CBR 专家系统的底层逻辑是类比推理，类比推理是一种常用的经验性推理，它的基础即前述"相似性原理"。①

《关于案例指导工作的规定》第 7 条明确指出，"最高人民法院发布的指导性案例，各级人民法院审判类似案例时应当参照"。可见，对于指导性案例与待决案件的相似性判断是适用指导性案例的前提，确定相似性方能参照指导性案例的裁判要点。能够完成上述任务的法律方法就是类比推理，类比推理形成了有利于解决法律问题的推理步骤和方法，其对"实质相似性"的追求有助于办案法官找到有效的相似性案例。这是因为案件事实层面上的比较是决定性和压倒性的，只要案件事实部分（尤其是关键事实部分）具有相似性，就可以决定法律适用上的相似性，进而参照指导性案例形成类似的判决结果。将"类案"相似性判断的"比较点"确定为"主要事实"还需厘定"主要事实"的内涵和外延，进而确定"类案"相似性标准。② 在利用框架法等知识表示方法提取案例的事实特征或者提取解决方案中的规则并将其适用于待解决问题时，会运用到归纳推理、反向推理、当然推理、设证推理等。由于 CBR 法律专家系统利用的是人类法律专家的经验，这些推理形式的强度和可信度以及推理整体上的有效性，仍然需要根据法律逻辑的规则和标准判断衡量。③

但基于案例的推理模式缺陷也是明显的，首先是需要人工阅读案件信息，进行标注来完成，这将耗费大量的人力，并且该项人工标注工作十分考验标注员的法律基础，标注人员的专业素质会影响到对于案件的要素的提取以及最终的推送工作。其次是由于法律的不断更新以及概念的变更，对于系统也

---

① 刘东亮：《新一代法律智能系统的逻辑推理和论证说理》，载《中国法学》2022 年第 3 期。

② 刘鲁吉：《类比推理在法律人工智能中的应用——以指导性案例智能推送系统的构建为例》，载《法律方法》2019 年第 27 期。

③ 刘东亮：《新一代法律智能系统的逻辑推理和论证说理》，载《中国法学》2022 年第 3 期，第 145—164 页。

需要进行不断的动态维护，是一件工作量巨大并且冗杂的工作。① 更重要的是，该种模式更多是对原有已裁判案件的"类案类判"，而社会是在不断变化中的，并且案例逻辑推理所遵循的类比推理方法是一种或然性的推理，推理结果是一种"盖然相似性"，诚如有学者指出的那样，提高类比推理的妥当性需要综合考虑诸多因素，先例发生次数的多寡、与本案相似点的多少、差异点的多少以及所比较的相似特征与结论之间相关性的程度等都会影响推理结果的妥当性。② 不仅是各个案件之间并且各个地方的实际情况也有所不同，世界上没有两片一模一样的树叶，直接套用其他类似案件的裁判来判定新案件，缺乏创造性的价值判断③，并且很容易造成冤假错案和不公正的情形出现。因此在实践当中，完全地进行"同案同判"是不现实的，是一种僵化的处理方式，并不符合立法目的。

据此，有学者提出了在利用案例推理的逻辑构建人工智能审判时，应当加大大数据推理模式的运用以作为辅助的形式来完善案例系统，大数据有许多特征，其中最基本的三大特征是大量、多样和高速。其一，数据量庞大。数据的大小决定了其价值和潜在洞察力。因为它是一种不用随机分析法或随机抽样调查这样的捷径而采用对所有数据进行分析的方法。其二，数据类型多样化。大数据的多样性体现在其来源相当广泛，除来自文本之外，还可以来自图像、音频、视频等，而且通过数据融合还可以显现出其缺失的部分。其三，数据生成速度非常快。大数据的高速主要体现在其实时可用，主要与生成频率以及处理、记录和发布频率密切相关。从推理建模角度来看，基于大数据的研究与简单统计研究并无不同，它们都是建立在大量的数据基础之上，由计算机执行，并使用统计和数学算法来处理数据。只不过从方法和概念框架上看，简单统计研究以代表性数据为基础，运用了社会科学、数学和统计概念，而大数据研究使用了数学方法和叙事概念框架；从观察对象上看，

---

① 周翔：《法律智能应用中的两种推理逻辑》，载《人工智能》2020 年第 4 期，第 101—108 页。

② 刘鲁吉：《类比推理在法律人工智能中的应用——以指导性案例智能推送系统的构建为例》，载《法律方法》2019 年第 27 期，第 118—134 页。

③ 周世中、吕桐发：《人工智能法律系统推理的方法论审思》，载《湖南社会科学》2021 年第 3 期。

简单统计研究涉及的是关于社会现象或文本的数据，而大数据研究涉及的是数据集，而且大多数情况下要将大量文本处理为数据；从观察数量上看，简单统计研究处理的是代表性样本，而大数据研究处理的是总体或数据集；从预测的可信度来看，简单统计研究得比较高，而大数据研究得非常高。在为系统中输入大量的数据过程中，还应当清洗数据杂质，对数据库进行整理、清洗和重组，删除重复信息、纠正错误和相互冲突的数据，保障数据的准确性与有效性。① 除了各个地方以及各个层级的法院构建自身的大数据库之外，有学者还提出应当实现促进数据共融。为量化裁判标准致力于打破数据之间的壁垒，并且进一步提高在各个地方、各级之间的法院的数据共享。实现要素内容与案件事实的衔接，实现案件事实与说理论证的补充化机制构建。并且应当对建立的数据进行进一步的规范，实现公开推动司法公正与社会公平。

也有学者提出，除了在司法领域内建立数据共享外，还应当在保障数据安全的前提下，在业务融合层面建立跨部门与跨区域的智能化数据信息平台，探索研发打破行业信息壁垒和信息孤岛的软件应用系统，实现大数据跨区域、跨行业、全方位地采集利用，打造互联共享共融的数据司法。② 在这一过程中，还应当致力于实现证据数据化和自然语言的可计算化，提高数据的处理能力③，将证据通过人工智能进行转换，变成人工智能系统识别和认定的数据符号。实现人工智能对证据的识别就要在语料数据库中进行信息抽取，从而让计算机能够读懂证据，具有可识别性。进一步在数据中找到有用的部分进行整合，成为可以为人工智能所使用的根本逻辑形式。④ 法律在不断修改，知识数据库的更新以及解释规则的调整也需要同步进行。

（三）可废止推理逻辑模型

"可辩驳"一词译自英文单词"defeasible"。国内的法学词典一般把这个

---

① 叶锋：《人工智能在法官裁判领域的运行机理、实践障碍和前景展望》，载《〈上海法学研究〉集刊（2019 年第 5 卷总第 5 卷）》2019 年。

② 叶锋：《人工智能在法官裁判领域的运行机理、实践障碍和前景展望》，载《〈上海法学研究〉集刊（2019 年第 5 卷总第 5 卷）》2019 年。

③ 季卫东：《人工智能时代的司法权之变》，载《社会科学文摘》2018 年第 3 期。

④ 彭中礼：《论案件事实的智能认定》，载《内蒙古社会科学》2021 年第 42 期。

词翻译为"可作废的;可取消的;可解除的;可宣告无效的";① 因此也被称
为"可废止性"。② 单调和不可废止性指的是当前提被满足时结论一定有效
(如果 p,那么 q),无论添加上任何其他前提条件均是如此。而非单调性和可
废止性指的是如果前提被满足但结论并非必然有效,那么规则"如果 p,那么
q"就是可废止的(如在前提集合中加入 r:如果 p 且 r,那么非 q)。③ 如果遵
循演绎主义,每增加一次例外就重写一次公式,无疑会增加一阶公式表达的
复杂性,因此需要另寻途径和方法。④ 将可废止性与推理联系起来发展出一种
新的推理模式即可废止推理、可辩驳推理。可废止逻辑作为形式逻辑的根基,
是一种非单调推理。这种观点主要是基于法律论证中的可废止性,许多学者
认为,非单调逻辑和可废止推理的模式与司法推理的对话结构非常匹配,人
类知识的有限性决定了法律推理上的可辩驳推理⑤,大多数法律概念、法律规
则是可废止的,本质上都是诉诸例外的,并且基于规则和案例的推理都是非
单调的。如果在演绎推理中出现了例外情况,那么则需要再次进行法律论证,
而可废止性体现在一个论证能够被更强的论证所击败,即通过对前提、结论
或推论关系的反驳,不断引入新的反论证,从而废止原论证。⑥ 於兴中在《人
工智能、话语理论与可辩驳推理》中也提出了类似的观点,即"可辩驳推
理",并且指出任何对于某一事物的判断都有可能被推翻。那种单一模式的推
理只具有展示的正确性。如果场景或者条件发生了变化,那么论断的正确性
也会发生变化。可辩驳推理属于一种多元反复推理,更加确切地反映推理的
本质。法官需要进行反复的思考、综合社会因素以及各种权威根据,最终得

① Rissland Edwina L. etal.:AI and Law:Afruitfulsynergy,inArtificial Intelligence,No. 1—2,(2003).
② 梁庆寅、魏斌:《法律论证适用的人工智能模型》,载《中山大学学报(社会科学版)》2013 年第 53 期,第 118—128 页。
③ 冯洁:《人工智能对司法裁判理论的挑战:回应及其限度》,载《华东政法大学学报》2018 年第 21 期。
④ 梁庆寅、魏斌:《法律论证适用的人工智能模型》,载《中山大学学报(社会科学版)》2013 年第 53 期。
⑤ 邱昭继:《法律中的可辩驳推理》,载《法律科学·西北政法学院学报》2005 年第 4 期。
⑥ 梁庆寅、魏斌:《法律论证适用的人工智能模型》,载《中山大学学报(社会科学版)》2013 年第 53 期。

出一个合理合法的结论。①

法律中的可辩驳推理可以分为三个维度：推定的可辩驳性、过程的可辩驳性和理论的可辩驳性。推定的可辩驳性意味着：法律推论为许多信息所支持，但增加的信息又会削弱或推翻先前的法律推论，人类的知识是有限的，这种困境意味着法律推理具有可辩驳性。一方面概念具有可辩驳性，另一方面是规则具有可辩驳性。推理者则需要运用有限的知识、精力、时间和资源做出合理的法律判决。在法庭论辩的过程中，举证责任的分配有着重要的意义。因此法庭过程也具有可辩驳性，一方举证后，举证责任就转移给了另一方，但不可以无休止地辩论下去，因此需要在哪个结点停止也就是值得商榷的，因此程序上的停止也就具有了可辩驳性，理论的可辩驳性不同于前面两者，它的可辩驳对象是理论前提。选择什么样的理论框架有时会导致不同的审判结果。评价和整理各种法律信息都是在理论的指导下进行的，因此选择何种理论就是一个可辩驳的问题。推定的可辩驳性、过程的可辩驳性以及理论的可辩驳性三者之间是缺一不可的，共同地推动整体框架的可辩驳推理进行下去。②

普拉肯认为，从本质上说，论证图式不仅是对话博弈的工具，也应当被看作可废止推论规则③，因此主张将论证图式处理［论证图式表达的是日常会话中论证的典型推理模式，适用于法律论证的论证图式是在法律语境下使用的典型论证。沃顿（D. N. Walton）列举了26种普遍的论证图式，其中适用于法律论证的论证图式包括诉诸专家意见、诉诸证人证言、诉诸人身攻击、诉诸承诺、诉诸正面及负面结果、诉诸先例或类比等图式］为法律论证中的可废止推论规则。例如，诉诸证人证言的可废止推论规则：如果处于某个位置的证人甲知道A是否为真并且甲陈述A为真（假），那么A假定为真（假）。诉诸专家证言的可废止推论规则：如果甲是包含命题A的专业领域S内的专

---

① 於兴中：《人工智能、话语理论与可辩驳推理》，载《法律方法与法律思维》2005年第0期。

② 邱昭继：《法律中的可辩驳推理》，载《法律科学·西北政法学院学报》2005年第4期。

③ H. Prakken: On the Nature of Argument Schemes, College Publications, pp. 172—175 (2010). （H. 普拉肯：《论证方式的本质》，学院出版社2010年版，第172—175页。）

家并且甲断定 A 为真（假），那么 A 假定为真（假）。

同时也提出了新的论证模型的构建设想：

改进的论证框架将沿用集成组件论辩服务平台（ASPIC+）的逻辑句法，内容包括逻辑语言、知识库定义、论证的构造方法、论证间的攻击关系等。修正的内容主要包括：

（1）前提以及推论规则的偏好关系替换为相应的赋值函数。

①v 是对推论规则的赋值函数，有 v（r）：$r \rightarrow$ ［0，1］当 $r \in R$ 并且有 v（r_0）= 1 当 $r_0 \in R_s$。这里 $R = R_s \cup R_d$ 是一个由严格推论规则集 R_s 以及法律可废止推论规则集 R_d 所构成的集合并且 $R_s \cap R_d = \emptyset$；$\emptyset$。

②η 是对证据知识库 K 中的前提的赋值函数，有 η（A）：$A \rightarrow$ ［0，1］当 $A \in K$ 并且 η（A_0）= 1 当 $A_0 \in K_e$。这里 $K = K_e \cup K_a$ 是一个由证据构成的证据集 K_e 以及由假设构成的假设集 K_a 所构成的集合并且 $Ke \cap Ka = \emptyset\emptyset$。

（2）给出了一个计算论证强度的算法。V 是评估论证强度的函数且满足以下条件。

①如果论证 $A \epsilon K$，那么 V（A）= η（A）；

②如果论证 A 形如 $A1 \cdots An \rightarrow / \Rightarrow \Psi$，那么：V（A）= min ｛V（$A_1$）$\cdots$ V（A_n），v［n（Conc（A_1）$\cdots$ Conc（A_n）$\rightarrow / \Rightarrow \Psi$）］｝①。

以前述"案例片段 1"为例，易得 A_1 = ［P］，B_1 = ［Q］以及 C_1 = ［R］为初始论证并且属于证据知识库。那么根据算法①易得 V（A_1）= η（P），V（B_1）= η（Q）以及 V（C_1）= η（R）。假设论证 A_2、B_2 以及 C_2 所包含的可废止推论规则的强度为 v［n（$P \Rightarrow S$）］= ρ1，v［n（$Q \Rightarrow W$）］= ρ2 以及 v（n［$R \Rightarrow -S$）］= ρ3。

那么根据算法②易得 V（A_2）= min ｛V（A_1），ρ1｝，V（B_2）= min ｛V（B_1），ρ2｝以及 V（C_2）= min ｛V（C_1），ρ3｝。

（3）给出一类直接攻击关系以及修正击败关系的定义。区分出一类特殊的直接攻击关系，这类攻击关系涉及论证本身，而不涉及论证的真子论证。以"案例片段 1"为例，易得 B_2 直接攻击 A_2，而 A_2 与 C_2 对称直接攻击。此外，击败关系的定义不再诉诸论证偏好关系的比较，而是通过比较论证强度来判定论证间的击败关系。定义：论证 A 击败论证 B 当且仅当 A 反驳 B 的子论证 B' 且有 V（A）>V（B'）或者 A 破坏 B 且有 V（A）V（Prem（B））或者 A 削弱 B。以"案例片段 1"为例，如果 V（A2）>V（C2），那么 A_2 不仅直接攻击 C_2 而且击败 C_2，并且有 B_2 击败 A_2。[1]

因此，该部分学者之所以主张可废止性的逻辑推理主要是因为人工智能法律推理的要求是将整个法律推理的过程都交给人工智能去处理，在建立全样本数据库的基础上通过算法的运行自动获得裁判结果。如果要通过符号主义进路来表明这一过程背后之推理模型的可废止性，那么更合适的做法就是用可废止逻辑来刻画它。[2]

可废止推理理论的提出者波洛克为图尔敏的论证结构图解模型提供了一个必要的形式逻辑根基。论证的论辩本质在于两种功能：一是攻击，二是击败。攻击的可能性涉及推论的可废止性，即针对某具体结论的论证可能被新信息推翻，如新信息可能产生一个相反结论的论证或者得出概称陈述的例外。波洛克首先区分了两种攻击：一是反驳型攻击，即通过给出一个反论证来反驳论证。其中，反论证的结论是原论证结论的否定命题，用逻辑语言表达，即"当 P 为 Q 的初显理由时，R 为反驳型攻击，当且仅当，R 为否定 Q 的理由"。这相当于直接攻击结论。二是底切型攻击，即用另一个为什不允许的具体推论的论证来实施攻击，用逻辑语言表达，即"当 P 为 Q 的初显理由时，R 为底切型攻击，当且仅当，除非 Q 真，R 才为否定那个 P 为不可能真的理由"。这相当于攻击原论证中前提与结论之间的推论关系，也就是指出对方论证中的前提推不出结论。[3] 为了能够在计算机逻辑编程中实现这些攻击关系，董番明给出了一个论辩语义学的论辩框架。[4] 董番明的论证理论是建立在论辩

---

① 梁庆寅、魏斌：《法律论证适用的人工智能模型》，载《中山大学学报（社会科学版）》2013 年第 53 期。

② 雷磊、王品：《法律人工智能背景下的法律推理：性质与特征》，载《武汉科技大学学报（社会科学版）》2022 年第 24 期。

③ John L. Pollock：How to Build a Person：A Prolegomenon，The MIT Press，p. 126（1989）.（约翰·L·波洛克，《如何塑造一个人：序言》，麻省理工学院出版社 1989 年版，第 126 页。）

④ Phan Minh Dung：On the Acceptability of Arguments and its Fundamental Rolein Nonmonotonic Reasoning，Logic Programming and n-person Games，Artificial Intelligence，Vol. 2，（1995）.（潘明勇：《论非单调推理在逻辑规划和 n 人博弈中的基本作用和和可接受性》，载《人工智能》1995 年第 2 期。）

框架思想和表达两个论证之间攻击关系的二元关系基础之上的，论辩被定义为一个论证集序对。也就是说，论证框架是一个序对 AF = <AR，攻击>，其中，AR 是一个论证集，而"攻击"是针对 AR 的二元关系；就两个论证 A 和 B 而言，"攻击（A，B）"的含义是"A 是对 B 的攻击"。然而，"攻击"只是一种关系，那么"攻击"的结果如何呢？这需要引入论证比较思想。① 与单调推理不同的是，可废止推理是一种非单调推理，用它来评估论证时，需要进行论证比较，以判定哪些论证强于其他论证，由此判定哪些论证击败了哪些论证，于是，论证论辩状态评估问题被帕肯和弗雷斯维克提出。他们把论辩状态区分为三种：一是证成的论证，即那些在与反论证竞争中幸存下来的论证；二是被推翻的论证，即那些丧失与反论证竞争能力的论证；三是可防御的论证，即那些既未被证成也未被推翻的论证。论证比较的目标就是要区分出上述三种论辩状态。②

同时也有学者提出可辩驳理论对于民主政治的实现有着非常大的影响，协商民主在论证方式上一个重要的特点就是它广泛地使用可辩驳推理，协商的过程就是一个运用可辩驳推理的过程。③ 哈贝马斯试图通过法律商谈的理论来论证法律的合法性。他认为只有在如下程度上才能产生合法性：法律秩序对随着法律实证化而产生的论证需要做出反思的，作为这种反应的结果，一种能受到道德商谈影响的法律的决策程序获得了建制形式。④

（四）证据推理逻辑模型

法律适用并非法律规范、案件事实独立运行，而是需要它们之间相互协调、彼此合作，才能得到具有正当性、可接受性的裁判结论。法律解释作为法律适用的一个关键环节，其可能要考虑针对一项具体的法律规范解释是否

① 杜文静：《法律证据推理的人工智能建模路径》，载《山东社会科学》2021 年第 5 期。

② Henry Prakken、Gerard Vreeswijk：Logics for Defeasible Argumentation，Handbook of Philosophical Logic，Vol. 4，（2001）．（亨利·普拉肯、杰拉德·弗里斯维克：《可辩驳论证的逻辑》，载《哲学逻辑手册》2001 年第 4 期。）

③ 邱昭继：《法律中的可辩驳推理法律科学》，载《西北政法学院学报》2005 年第 4 期。

④ ［德］哈贝马斯：《在事实与规范之间——关于法律和民主法治国的商谈理论》，童世骏译，生活·读书·新知三联书店 2003 年版，第 140 页。

适用于待解决的案件等问题。在司法证明过程中，证据并不等同于案件事实，必须通过证据证明案件事实。据此有学者提出了证据推理的模式逻辑，根据已获得的证据材料和信息建构事实，使其涵摄于法律规范的要件之中，收集、分析、组织以及评估证据和假设性故事的重要组成部分，然后进行法律适用。

证据推理最早发源于威格摩尔关于法律证据的综合性著述，后来经过新证据法学家安德森、舒姆和特文宁等的修改，发展成修正版威格摩尔分析。班尼特和费尔德曼以及彭宁顿和黑斯蒂提出，刑事案件中的证明过程，是运用收集到的证据材料构建发生了什么的假设性故事，并根据若干标准比较这些故事以选择出最佳故事。故事是有限的事件集合通过因果性关系组成的序列，所以它具有整体结构的特性。因此，帕尔多和艾伦主张，运用最佳解释推论的解释性故事，无论在刑事还是民事法庭审判中都是证据推理模型的适当工具。[①]

在我国，证据推理被定义为基于论辩理性的逻辑论证路径上，在法律诉讼过程中起、应、审三方以所持有的合法证据作为前提推导出事实主张的推理。作为一种实践推理，证据推理必然包括推理主体和推理客体两个部分。推理主体即推理者，在我国司法体制下包括起诉方（简称"起方"，包括民事诉讼和行政诉讼中的原告方以及刑事诉讼中的控方）、应诉方（简称"应方"，包括民事诉讼和行政诉讼中的被告方以及刑事诉讼中的辩方）和审判方（简称"审方"，通常由法官和人民陪审员构成）。起、应双方的主要职责是举证和质证，审方的职责是认证，三者都是证据推理的主体。推理客体即推理的内容，包括推论性内核和论辩性外层两个部分。[②] 证据原则研究的另一部分是证据的可采性，涉及由法律规定和建立在诉讼经验和传统上的程序规则，保护裁判者（尤其是陪审团）不被错误说服。有学者提出审判中实际发生的法律推理过程可以分为三个步骤：第一步是通过证据推理查明事实真相，将其作为小前提；第二步是依据这个小前提，检索或寻找法律规则（大前提）；第三步才是法律适用，即从大前提到小前提而得出结论的演绎推理。从这个

---

① 杜文静、蔡会明：《法律论证的人工智能模型》，载《上海政法学院学报（法治论丛）》2019 年第 34 期。

② 杜文静：《法律证据推理的人工智能建模路径》，载《山东社会科学》2021 年第 5 期。

意义上说，没有第一步准确的事实认定，就不可能有第二步法律检索和第三步正确的法律适用。事实认定是法律推理的起点，这决定了人工智能法律系统首先要突破的难题是事实认定阶段的证据推理。①

我国学者在对于证据推理进行分析后指出证据推理研究主要有两条路径——逻辑论证路径和修辞故事路径。

逻辑论证路径是指要寻求一种实践普遍理性和把握普遍真理的论证策略，最早发展于威格莫尔证据树形图，使用箭头（→）来表示两个词项之间的关系，而且使用它来表示两个命题之间的关系。威格莫尔证据树形图是一种用来建构证据推理链并评估证据证明力的可操作性的可视化方法，由两部分构成。② 一是线条。"线条"代表"司法证明语境中可获得的证明过程"。他将所有多重前提论证都表示为闭合结构。在绘制图表过程中，评估一条线路的初始强度是通过进一步改变箭头或叉来表示的。其中，双箭头或双叉表示"特强"，加"?"表示"特弱"。整个图表完成并检查后，就展示了构造者的最终强度评估。其中，一条小垂线表示"弱度"，一条交叉线表示"强度"。二是形状。线条连接着威格莫尔称之为"事实"的形状。他所说的"事实"指的是主张事实，或者说是提供给信念的事实，而非客观事实。每个形状均有编号，用一个数字代表收集到"关键列表"中的命题。具体做法是：证人证言事实用方形表示，解释与解释的反驳用水平指向的三角形表示，所有其他事实均用圆圈表示。每一形状均可进一步标记以反映其来源。在此基础上，提出了若干推论的结论。构图者的最终信念强度可用不同形状表示。这里的信念强度思想隐约触及了证据推理的定量分析路径，为新证据法学家提出证据推理的概率路径奠定了方法论基础。③ 对于证据法学而言，威格莫尔开启了一种证据推理的可视化研究路径，可以很好地展示证据推理链，习惯上简称为"证据链"，成为法律人工智能研究者用来建模法律证据推理以实现证据推理可视化的基本方法。威格莫尔证据图解法后来沿着两条路径发展：一是面

---

① 冯洁：《人工智能对司法裁判理论的挑战：回应及其限度》，载《华东政法大学学报》2018 年第 21 期。

② Jean Goodwin：Wigmores Chart Method，Informal Logic，Vol. 3，（2000）．（让·古德温：《威格莫尔图表法》，载《非形式逻辑》2000 年第 3 期。）

③ 杜文静：《法律证据推理的人工智能建模路径》，载《山东社会科学》2021 年第 5 期。

向法律人思维的可视化路径，在法律诉讼过程中建构证据链和将证据推理可视化的有用方法。二是面向人工智能的可计算路径。这一路径亦称为"形式化路径"，其标志性成果是证据推理的计算模型。

基于叙事理性的修辞故事路径来源于亚里士多德的说服理论，其中提到如果说服他人需要三重模式，其中就包括了诉诸理性，即通过逻辑论证来展示所言之可能性。[1] 逻辑论证使用了逻辑、推理、证据和事实来支撑论证，好故事比好论证更有说服力，叙事范式理论可能帮助解释人们如何能通过叙事理解复杂信息，并且班尼特与费尔德曼所主张的"刑事审判是围绕讲故事"以及认知心理学家鲁梅哈特的"证据的意义在于故事语境，没有语境的证据无意义"的思想理论都为修辞故事路径提供了思想基石。

值得注意的是，证据推理研究的两条路径并非两条完全并行的研究路径。事实上，后一路径正是前一路径的拓展或扩充。亚里士多德把修辞学界定为可获得的说服手段，其中包括两个假定：（1）有实效的公开演讲必须考虑到听众。他把公共演讲区分为三个部分——演讲者、主题与听众，认为在决定演说目的和对象时，听众是最重要的。（2）证明是一种说服手段。他区分了三种证明类型：一是道德证明，二是逻辑证明，三是情感证明。可见，即便在亚里士多德的修辞学中，逻辑论证路径仍然是必不可少的。既然费希尔叙事范式理论也被认为融合了修辞理论的情感形式和理性形式，那么叙事范式理论毫无疑问是逻辑与论证路径的拓展。当然，刑事证据推理故事理论的集大成者无疑要数贝克斯，因为在刑事证据锚定叙事理论基础上，在论证路径和故事路径基础上，他利用可废止逻辑给出了一个刑事证据推理的形式混合模型，用于证据推理的人工智能逻辑建模。[2][3]

（五）概率推理逻辑模型

新一代机器学习技术的进步，其突出成就是大大提高了计算机分析处理

① 杜文静：《法律证据推理的人工智能建模路径》，载《山东社会科学》2021年第5期。
② Floris Bex：Arguments, Storiesand Criminal Evidence, A Formal Hybrid Theory, Springer, (2011).（弗洛里斯·贝克斯：《事实、故事和证据：形式混合理论》，施普林格2011年版。）
③ 杜文静：《法律证据推理的人工智能建模路径》，载《山东社会科学》2021年第5期。

数据的能力，人类社会从此迈入"大数据时代"。大数据开启了一场重大的时代变革，数据技术对法律智能系统的研发也产生了显著影响。概率推理，是指运用结构化的框架与规则，在不确定性情形下对待证命题或假说所持有的信念程度（推论力量）进行逻辑演算，从而作出关于事实推论的理性决策与精确选择过程。该理论学说的支持者认为人工智能并不依赖因果，确切地说，它无法理解因果，它的推理依靠概率。① 概率推理是完全不同于因果推理的逻辑形式，即使获得相同结论，概率推理也体现出截然不同的分析路径。它知道"是什么"，但不知道"为什么"。例如，在"A 与 B 争吵"与"A 杀害了B"之间，人们可以轻易地建立起因果关联：A 因争吵产生愤怒而杀害了 B。但对于机器而言，它无法体验人类争吵中的愤怒情绪，无从理解"愤怒"，也难以用"愤怒"来连接因与果。人工智能主要是从大量案例数据中发现，当"争吵"增加时，"加害"概率也会增加，"争吵"与"加害"之间存在某种概率关系，由此建立两者的联系。② 在概率推理过程中，很多时候倾向于用精确的数字取代"强"或"弱"这些模糊性的信念程度表达。尤其在处理重要事项时，一种变得更精确的方式是为理性信念程度分配数值，并使用明确的规则将它们结合在一起，人们能够运用合理的推理规则去检查所处理命题的逻辑后果。概率的数学理论或其他结构化知识，可以解释为在不确定性下进行推理和作出决策的逻辑演算。正如帕肯主张，法律人工智能研究一向关注的是提供用于计算机自动推理程序基础的理性理论。③ 其不仅提供了推理的标准框架，而且提供了决策的基本规则。通过推理规则的方式对演绎推理提供约束，因此概率法则能够被用来作为信念和行为的一致性标准。概率推理通过充分运用有限的证据信息，对其在控辩双方提出的与待证要件事实相关的竞争性假说下的推论力量进行演算，从而确定哪一种假说或主张最有可能发

---

① 杜文静：《法律证据推理的人工智能建模路径》，载《山东社会科学》2021 年第 5 期。

② 栗峥：《人工智能与事实认定》，载《法学研究》2020 年第 42 期。

③ Henry Prakken：Logical Tools for Modelling Legal Argument, A Study of Defeasible Reasoning in Law, Kluwer Academic Publishers, p. 2（1997）.（亨利·普拉肯：《法律论证建模的逻辑工具：法律中的可辩驳推理研究》，克鲁维尔学术出版社 1997 年版，第 2 页。）

生。[1] 概率推理不仅是一种结构化的证据分析与评价的逻辑方法，而且其运行原理还天然提供了十分契合于计算机系统的算法模型，能够有效促进审判智能决策的实现。

证据的推论力量贯穿于整个概率推理过程，决定着最终要件事实的证成与否。据此，概率推理的运行机制主要与证据的推论力量在事实推理链条上的传递与结合密切相关。事实推理链条主要有两种情形：一种是基于单个证据的多级推理链条，另一种是多个证据的推理链条。在这两种情形下，证据推论力量的传递与结合机制都存在差异。[2]

1. 链式结构中证据推论力量的传递机制。

在单个证据到要件事实的多级推论结构中，每一级都对应一组似然度。例如，在第一级，其对应的似然度为 $[P(E_1 | H), P(E_1 | -H)]$；在第 j 级，对应的似然度为 $[P(E_j | E_{j-1}), P(E_j | -E_{j-1})]$；而在第 n 级，对应的似然度则是 $[P(E_{n-1}^* | E_{n-1}), P(E_{n-1}^* | -E_{n-1})]$。每一组似然度的比值即为似然比，据此就可以确定推理链条上每一级的证据推论力量大小。为了论证在推理链条上增加的级数如何影响证据的推论力量，大卫·舒姆（David Schum）和彼得·泰勒斯（Peter Tillers）引入了一个被他们称作"推论阻力"（inferentialdrag，用字母 D 表示）的术语，用来描述在链式推论结构上每增加一级链接，是如何把额外的阻力带到推论力量上，从而改变对有关命题所持有的认知信念。[3] 令 $P(E_1 | H) = a_1$，$P(E_1 | -H) = b_1$；$P(E_1^* | E_1) = a_2$，$P(E_1^* | -E_1) = b_2$；假设从证据到待证要件事实的推理链条有 n 级，那么证据的第 n 级推论力量为：

$$L_{E*n-1}(a_n + D_n) / (b_n + D_n), \quad D_n = D_{n-1} + b_n / \prod_{j=2}^{n}(a_i - b_i)$$

---

① 熊晓彪：《概率推理：实现审判智能决策的结构化进路》，载《中外法学》2022 年第 34 期。

② 熊晓彪：《概率推理：实现审判智能决策的结构化进路》，载《中外法学》2022 年第 34 期。

③ Peter Tillersand、David Schum：Hearsay Logic，Minnesota Law Review，Vol. 76，（1992）．（彼得·蒂勒斯、大卫·舒姆：《传闻逻辑》，载《明尼苏达法律评论》1992 年第 76 期。）

即链式结构中证据证明力的算法模型。[1]

2. 收敛结构下证据推论力量的合取方式。

如前所述，收敛结构具有协调性与不协调性两种基本类型，协调性又可分为补强与聚合关系，不协调性也可进一步分为矛盾与冲突关系。以图 2 为例，分别对两个协调性证据结合后的推论力量进行分析，以揭示其具体合取方式。不协调性类型的矛盾证据和冲突证据，在结构上实际上分别与补强证据和聚合证据相一致，囿于篇幅，这里就不再做逐一分析。其一，在补强关系中，两个证据结合后的推论力量 $L_{E1*E2*} = P(E_1{}^*E_2* \mid H) / P(E_1{}^*E_2{}^* \mid -H)$。令 h_1 为证据 $E_1{}^*$ 对于事件 E 发生的命中概率，$h_1 = P(E_1{}^* \mid E)$；f_1 为证据 $E_1{}^*$ 对于事件 E 发生的误报概率，$f_1 = P(E_1{}^* \mid -E)$；相应地，$h_2 = P(E_2{}^* \mid E)$，$f_2 = P(E_2{}^* \mid -E)$。则两个（相互独立）补强证据结合后的推论力量：$L_{E1*E2*} = \{P(E \mid H) + [h_1h_2/f_1f_2-1]^{-1}\} / \{P(E \mid -H) + [h_1h_2/f_1f_2-1]^{-1}\}$。将其扩展至 n 个（相互独立）补强证据结合，可得出：

$$LE1*E2*\cdots En* = \{P(E \mid H) + [\prod_{i=1}^{n}(h_i/f_i)-1]^{-1}\} / \{P(E \mid H) + [\prod_{i=1}^{n}(h_i/f_i)-1]^{-1}\}$$

根据该公式，能够得出关于相互独立补强证据结合后的推论力量之如下结论：其一，相互独立补强证据的推论力量的下限是事件-E 对 H 的推论力量，上限是事件 E 对 H 的推论力量，即 $L_{-E} \leq L_{E*1E*2}\cdots E*n \leq L_E$。其二，对于事件 E 的每一个来源证据 $E_i{}^*$，只有当其命中概率 h_i 都大于误报概率 f_i 时，它们结合后才会导致事件 E 发生的可能性增加，继而使得事件 E 对 H 的推论力量增加。其三，被补强的是事件 E 发生的可能性（推论 H 的基础），而非事件 E 对 H 的推论力量（推论 H 的强度）。至于两个相互依赖补强证据，它们结合后的推论力量：$L_{E1*E2*} = \{P(E \mid H) + [h_1h_{2(E1*)}/f_1f_{2(E2*)}-1]^{-1}\} / \{P(E \mid -H) + [h_1h_{2(E1*)}/f_1f_{2(E2*)}-1]^{-1}\}$。与相互独立情形相比，只是在 h_2 和 f_2 的表达上有所不同，因为 $P(E_2{}^* \mid E) \neq P(E_2{}^* \mid E_1{}^*$

① 熊晓彪：《概率推理：实现审判智能决策的结构化进路》，载《中外法学》2022 年第 34 期。

E)，P（E_2^*｜-E）≠P（E_2^*｜E_1^*-E）。证据 E_1^* 和 E_2^* 的这种来源之间的相互影响本身，只会使人们去修正 h_2（E_1^*）和 f_2（E_1^*）的数值，从而改变推论阻力。但是，其并不会改变相互独立情形下所得出的三个结论。补强证据还有一种亚类型——辅助证据情形，相当于前述单链二级推理结构。相应地，证据 E_2^* 并没有改变证据 E_1^* 推论强度 L_{E1^*}，而是作为辅助证据，增加了证据 E_1^* 的可信性，即推论的基础得到了增强。此外，补强证据实际上还存在一种容易被忽略的情形——冗余证据，即一项看起来具有补强作用的证据，实际上却可能降低被补强证据的推论力量。在司法证明中，当报告事件 E 的证据 E_1^* 的可信性不存在问题之时，另一项报告该事件的证据 E_2^* 很大程度上就是冗余的。这是因为，证据 E_2^* 并没有比证据 E_1^* 报告更多关于案件事实的信息。其四，在聚合关系中，两个证据结合后的推论力量 $L_{E^**F^*}$ = L_{E^*} × $L_{F^*｜E^*}$。当证据 E^* 与 F^* 相互独立时，$L_{F^*｜E^*}$=L_{F^*}，所以，$L_{E^**F^*}$=L_{E^*}×L_{F^*}。对于相互依赖情形下的证据聚合而言，情况则复杂得多。舒姆指出，相互依赖的两个事件，它们的合取有时候比单独考虑时具有更加重要的推论意义，即一个事件似乎增加了另一个的推论力量，这种合取效应被其称为"证据协同"。[1]

　　如果民事证明标准的"优势证据原则"或"概率平衡原则"，可以解释为主张事实的概率要求大于 0.5，那么这一要求是应该单独适用于每个分支要件，还是适用于它们的合取即整个案件呢？因此在概率推理中，最重要的是如何解决"合取难题"，合取难题最早由科恩在其著作中提出。[2] 合取难题通常出现在民事诉讼中，当原告主张的事实包括两个或两个以上的分支要件时，每个分支要件都必须成立才能使诉讼成功。否则会影响多项证据支持某个事实发生的概率，导致无法追踪贝叶斯网络中所有命题之间的概率关系，进而阻断贝叶斯网络建模复杂案件的实现。在合取难题中，随着分支要件数量的增加，每个分支所需的概率值也会随之递增。基于贝叶斯公式消除合取难

① 熊晓彪：《概率推理：实现审判智能决策的结构化进路》，载《中外法学》2022 年第 34 期。

② L. J. Cohen：The Probableand the Provable, Clarendon Press, pp.58—67（1977）.（L. J. 科恩：《可能与可证》，克拉伦登出版社 1977 年版，第 58—67 页。）

题。在概率语境下，为了确保概率推理结论的可靠性，推理者必须基于证据进行推理。在这种意义上，合取难题可以描述为：在同时考虑两个证据 a、b 的情况下，命题 C 的概率会小于在考虑单独某个证据的情况下 C 的概率。若要消除合取难题，推理者首先要厘清评价的主体是证据，而不是命题，评价证据对命题的支持度也叫证据的证明力。对于证据 E 和命题 H，推理者还要区分命题 H 的先验概率 P（H）、后验概率 P（H｜E）以及证据的似然度 P（E｜H）和似然率。似然度用来衡量证据的可靠性，似然率则用来衡量证据的证明力，它是量化证据与待证命题之间推论关系的形式化框架。先验概率、后验概率和证据证明力的评价三者不能混淆，这点尤为重要。合取难题之所以反直觉，原因在于错误的推导过程，即如果证据 a、b 相互独立，根据概率乘法公式过于简单地计算命题 C 的概率。正确的推导应该是运用贝叶斯公式评价证据对命题 C 的支持度。塔罗尼（FrancoTaroni）等人给出一个示例，假设命题 C 的先验概率 P（C）= 0.5，后验概率 P（C｜a）= P（C｜b）= 0.7，在证据 a、b 相互独立的情况下，利用贝叶斯公式计算出证据 a、b 的似然率都等于 2.33，合取证据 a&b 的似然率等于 5.44，大于它们各自的似然率，这表明合取证据的证明力强于单独证据的证明力。合取证据支持命题 C 为真的后验概率［P（C｜a&b）= 0.84］，也大于单独证据支持命题 C 为真的后验概率［P（C｜a）= P（C｜b）= 0.7］。[1] 这个例子说明，只要正确运用概率推理，合取证据的证明力可以大于其分支证据的证明力，合取证据的后验概率也可以大于其分支证据的后验概率，合取难题自然消失。科恩认为，要求原告对每一项分支要件都得到法庭满意的证明即概率大于 0.5 已经尤为苛刻，倘若还要求进一步确立整个案件合取的概率大于 0.5 是不公平的，在司法实践中也很难实现，应当将贝叶斯作为重要工具。[2]

国内有许多学者认为贝叶斯网络是研究的起点，其开始被应用于案件事实认定现阶段，司法人工智能领域普遍适用贝叶斯网络作为技术逻辑基础。

---

① F. Taroni、C. Aitken、P. Garbolino、A. Biedermann：Bayesian Networks and Probabilistic Inferencein Forensic Science, John Wiley Sons, Ltd, pp. 216—217（2006）. （F. 塔罗尼、C. 艾特肯、P. 加波利诺、A. 比德曼：《法医学中的贝叶斯网络和概率推理》，约翰·威利父子出版公司 2006 年版，第 216—217 页。）

② 杜文静：《法律人工智能概率推理的困境与破解》，载《学术研究》2022 年第 4 期。

它的一个重要特点是利用变量之间的独立性对概率函数进行有效建模。将概率方法作为面向法律人工智能数学计算模型的坚定基础。为可视化案件中的证据、事实和推理过程提供支持，还为面向法律人工智能的证据推理模型提供一套理性和计算可靠的形式理论。[①] 贝叶斯决策建立在概率基础上，它描述先验概率演化成后验概率的轨迹。贝叶斯决策能够吸收新信息，并把对新信息的判断转化融入后验概率，实现微观上的决策推进。序贯决策方法能够极大助力人工智能对法官裁判的学习与模仿。以算法为起点，以贝叶斯决策及发展出的序贯决策方法为路径，两者相结合就形成了可适应多种环境的通用人工智能。同时法律推理的过程中，贝叶斯网络在证据的处理上可以起到至关重要的作用，可以帮助寻找证据之间印证关系最强、最具说服力的证据链，进而得出对事实的整体评价实现微观上的决策推进[②]，对于构建要素式审判的模型构建起到帮助。贝叶斯网络可以帮助计算论辩模型厘清案件事实中证据论证的结构，使得证据指向案件事实的过程更加准确、精细和科学，对于解决证据的可量化性也提供了可行性。[③]

---

① 杜文静：《法律人工智能概率推理的困境与破解》，载《学术研究》2022 年第 4 期。
② 栗峥：《人工智能与事实认定》，载《法学研究》2020 年第 42 期。
③ 魏斌、郑志峰：《刑事案件事实认定的人工智能方法》，载《刑事技术》2018 年第 6 期。

环境损害司法鉴定启动标准研究

刘祎铭*

（中国人民公安大学法学院）

摘　要： 环境损害司法鉴定发挥着解决环境诉讼中专门性问题的重要功能，但目前有关司法鉴定启动标准的规定仍具有很大模糊性，无法为司法实践提供明确的指引，导致司法实践中启动的混乱。环境损害司法鉴定的启动关系到后续案件事实的认定，因此有必要设定明确的启动标准，只有同时符合专门性问题、相关性、必要性及可行性四个标准时才能启动，并且启动标准已经通过了理论饱和检验。在设定启动标准后，应配以相应措施确保启动标准得以适用，最终保障环境损害司法鉴定启动的正当性，及时阻断不必要的鉴定事项，彰显司法的公平正义。

关键词： 环境损害；司法鉴定；启动标准；专门性问题；鉴定机构

日益严峻的生态环境形势是全球共同面临的问题。党的十八大以来，以习近平同志为核心的党中央把生态文明建设作为统筹推进"五位一体"总体布局和协调推进"四个全面"战略布局的重要内容，谋划开展了一系列根本性、长远性、开创性工作，推动生态文明建设和生态环境保护从实践到认识

---

* 刘祎铭，女，中国人民公安大学法学院 2022 级博士研究生。本文原发表于《干旱区资源与环境》2023 年第 4 期。

发生了历史性、转折性、全局性变化。① 随着国家对生态环境保护的重视，近年来环境民事诉讼、刑事诉讼等案件的数量增幅较大，反映出我国公民以及公安司法机关工作人员等生态环境保护意识的提高与打击环境违法犯罪的决心。

环境诉讼案件的审理存在因果关系、损害后果等认定难题，借助鉴定解决这些认定难题颇受法官青睐。2015年，两高及司法部联合印发的《关于将环境损害司法鉴定纳入统一登记管理范围的通知》将环境损害司法鉴定纳入统一登记管理范围，与三类传统司法鉴定并列规定，足见环境损害司法鉴定的重要性。"环境损害"不仅包括私益，而且包括公益的观点早已得到承认②，早在2014年10月24日，环境保护部办公厅就印发了《环境损害鉴定评估推荐方法（第Ⅱ版）》，其中第4.1条明确规定"环境损害"是指"因污染环境或破坏生态行为导致人体健康、财产价值或生态环境及其生态系统服务的可观察的或可测量的不利改变"。《环境损害司法鉴定执业分类规定》第2条也明确规定了环境损害司法鉴定的概念，即"……在诉讼活动中鉴定人运用环境科学的技术或者专门知识，采用监测、检测、现场勘察、实验模拟或者综合分析等技术方法，对环境污染或者生态破坏诉讼涉及的专门性问题进行鉴别和判断并提供鉴定意见的活动"。

实践中公检法机关存在依赖司法鉴定的现象，这容易导致司法资源的浪费以及诉讼进程的拖延，且司法鉴定也存在局限性，如易受鉴定人主观因素的影响、科学技术的限制，所以司法鉴定并非"灵丹妙药"，只有运用得当才能发挥其应有的功效。司法鉴定的启动关乎后续鉴定意见的采信，进而影响案件事实的最终认定，可谓牵一发而动全身。因此，需要对司法鉴定的启动进行规制，设定明确合理的启动标准，及时阻断不必要的鉴定事项，彰显司法的公平正义。

---

① 中共中央 国务院《关于全面加强生态环境保护 坚决打好污染防治攻坚战的意见》，载中国政府网，http://www.gov.cn/zhengce/2018-06/24/content_ 5300953.htm，2022年11月19日访问。
② 蒋亚娟、肖歌予：《环境损害司法鉴定制度研究》，载《中国司法鉴定》2021年第3期。

一、环境损害司法鉴定启动标准的设立目的

从现有规定来看，有关司法鉴定启动标准的规定仍具有很大的模糊性，无法为司法实践提供明确指引。实践中决定是否启动环境损害司法鉴定很大程度上交由公检法机关自由裁量，这就很容易导致启动的随意性。另外，缺少明确的启动标准也会使当事人对是否申请鉴定产生困惑，以及导致部分鉴定机构和鉴定人的超范围鉴定。因此，设立明确合理的启动标准具有必要性。

（一）为当事人申请鉴定提供指引

在环境民事诉讼中，当事人也同样依赖司法鉴定。与具有丰富的法律知识与审判经验的法官相比，当事人毕竟欠缺相应的知识与经验，难以判断是否需要进行鉴定，因其认为通过司法鉴定可以增强己方胜诉的概率，故更容易依赖司法鉴定。法律赋予当事人申请司法鉴定的权利，但因环境损害司法鉴定缺少明确的启动标准，当事人自然会产生"不知道在什么情况下申请鉴定"的困惑，导致不必要的鉴定申请被驳回，既浪费了当事人的时间和精力，拖延了诉讼进程，也容易使当事人产生不满心理。因此，应当明确司法鉴定的启动标准，为当事人申请鉴定提供有效的指引，当事人也可有针对性地收集证明材料，提高鉴定效率。[1]

（二）限制公安司法机关的自由裁量权

赋予权力主体自由裁量权有利于将抽象的法律运用到具体的案件事实中，但应当使自由裁量权在合理限度与范围内行使。在环境诉讼中，法律赋予了公安、司法机关决定启动环境损害司法鉴定的自由裁量权，应明确环境损害司法鉴定的启动标准，只有符合标准的才能启动司法鉴定，如此方能有效地规范司法鉴定的启动。

---

[1] 陈卫东、程雷、孙皓等：《司法精神病鉴定刑事立法与实务改革研究》，中国法制出版社 2011 年版，第 269 页。

（三）划定鉴定机构和鉴定人的鉴定范围

2019 年 5 月 6 日，司法部与生态环境部联合印发了《环境损害司法鉴定执业分类规定》，对环境损害司法鉴定的具体鉴定事项进行了细化，有利于明确鉴定机构和鉴定人的执业范围，规范鉴定机构和鉴定人的执业活动。但在司法实践中，一些鉴定机构或鉴定人为了自身利益，不管是否有鉴定的必要，只要有委托就接受，这种不予审查的行为导致很多原本无须鉴定的事项进入了鉴定程序，浪费了鉴定资源。如果能够明确鉴定的启动标准，将会使鉴定机构和鉴定人无法随意接受委托鉴定，在一定程度上遏制此种不负责任的鉴定行为，净化鉴定行业的不良风气。

二、环境损害司法鉴定启动标准及检验

（一）环境损害司法鉴定的具体启动标准

1. 专门性问题：确定司法鉴定的边界。

专门性问题是司法鉴定启动最重要的前提条件。有关法律法规中列举了环境诉讼中常见的专门性问题，如污染物性质、损害结果、因果关系的评定等，但对凡是涉及这些问题是否都属于专门性问题不免存在疑问。由于缺乏对"专门性问题"的权威界定，实践中长期存在滥用司法鉴定的现象，把若干本应或者完全可以进行直接认知的事务推给了鉴定部门。① 因此需要界定环境专门性问题，重点从环境专门性问题与日常生活经验的区分以及环境专门性问题属于事实问题两个方面明晰环境专门性问题的界限。

一方面，环境专门性问题是一般正常人的知识和经验范围之外的环境专业领域的事项。目前各地都在积极探索并设立专门的环境资源审判庭，这有利于强化法官相关的环境知识，侦查人员与检察官在此背景下也会注重学习相应的环境知识，但公检法机关的工作人员并不会因此而成为环境专家，他们仍然专注于环境案件所涉法律问题，除运用所掌握的法律知识处理案件外，

---

① 邱爱民、常林：《论法官直接认知与司法鉴定的界分》，载《中国司法鉴定》2010 年第 3 期。

还将其作为普通人的日常生活经验运用到案件中，这就与鉴定人所掌握的专门知识区别开来。下面两个案件对启动鉴定的不同决定表明司法实践中环境专门性问题与日常生活经验的混淆。

案例1【（2021）粤51民终167号判决书】：陈某忠将与陈某苞承租地相邻的领仔园租给他人养猪，且猪的粪便及污水没有经净化处理而通过公用沟排到陈某苞承租的五亩丘田，严重污染了陈某苞的果园。陈某苞的五亩丘田因受到严重污染，水果颗粒无收，该地也无法再种植水果等作物，陈某苞起诉到法院。一审与二审法院都认为，猪的粪便及污水没有经过净化处理即通过公用沟排到陈某苞承租的五亩丘田，且长达两年多的排放，势必会造成果园损失，这显然符合生活常理，亦为公众所普遍接受，无须作进一步技术鉴定。

案例2【（2019）吉民申1956号裁定书】：特色园经营养殖业。2017年，王某弟发现位于特色园养猪场北侧所种植的水稻出现枯黄、死苗等现象，而其他地方的水稻却长势良好。同时发现特色园养猪场把稻田水渠拦截后，让渠水流入养猪场，然后再把养猪场的粪便和污水经水渠排入王某弟所种植的稻田里，给稻田造成大面积污染危害。王某弟向法院申请对特色园排污水导致王某弟耕种水稻受损害的因果关系、损害范围及损失数额进行司法鉴定。鉴定机构认定，污染行为与损害后果之间存在直接因果关系。

同样是养猪场未经处理直接排放猪粪便污染物造成土壤环境污染，案例1中法官运用了常识，并认为无须鉴定即可认定存在因果关系，而案例2中法院同意了当事人的鉴定申请，最终也认可鉴定意见。通过对比两个案例可知，环境案件虽然专业性强，但也存在可以运用日常生活经验的空间，案例2中法官启动鉴定程序是将环境专门性问题与日常生活经验混淆的表现。不过，案例2中当事人除了申请鉴定因果关系外，还申请对损害范围及损失数额进行司法鉴定，鉴定意见最终也对水田地的损失程度及损失金额作出了认定。水田地的损失程度及损失金额属于环境专门性问题，这是否意味着本案中法官启动司法鉴定是正当的呢？实际上，即使水田地损失程度及损失金额属于环境专门性问题，本案中法官还是需要综合考虑鉴定费用、时间等因素判断是否存在启动必要，这也是下面必要性标准中所探讨的问题。

另一方面，环境专门性问题属于事实问题，而非法律问题。环境损害司法鉴定面向的领域应当是事实问题，法律问题应交与公检法人员，但司法实践中存在鉴定的越界现象，如案例 2 中鉴定机构认定"特色园应承担 70% 的污染损害赔偿责任，王某弟应承担 30% 的后果责任"，就超出了鉴定范围，代行了法官的权力。英国《专家证人指南》第 8 条中规定"专家证人不能协助评价案件（法律责任）的是非曲直"，划定专家证人的使用界限为事实问题。从我国法律规定来看，《刑事诉讼法》第 146 条与《民事诉讼法》第 79 条都规定了使用鉴定人的情形为"查明案情（事实）的专门性问题"，并且最高人民法院还在《关于人民法院民事诉讼中委托鉴定审查工作若干问题的规定》中规定法院对"法律适用问题"不予委托鉴定。因此，在我国已经划定了鉴定人的使用范围为案件事实问题的情况下，应当审查鉴定事项是否属于事实问题，以防止鉴定的僭越从而左右审判。

2. 相关性标准：判断鉴定事项的关联及意义。

相关性包含着关联性与有证明意义两方面，关联性与有证明意义之间是并列关系，仅具有关联性但对案件事实的证明无意义的事项也会浪费鉴定资源，所以在具有关联性的基础上还需具有证明意义才能启动鉴定。这也体现在相关规定中，如《最高人民法院关于适用〈中华人民共和国民事诉讼法〉的解释》第 121 条、《关于人民法院民事诉讼中委托鉴定审查工作若干问题的规定》中都规定了"当事人申请鉴定的事项与待证事实无关联，或者对证明待证事实无意义的，人民法院不予准许"，《最高人民法院关于适用〈中华人民共和国刑事诉讼法〉的解释》第 97 条、第 98 条也对"鉴定意见与案件事实有无关联"作出强调。具体到环境案件中，鉴定事项应与查明环境污染案件事实相关才符合启动环境损害鉴定的条件。

关联性在环境案件中即鉴定事项与污染行为、损害结果及因果关系等主要案件事实密切关联，在环境民事诉讼与刑事诉讼中分别体现为与民事责任构成要件、犯罪构成要件等主要案件事实的判断密切关联，如在某污染环境案【（2020）苏 8601 刑初 160 号判决书】中，法官认为"当事人申请鉴定事项因不涉及犯罪构成核心问题，故不予准许"，就是因为缺乏关联性而不启动鉴定。

在具有关联性的基础上，启动鉴定还要求鉴定事项对证明待证事实有意义，这是因为环境损害鉴定耗时长、费用高，不应轻易启动，只有当有利于解决案件争议、查清案件事实时启动才有价值与意义。然而，由于"有意义"的判断很大程度上依赖主观判断，存在滥用的风险，以下案例3【（2021）京03民终235号判决书】即是例证：

在某噪声污染责任纠纷案中，孙某所住房屋位于地铁东侧，他认为地铁运营产生了噪声污染故提起诉讼，并申请鉴定。法院委托鉴定机构对房屋接收到的地铁运营的声音是否超标进行鉴定，鉴定意见为：涉案房屋在夜间地铁通过时的环境噪声值和背景值均不符合标准规定。孙某预付鉴定费3万元。法院认为，根据已查明的事实，该工程环境保护手续齐全，经验收合格，且地铁投入使用的时间在先，孙某居住的房地产项目建设在后，地铁的业主方、运营方对于建设在后的孙某所在小区所受噪声超标不具有过错，依法亦不负有降噪义务，故不支持孙某的诉讼请求。

该案中鉴定机构认定夜间地铁通过时的声音超标，法官最终却以"地铁的业主方、运营方对于建设在后的孙某所在小区所受噪声超标不具有过错"为由驳回了孙某的诉讼请求。在本案中鉴定机构无论作出声音超标与否的鉴定意见都不会影响到判决结果，这种情况下启动鉴定就属于"对证明待证事实无意义"，当事人还为此支付了3万元的鉴定费，这可能会招致当事人不满，不利于服判息诉。因此，应认真审查"鉴定事项是否对证明待证事实有意义"，这是鉴定正当性的重要保障。

3. 必要性标准：综合考虑费用、时间及其他便捷方法。

环境损害司法鉴定启动的必要性要从以下三个方面予以考虑：

第一，有无其他更便捷的方法。环境损害司法鉴定是查明环境专门性问题的重要方法，但并非唯一方法，正如有学者提出"丰富环境损害专业事实查明方法"①的建议，可以通过咨询专家、环境监测等方式解决环境专门性问题。对此相关司法解释已经作出了规定，如《最高人民法院关于审理环境侵权责任纠纷案件适用法律若干问题的解释》第8条、《最高人民法院、最高人民检察院关于办理环境污染刑事案件适用法律若干问题的解释》第14条都规

① 江必新：《中国环境公益诉讼的实践发展及制度完善》，载《法律适用》2019年第1期。

定了可以通过检验、检测、评估或者监测等查明环境污染专门性问题，《最高人民法院关于审理环境民事公益诉讼案件适用法律若干问题的解释》第23条也规定了可以参考负有环境保护监督管理职责的部门的意见、专家意见等对生态环境修复费用予以合理确定。相较于鉴定，咨询专家、检测等方式具有费用低、耗时短的优点，如果能充分利用这些鉴定的替代方法，不仅能解决专门性问题，还能节约诉讼资源、提高诉讼效率。如在某污染环境罪刑事案件【（2021）苏8601刑初3号判决书】中，被告人纵容员工将含有废机油及废机油残渣的废水排放至市政排污井内。经监测报告认定，涉案排水沟内的石油类物质排放浓度超标。经生态环境局认定，涉案废机油属于《国家危险废物名录》HW08危险废物，危险特性为毒性、易燃性，并认定排放废水的水沟为暗管。法院根据监测报告、生态环境局的意见以及其他证据认定污染环境罪成立。

第二，环境损害鉴定费用。生态环境损害司法鉴定的收费问题长期困扰办案机关、当事人以及鉴定机构。[①] 生态环境损害鉴定经常涉及多学科知识，且鉴定周期比较长、成本较高，导致收费较高，司法实践中可能会出现鉴定费用明显高于所造成的环境损害或生态环境修复费用的情况，此时进行环境损害鉴定就不具有必要性。英国上诉庭在2000年细化了使用专家证人的标准，"专家证人的费用与有关案件金额的大小"作为标准之一有助于限制专家证人的滥用。[②] 我国在启动环境损害司法鉴定时也要考虑费用，如《最高人民法院关于审理环境民事公益诉讼案件适用法律若干问题的解释》第23条规定，生态环境修复费用难以确定或者确定具体数额所需鉴定费用明显过高的，人民法院可以结合污染环境、破坏生态的范围和程度、生态环境的稀缺性、生态环境恢复的难易程度、防治污染设备的运行成本等因素，并可以参考有关部门的意见、专家意见等予以合理确定。

第三，环境损害鉴定时间。环境损害鉴定往往耗时较长，从而产生查明案件事实与诉讼效率的矛盾。尽管鉴定时间并不计入案件审理时限，但如果鉴定时间过长，或无法确定鉴定时长，则会无限拖慢诉讼进程，有违"公正

---

① 张强、蔡俊雄、刘哲等：《我国生态环境损害司法鉴定发展历程与问题研究》，载《中国司法鉴定》2021年第4期。

② 杨良宜、杨大明：《国际商务游戏规则：英美证据法》，法律出版社2002年版，第479页。

兼顾效率"司法原则。因此，在决定是否启动环境损害鉴定时应考虑"是否会严重影响诉讼效率"，从而平衡查明环境污染专门性问题与诉讼效率。

4. 可行性标准：条件、依据与主体相结合。

具备可行性才能启动环境损害鉴定。从司法实践来看，不具有鉴定可行性的主要有以下几种情况：

第一，鉴定条件不足。环境损害案件取证具有很强的时效性，因为所产生的环境污染易随着时间发生变化，或转移扩散，或随着环境的自净消失，所以鉴定需要在合适的条件下进行，条件不具备则鉴定无法进行。如某水污染责任纠纷案【（2021）豫 7102 民初 80 号判决书】中，被告养殖场排放的污水流入原告的鱼塘，导致鱼塘里的鱼死亡，但因原告在事发后将鱼塘里的死鱼捞出自行挖坑掩埋，未保存相关证据，导致无法鉴定鱼塘具体的经济损失。

第二，鉴定依据缺失。环境损害鉴定需要按照相关技术标准进行，但目前相关技术标准尚不完善，缺少相关技术标准会导致鉴定不具有可行性，如在某噪声污染责任纠纷案【（2020）川 71 民终 5 号判决书】中，鉴定机构因相关技术标准缺乏，无法鉴定因果关系及损害程度，故拒绝了法院的委托。该案中因缺乏相关技术标准导致了当事人双方协商与法院委托成为徒劳，因此，在决定启动环境损害司法鉴定时应审查是否存在相关技术标准。

第三，鉴定主体缺失。与传统的法医类鉴定、物证类鉴定相比，环境损害鉴定起步较晚，具有资质的环境损害鉴定机构还比较少，《环境损害司法鉴定白皮书》显示，到 2020 年 12 月底，全国经省级司法行政机关审核登记的环境损害司法鉴定机构有 200 家，鉴定人有 3300 余名，但从各省、直辖市的分布数据来看，北京、辽宁、青海、新疆等地都只有一家，天津、吉林、上海、浙江、安徽、河南、湖北、湖南、广西、宁夏等省和直辖市也只有两到三家。鉴定机构数量难以满足日益增长的环境案件数量，导致司法实践中出现因找不到有资质的鉴定机构而无法委托鉴定的情况。

（二）环境损害司法鉴定启动标准的理论饱和检验

1. 环境损害司法鉴定启动标准的理论饱和检验模型。

如何检验专门性、相关性、必要性与可行性是否足够客观、全面成为难题。在社会科学领域，管理学上的饱和检验理论不失为具有突出优势的验证方法。理论饱和检验的核心思想是：当"新的数据中再没有新的概念、范畴或关系出现，在研究中抽象出的概念或范畴已经足以涵盖研究者所获得的数据乃至新的数据"时，便认为理论已饱和。① 环境损害司法鉴定启动标准的构建本质上属于质性分析，在实际案例和相关法律法规的基础上归纳总结而来，因此可以构建理论饱和检验模型加以验证。

理论饱和的检验逻辑是：选取充足的法院案例作为检验样本，采用人工阅读案例文本的方法，根据环境损害司法鉴定启动标准进行对照参考，如果案例事实能够被启动标准所涵盖，此时理论研究达到饱和；倘若案例事实超出启动标准范畴，则理论研究未饱和。

为了确保案例样本足够客观，案例样本的选取原则是：第一，遵循"案由原则"，根据不同的刑事与民事案由分别编码并检索，即检索"大气污染责任纠纷（m1）""水污染责任纠纷（m2）""噪声污染责任纠纷（m3）""放射性污染责任纠纷（m4）""土壤污染责任纠纷（m5）""电子废物污染责任纠纷（m6）""固体废物污染责任纠纷（m7）"共计 7 个民事案由，以及结合《刑法修正案（九）》《刑法修正案（十一）》的规定，"污染环境罪（x1）""非法处置进口的固体废物罪（x2）""擅自进口固体废物罪（x3）""非法捕捞水产品罪（x4）""危害珍贵、濒危野生动物罪（x5）"（原非法猎捕、杀害珍贵、濒危野生动物罪和非法收购、运输、出售珍贵、濒危野生动物、珍贵、濒危野生动物制品罪）"非法狩猎罪（x6）""非法占用农用地罪（x7）""非法采矿罪（x8）""破坏性采矿罪（x9）""危害国家重点保护植物罪（x10）"（原非法采伐、毁坏国家重点保护植物罪和非法收购、运输、加工、出售国家重点保护植物、国家重点保护植物制品罪）"盗伐林木罪（x11）""滥伐林木罪（x12）""非法收购、运输盗伐、滥伐的林木罪（x13）"共计 13 个刑事案由。第二，遵循"就高不就低"原则，在筛选案例的过程中，依照审理法院等级高低进行排列，优先选择更高等级法院审理的案例，案例选择优先度为：最高人民法院>高级人民法院>中级人民法院>

基层人民法院。第三，遵循"新案优于旧案"原则，由于《最高人民法院、最高人民检察院、司法部关于将环境损害司法鉴定纳入统一登记管理范围的通知》首次将环境损害司法鉴定规范化，因此选取案例时间范围跨度在 2016年 1 月 8 日至 2022 年 11 月 30 日，在同审理等级、同案由的情况下，优先选择时间最近的案件作为样本。第四，遵循"能选尽选"原则，为了更加公平客观，每个案由都选择 10 个基础案例作为验证样本，但存在部分案由样本不足 10 个的情况，此时选择该案由下的全部案例。

在消费心理①、技术产业预测②、本土管理③等方面进行理论饱和检验时，检验样本均未超过 20 份。而本研究的理论饱和检验样本数量达到 149 份，因此可以认定理论饱和样本选择充分，足以满足理论饱和检验模型的验证条件。

2. 环境损害司法鉴定启动标准的理论饱和检验结论。

根据理论饱和检验模型和启动标准，对样本案例进行检验，检验公式如下：

检验结果百分比＝该案由下涉及该项启动标准的案件样本总数/（该案由下涉及该项启动标准的案件样本总数+该案由下未涉及该项启动标准的案件样本总数）×100%。

如果检验结果百分比没有超过 100%，证明检验样本完全符合启动标准；反之，则启动标准未饱和。如表 1 所示，并未发现超出专门性问题、相关性标准、必要性标准与可行性标准的情形，也没有超过事实问题、关联性等子标准的情形出现。因此得出结论：环境损害司法鉴定启动标准已经达到理论饱和。

---

① 翁银、李凌：《沉浸互动模型：滑雪消费心流体验机制的质性研究》，载《成都体育学院学报》2020 年第 46 期。

② 李成、张生太：《产业联盟网络中企业 5G 技术扩散的仿真研究——以扎根理论分析为基础》，载《暨南学报（哲学社会科学版）》2022 年第 44 期。

③ 范培华、高丽、侯明君：《扎根理论在中国本土管理研究中的运用现状与展望》，载《管理学报》2017 年第 14 期。

表1   环境损害司法鉴定启动标准的理论饱和检验结果

标准／案由	专门性问题		相关性标准		必要性标准			可行性标准		
	超出日常经验范围	事实问题	关联性	证明意义	费用	时间	其他便捷方法	条件	依据	主体
m1	100%	100%	100%	100%	70%	40%	20%	80%	50%	90%
m2	100%	100%	100%	100%	60%	10%	20%	80%	50%	90%
m3	100%	100%	100%	100%	80%			90%	80%	90%
m4	100%	100%	100%	100%	50%		50%	50%		50%
m5	100%	100%	100%	100%	66.67%		11.11%	88.89%	11.11%	66.67%
m6										
m7	100%	100%	100%	100%	42.86%		14.29%	100%	42.86%	71.43%
x1	100%	100%	100%	90%	10%			90%		90%
x2										
x3										
x4	100%	100%	100%	100%	40%		10%	90%	20%	90%
x5	100%	100%	100%	100%				100%	90%	100%
x6	100%	100%	100%	100%				100%	90%	100%
x7	100%	100%	100%	100%				100%		100%
x8	100%	100%	100%	100%	10%			100%		100%
x9	100%	100%	100%	100%				100%		100%
x10	100%	100%	100%	100%	10%			100%	80%	100%
x11	100%	100%	100%	100%				100%		100%
x12	100%	100%	100%	100%	10%			100%		100%
x13	100%	100%	100%	100%				100%		100%

三、环境损害司法鉴定启动的配套措施

徒有启动标准尚不足以保障环境损害司法鉴定的正确启动，还需附加相

应的配套措施确保启动标准得到遵守。

（一）充分发挥指导性案例的示范作用

随着对生态环境保护的日益重视，相关部门也在不断更新环境案件的指导性案例，如最高法发布的环境资源审判典型案例、最高检发布的生态环境领域公益诉讼指导性案例、司法部发布的环境损害司法鉴定指导案例，这些经过严格筛选的典型案例为今后处理类似案件提供了参考与指引。但从目前的发布情况来看，缺少关于环境损害鉴定启动的指导性案例，无法为司法实践提供规范性指导。前面所举的一些案例，如案例1就可以被纳入指导性案例，今后公检法机关在决定是否启动鉴定时就可以此为参考。

（二）完善环境损害司法鉴定法律规范

司法解释、规范性文件等有助于将抽象的法律予以具体化，以指导司法实践的适用。环境损害司法鉴定的启动也是如此，法律只能对其作出抽象概括的规定，这是导致司法实践中启动随意性的重要因素，而相关司法解释、规范性文件对环境损害鉴定启动的规定指引性也不强。《最高人民法院关于审理建设工程施工合同纠纷案件适用法律问题的解释（一）》第28条至第31条规定了建设工程施工合同纠纷案件中是否启动鉴定的情况，这是对实践经验的总结，可见立法对于判断"专门性问题"的范围具有指引意义。① 因此，可将司法实践中是否启动环境损害司法鉴定的情形及时地进行总结，并将其通过相关司法解释、规范性文件等上升为立法规定，从而更好地指引司法实践。

（三）借助司法鉴定机构的筛选功能

有学者认为，针对鉴定的泛滥，应该建立一个过滤的程序，可以考虑由鉴定组织审查当事人所提交的问题是否值得实施鉴定，从而控制鉴定的数量。② 该观点认识到了鉴定机构具备审查是否鉴定的专业能力，具有一定的合理性，但此做法将决定启动的权力全部交由鉴定机构行使，与由公检法机关

① 苏青：《司法鉴定启动条件研究》，载《证据科学》2016年第24期。
② 汪建成、吴江：《司法鉴定基本理论之再检讨》，载《法学论坛》2002年第5期。

负责控制诉讼进程相违背，也没有考虑到鉴定机构可能会为了自身利益产生启动鉴定的倾向。实际上，公检法机关一般能自主判断是否启动环境损害司法鉴定，但在有些情况下囿于专业知识的匮乏而难以胜任决定启动司法鉴定的权力，此时作为掌握专业知识与技能的鉴定机构可以提供专业支持，帮助公检法机关作出判断。因此，可以汲取上述观点的合理成分，由鉴定机构参与到决定是否启动鉴定的程序中，但为避免其利益的倾向性，将该参与控制在一定范围内较为合适。从司法实践来看，鉴定机构参与的范围可限定为判断是否有相应的技术标准、是否存在鉴定条件，这两方面往往是公检法机关难以判断的。因此，应由鉴定机构作为参与者而非决定者帮助公检法机关在限定的情况下作出是否启动环境损害司法鉴定的决定。

（四）优化司法鉴定启动程序的监督机制

法国针对鉴定启动有相应的规定，法国《民事诉讼法》第 272 条规定了经证明有重大的与正当的理由可对命令进行鉴定的裁判决定独立于实体判决向上诉法院提出上诉。[①] 法国《刑事诉讼法典》第 156 条和第 186 条规定，预审法官在驳回鉴定申请时，须在 1 个月期限内作出一项说明理由的裁定。对于法官驳回鉴定申请的裁定，检察官或当事人可向上诉法庭预审庭提出上诉。[②] 而我国目前缺少对司法鉴定启动的监督机制，应当借鉴法国的有益经验，将公检法机关启动环境损害司法鉴定的权力纳入监督范畴。

首先，在环境诉讼案件中，公检法机关在决定是否启动环境损害司法鉴定前应当听取犯罪嫌疑人、被告人、被害人以及民事案件双方当事人等的意见，这既可以拓展侦查人员、检察官及法官看待启动问题的角度，避免其局限于自身看法而做出错误判断，还可以贯彻程序正义，保障被告人等对鉴定启动的知情权与参与权。其次，增加启动决定的说理。公检法机关对是否鉴定的问题享有较大自由裁量权，他们有权决定哪些事项需要委托鉴定而对为什么不委托鉴定的说理做得不够。公检法机关无论决定启动鉴定还是决定不启动鉴定，都应当附上相应的理由，使启动决定更加透明化。最后，当公检

---

① 《法国新民事诉讼法典》，罗结珍译，法律出版社 2008 年版，第 327 页。

② ［法］贝尔纳·布洛克：《法国刑事诉讼法》，罗结珍译，法律出版社 2009 年版，第 428 页。

法机关作出的启动决定存在问题时，相关人员有权提出异议，异议成立时应进行追责，以倒逼公检法人员认真履行审查义务。

（五）加强环境损害司法鉴定机构的建设

环境损害司法鉴定机构建设起步较晚，尤其考验鉴定机构在新兴领域的鉴定能力，因此可以分别在人、技术条件、制度建设三方面加以强化。在人的因素方面，应当允许司法鉴定人跨地域流动执业，尤其应当鼓励司法鉴定人从发达地区到欠发达地区执业；在技术条件因素方面，可以根据当地的经济条件，允许相关司法鉴定机构有偿使用属地高校技术设备，以此降低技术设备引进成本，同时提高技术设备利用效率的最大化；在制度建设因素方面，应当严格落实司法鉴定机构诚信等级评估机制，建立更为细化的环境损害司法鉴定机构分类分级标准，鼓励发达地区环境损害司法鉴定机构在欠发达地区建立分支机构，并采取具有针对性的税费优惠措施。环境损害司法鉴定机构的建设任重道远，必须充分考虑人、技术与制度之间的协调关系，以有效化解鉴定主体数量缺失的现实困境。

四、结语

中央全面深化改革会议中指出，司法鉴定制度是解决诉讼涉及的专门性问题、帮助司法机关查明案件事实的司法保障制度，要不断提高司法鉴定质量和公信力，保障诉讼活动顺利进行，促进司法公正。① 司法公正离不开司法制度的完善，人们不但追求程序正义，更要求实质正义。因此，未来可以围绕环境损害司法鉴定的评估主体、评估对象、评估程序等内容开展深入研究，在微观实践层面优化我国司法鉴定评估体系，进一步提高司法公信力，为完善国家治理体系和治理能力现代化提供强有力的制度保障。

---

① 《习近平主持召开中央全面深化改革领导小组第三十七次会议》，载中国政府网，ht-tp：//www.gov.cn/xinwen/2017-07/19/content_ 5211833.htm，2022 年 11 月 19 日访问。

单位污染环境罪的治理

——基于 12660 篇裁判文书的分析

李玉华*　　魏云皓**

（中国人民公安大学法学院）

　　摘　要：随着生态环境保护理念的兴起，对于污染环境犯罪的治理得到了理论界、实务界的普遍重视。污染环境罪作为生态环保类案件中适用最为普遍的罪名，无论是从立法还是从司法角度考量，都仍存在一些问题，特别是针对单位污染环境罪的治理效果欠佳。要取得单位污染环境罪治理的良好效果，就必须转变治理观念，注重事前预防，建立健全长效治理机制；进一步完善单位污染环境罪的立法，分别从实体法和程序法出发，完善单位犯罪刑罚体系，确立企业刑事合规程序分流制度；在此基础上，通过畅通行刑衔接机制，关注单位的独立意志以实现单位和自然人的责任分割，解决司法实践中单位污染环境罪的治理困境。

　　关键词：刑事合规；单位犯罪；污染环境罪；犯罪治理

　　2011 年，我国《刑法》中正式规定污染环境罪，基于生态保护理念的兴起以及我国对环境污染相关犯罪治理的迫切需要，法律对原先的"重大环境污染事故罪"在行为方式、入罪条件等方面做出了重大变革。2013 年、2016

---

　　* 李玉华，女，中国人民公安大学法学院院长、教授、博士生导师。
　　** 魏云皓，中国人民公安大学法学院硕士研究生。

年两高又颁布了相关的司法解释以解决实践中暴露出的问题。① 尽管如此，无论是从被追诉的主体、适用刑罚的力度还是从治理的效果来看，单位污染环境罪的治理仍存在问题。本文主要结合 2012—2020 年污染环境罪的裁判文书，对单位污染环境罪治理中所存在的问题和成因以及相应的优化路径进行研究。

一、单位污染环境罪治理的现状：基于裁判文书的实证分析

尽管立法的演进反映了我国对于污染环境罪惩治的决心，但要研究单位污染环境罪的治理，仍要着眼于司法实践情况。笔者通过对中国裁判文书网上的相关文书进行统计分析，可清晰地看出对于单位污染环境罪的治理现状，其主要特点如下。

（一）相较于自然人犯罪，单位犯罪比例极低

在中国裁判文书网以"污染环境罪""刑事案由"进行检索，共检索到 2012—2019 年间一审判决、裁定文书 12660 篇。笔者通过对这些文书进行筛选整理，最终统计到涉及单位犯罪的裁判文书共计 984 篇。② 国家统计局公布的相应数据显示，工业企业或产业活动单位是最主要的污染源，且单位肩负着环境治理的主体责任，因而对于污染环境罪，单位本应成为最主要的被追

① 2013 年 6 月 17 日最高人民法院、最高人民检察院颁布了《关于办理环境污染刑事案件适用法律若干问题的解释》，2016 年 12 月 27 日，两高针对 2013 年解释适用的实际情况，作出进一步修改，颁布了 2016 年《关于办理环境污染刑事案件适用法律若干问题的解释》，2013 年的版本同时废止。
② 笔者在中国裁判文书网限定"污染环境罪""刑事案由""刑事一审案件"检索条件，筛选出的一审判决、裁定最早的一份于 2012 年作出，由于 2021 年的文书总数尚在不停变动，故笔者仅选取 2012—2019 年间的一审判决、裁定共 12660 篇进行统计分析，查询统计时间截至 2021 年 9 月 6 日。

诉主体。① 然而裁判文书反映出的情况却显示，单位犯污染环境罪被追究刑事责任的，在全国范围内仅有 8%（见图 1）。为何实践中单位犯罪的比例如此之低，值得进一步反思其背后的原因。

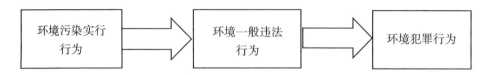

图 1　2012—2020 年全国污染环境罪一审裁判文书中单位犯罪裁判文书占比

（二）　单位犯罪多发生于小、微企业，大、中企业发生较少

2017 年，国家统计局印发了《统计上大中小微型企业划分办法（2017）》，以此作为划分大型、中型、小型以及微型企业的标准。② 笔者对前述单位被追究刑事责任的 984 个一审裁判文书进行了统计分析后，总结出了我国近年来被追诉单位犯罪主体的情况（见表 1）。笔者将所有涉案单位按照小、微型企业，大、中型企业进行划分并做出统计：全部 984 个案件中共

---

①　在 2020 年 6 月中华人民共和国生态环境部、国家统计局、中华人民共和国农业农村部联合发布的《第二次全国污染源普查公报》中指出，通过对 2017 年末全国普查对象数量 358.32 万个（不含移动源）进行污染源普查，发现其中工业企业或产业活动单位即工业源 247.74 个，而其余农业源、生活源和集中式污染治理设施合计才 110.58 万个，即工业企业或产业活动单位对于全部污染源占比近七成，可以看出，从事相关产业的单位是排污的最大主体。参见中华人民共和国生态环境部网站，http：//www.mee.gov.cn/home/ztbd/rdzl/wrypc/zlxz/202006/t20200616_784745.html，2021 年 9 月 9 日访问。而 2018 年，中共中央、国务院《关于全面加强生态环境保护，坚决打好污染防治攻坚战的意见》中多次指出，"企业承担环境治理主体责任"，参见中国政府网，http：//www.gov.cn/zhengce/2018-06/24/content_5300953.htm，2021 年 9 月 13 日访问。2019 年政府工作报告中也表示："企业作为污染防治主体，必须依法履行环保责任。"参见中国政府网，http：//www.gov.cn/premier/2019-03/16/content_5374314.htm，2021 年 9 月 13 日访问。由此可见，单位是造成环境污染的最重要主体。

②　该标准根据不同的行业，按照营业收入、从业人员以及资产总额等标准，对大、中、小、微型企业进行划分。由于污染环境罪的单位犯罪主体主要涉及工业行业，故笔者划分时依据《统计上大中小微型企业划分办法（2017）》中对工业行业企业划分的标准，将涉案企业划分为大中企业以及小微企业：从业人员大于 300 人（包含本数）且营业收入大于 2000 万元（包含本数）的企业为大中型企业；从业人员小于 300 人或营业收入小于 2000 万元的企业为小微型企业。其他非工业行业按照《统计上大中小微型企业划分办法（2017）》中其行业各自不同的标准划分。

涉及 1020 个企业，其中小、微型企业共 800 个，占全部涉案企业数量的 78.4%；大、中型企业共 94 个，占全部涉案企业数量的 9.2%。除此之外，还有一些企业因已经注销、吊销或者由于裁判文书对企业情况选择不公开处理，从而无法查明企业规模，这类企业共有 126 个，占全部涉案企业数量的 12.4%。从表 1 可以看出，小、微型企业及其负责人或主要从业人员是单位污染环境罪被定罪量刑的主体，而大、中型企业被追诉的数量却非常少。这是经济主体构成所决定的。

表 1　2012—2019 年全国涉污染环境罪不同规模的单位数量及占比

	小、微型企业	大、中型企业	情况不明①
数量	800	94	126
占比	78.4%	9.2%	12.4%

（三）刑罚力度普遍偏弱

对于被定罪的犯罪主体，当事人及社会公众最为关注的是量刑的轻重。对于涉案企业而言，量刑的轻重反映出其犯罪成本的高低，也影响着涉案企业的经济效益，过轻的刑罚会极大地降低其犯罪的成本，而过重的刑罚则可能影响到企业未来的发展，甚至导致企业陷入窘境，难以存续。污染环境罪较其他犯罪而言，其犯罪后法益的修复难是极为显著的特点，涉案企业如果不支付足够的修复费用，其犯罪对环境造成的恶劣影响就难以得到有效消除。我国对于单位污染环境罪的刑罚体系过于单薄，仅以缴纳罚金的形式对其进行惩罚，无法达到对环境进行修复的效果。而这唯一的惩罚手段即罚金刑，在司法实践中的适用存在诸多问题。笔者对上述单位污染环境罪的案件进行统计分析，最终有 1004 个企业被定罪，其中有 1002 个企业最终被判处一定

---

①　笔者在对裁判文书进行统计分析时发现，对于一些涉案企业无法查询到其具体信息，因而在本部分，笔者将其归为"情况不明"这一分类。具体而言，其主要包括以下三种情况：第一，许多裁判文书并未公开单位的名称、法定代表人、统一社会信用代码等能够查询到单位具体情况的信息，从而无法查询单位规模；第二，涉案单位已经注销从而导致无法查询单位规模；第三，涉案单位已经吊销从而导致无法查询单位规模。

的罚金刑。笔者将其划分为 7 个档次，并对其分布情况进行了统计（见表 2）：其中被判处罚金 1 万元以下（不含 1 万元）的企业共 4 个，占全部涉案企业的 0.40%；被判处罚金 1~5 万元（含 1 万元，不含 5 万元）的企业共 191 个，占全部涉案企业的 19.06%；被判处罚金 5~10 万元（含 5 万元，不含 10 万元）的企业共 206 个，占全部涉案企业的 20.56%；被判处罚金 10~50 万元（含 10 万元，不含 50 万元）的企业共 440 个，占全部涉案企业的 43.91%；被判处罚金 50~100 万元（含 50 万元，不含 100 万元）的企业共 75 个，占全部涉案企业的 7.49%；被判处罚金 100~1000 万元（含 100 万元，不含 1000 万元）的企业共 79 个，占全部涉案企业的 7.88%；被判处罚金 1000 万元以上（含 1000 万元）的企业仅有 7 个，占全部涉案企业的 0.70%。由此可见，对于单位判处罚金的力度，多集中于 50 万元以下，这相较于环境治理的费用，可谓杯水车薪。①

表2　2012—2020 年单位污染环境罪涉案企业量刑幅度统计

	1 万元以下	1 万元~5 万元	5 万元~10 万元	10 万元~50 万元	50 万元~100 万元	100 万元~1000 万元	1000 万元以上
数量	4	191	206	440	75	79	7
占比	0.40%	19.06%	20.56%	43.91%	7.49%	7.88%	0.70%

（四）不同地区单位污染环境犯罪数量参差不齐

随着近年来经济发展与环境保护之间的矛盾冲突不断加剧，国家对生态环境保护意识不断强化，重视污染环境罪的治理。笔者按照中国行政区划的标准，选取浙江、河北、广东、重庆、陕西、辽宁各省（市），对其单位污染

---

① 2016 年，我国环境污染治理投资总额为 9220 亿元，其中工业污染源治理投资 819 亿元，参见国家统计局网站，http://www.stats.gov.cn/tjsj/zxfb/201809/t20180917_1623289.html，2021 年 9 月 5 日访问；2017 年，我国环境污染治理投资总额为 9539 亿元，其中工业污染源治理投资 682 亿元，参见国家统计局网站，http://www.stats.gov.cn/tjsj/zxfb/201907/t20190718_1677012.html，2021 年 9 月 5 日访问。相较于国家每年环境污染治理的投资，环境污染犯罪所判处的罚金是远远不足的，很难通过罚金刑的适用来修复污染环境犯罪对生态环境的损害。

环境罪的差异进行统计分析。① 其结果初步反映出如下特征：

1. 各地对污染环境罪的打击力度不同。

根据统计结果（见表3），全国对污染环境罪的惩治力度差异极大，仅九年时间，多则如华东地区，案件数量已经超过六千起，而与此同时，西南、西北以及东北地区六年的案件总数也不足一千起。由此可以看出，我国不同地区对污染环境罪的打击力度存在很大差异，而且对单位犯罪的惩治力度也有所不同，如中南地区，虽然案件总数排名第二，但其中单位犯罪仅有131起，占比4.7%，这个比例远低于全国8%的水平；而西南地区虽然案件总数不多，但却有17.5%的案件追究单位的刑事责任。除此之外，各地区内部不同省份之间的差异也极大。以华东地区为例，在2012年至2020年间，污染环境罪案件总数由多至少分别是浙江2244起，山东1443起，江苏1137起，福建533起，安徽297起，江西271起，上海171起，案件数量悬殊。

表3　2012—2020年全国不同地区污染环境罪一审裁判文书总数及单位犯罪数量、占比

	华东地区	华北地区	中南地区	西南地区	西北地区	东北地区
污染环境罪一审文书总数	6096	2774	2792	424	140	434
单位犯罪数量	678	60	131	74	14	27
单位犯罪占比	11.1%	2.2%	4.7%	17.5%	10.0%	6.2%

2. 各地对单位污染环境罪的刑罚力度不同。

笔者以浙江、河北、广东、重庆、陕西、辽宁作为代表，对其单位犯罪的惩治力度，包括罚金刑的适用情况作了统计分析，结果显示，全国各地不仅在追诉单位犯罪的力度上有所差距（见表4），对于罚金刑的适用也不尽相同（见表5）。宏观来看，我国各地区对单位污染环境罪罚金刑的适用普遍强

① 笔者针对华东（浙江、山东、江苏、福建、安徽、江西、上海）、华北（河北、天津、山西、内蒙古、北京）、中南（广东、河南、湖南、湖北、广西、海南）、西南（重庆、四川、云南、贵州、西藏）、西北（陕西、甘肃、宁夏、新疆、青海）以及东北（辽宁、吉林、黑龙江）六大行政区，综合考虑涉及污染环境罪裁判文书的数量以及对单位判处污染环境罪的裁判文书数量，选取各行政区中该两项指标均排位第一的地区，即选取浙江、河北、广东、重庆、陕西、辽宁为代表地区。

度不大，多集中于 100 万元以内，且均值数值偏低，整体呈现出较弱的惩罚力度。具体来看，各地区的适用各有特点，缺乏较为整齐的标准。例如，重庆地区的罚金刑适用基本集中在 5~10 万元和 10~50 万元两个档次；河北和广东地区的罚金刑适用档次普遍偏低，集中在 50 万元以下，且河北地区对单位追究刑事责任的情形与其对污染环境罪的追诉情况不成正比；而浙江地区的罚金刑则分布于各区间，但整体上仍集中在 50 万元以下的区间。

表4　不同省（市）2012—2020 年单位污染环境罪治理基本情况

	浙江	河北	广东	重庆	陕西	辽宁
一审案件总数	2244	1941	1723	209	50	346
单位犯罪数量	236	25	74	31	2	23

表5　不同省（市）单位污染环境罪罚金刑适用情况

	1 万元以下	1 万元~5 万元	5 万元~10 万元	10 万元~50 万元	50 万元~100 万元	100 万元~1000 万元	1000 万元以上	判处罚金均值
浙江	0	62	48	99	19	12	3	65.2 万元
河北	0	6	4	10	1	2	0	32 万元
广东	0	24	11	33	3	2	0	25.4 万元
重庆	0	1	3	28	0	0	0	11.5 万元
陕西	0	1	0	2	0	0	0	10.3 万元
辽宁	0	7	4	11	0	1	0	46.9 万元

二、单位污染环境罪治理存在的问题

（一）单位污染环境罪治理观念上存在的问题

1. 重事后惩治，轻事前防范。

不同于自然人犯罪，单位一旦犯罪，不仅可能陷入窘境，更可能使这个单位诸多员工的切身利益面临重大损失，相关产业也极有可能遭受损失，从而造成社会不稳定。因此，对于单位污染环境罪的治理，不能局限于犯罪后的打击、惩罚，必须着眼于犯罪前的预防，先发制人，从源头上避免伤害的产生。我国目前对于单位污染环境罪的事前预防仍显不足，其主要体现在如下几个方面：其一，从立法角度而言，单位污染环境罪的立法规定偏向于事后的打击。我国对于单位污染环境罪的刑罚力度过于轻缓以及刑罚方式的片面很难对实践中的排污企业起到足够的震慑作用，从而使得一般预防的效果不足。尽管各地对环境污染的治理不断加强，但相关污染造成严重后果的事件还是频发。除此之外，危险犯的缺位也使得单位犯罪往往在发生实害后果以后才被追诉，无法有效避免危害结果对环境所带来的恶劣影响。其二，从行政执法角度而言，行政机关犯罪预防意识淡薄，行政执法不力。由于行政部门的执法缺乏有效的监督且企业的经济效益往往会与各地的经济水平相挂钩，因此行政机关在对单位环境污染的行为进行查处时，常常对犯罪预防认识不足，对环境污染行为打击不力。有时在受理投诉或进行行政处罚的过程中甚至会存在行政不作为的现象，从而耽误了将危害结果扼杀在摇篮中的最佳时机。① 其三，从治理方式的角度而言，我国对单位污染环境罪的治理以刑事治理为主。刑法的运用应是最后一道防线，非刑治理的综合运用才是预防性治理的核心。② 我国对排污企业的监管力度尚且不足，公众参与环境保护的积极性仍有待进一步提高。立法应当进一步明确公民的环境权③，加强环境污染行为预防中的公众参与，通过构建高效的监督平台，让公众有渠道及时举报相关单位，从而依靠非刑治理的手段实现单位污染环境罪治理的事前预防。

2. 长效治理机制需要完善。

从前文裁判文书的统计分析结果可以看出，污染环境罪的追诉率在全国

---

① 如在湖南就曾出现过相关事件，造成了严重的后果。2007 年，某县环境保护局监察大队监管失职，在涉案企业已经有行政违法行为的情形下，连续四个月未到现场进行监察，该机关的行政不作为间接导致了严重的环境污染案件，造成 90 人砷中毒，经济损失 714.6 万元。参见刘宏博：《论环境行政不作为及其司法诉讼与规制——湖南"1·11"较大环境污染砷中毒事故启示》，载《环境保护》2013 年第 23 期。

② 参见冯军等：《环境污染犯罪治理问题研究》，法律出版社 2019 年版，第 240 页。

③ 环境权是指公民享有的在清洁、健康的环境中生活的权利。其首先是一项基本人权，同时也是一项法律权利，但由于其是一个抽象性、不确定的法律概念，为了发挥其规范效力，必须通过立法和司法途径进行具体化。参见吕忠梅：《环境权入宪的理路与设想》，载《法学杂志》2018 年第 1 期。

各地有很大的差异，多则一年能判处几百起污染环境罪的案件，如浙江地区2015年至2018年均判处污染环境罪超过200起，其中2015年甚至判处污染环境罪518起；再如广东地区自2017年以来，每年均至少判处污染环境罪300起。而少则一年仅有不到100起甚至不到10起污染环境罪的刑事案件，如与浙江地区同为华东地区的江西，其自2014年以来，每年判处污染环境罪的刑事案件均不超过100起，六年合计211起，平均一年不到40起。此种差异的出现，一方面是各地的经济水平和发展产业的区别所导致的，在东部沿海地区，经济较为发达，相关企业数量较多，从事工业的企业基数大，从而使得污染环境罪频频高发。另一方面则是与各地对于环境污染治理的刑事政策相关。

（二）单位污染环境罪刑罚体系单薄

不同于自然人犯罪惩治所拥有的多种多样、多种层次的刑罚手段，根据现行法律规定，单位一旦被确定有罪，只能被判处罚金。单一的惩罚方式映射在实践中，就导致治理效果的不佳。首先，对单位判处罚金的，采用的是无限额罚金，也就是对罚金的具体数额未加以明确规定。从而在各地的适用中，不仅会根据单位犯罪行为所造成的危害结果、犯罪情节、手段以及被处罚单位的执行能力等具体情况，酌定考虑适用罚金的数额，也会有基于当地相关政策的考量，形成各地不同的隐性标准，长此以往，全国各地裁判标准的差异越来越大，类案类判的目标难以实现。其次，法律仅规定罚金刑，刑罚种类单一，难以达到生态修复的目标，且不论判处的罚金数额是否合适，是否能够满足环境修复的要求，单位能否承担得起。仅需要缴纳金钱而不伴随资格的限制，难免会使得诸多单位在从业时产生侥幸心理，认为犯罪后不过是缴纳一笔罚金，犯罪成本过低，使得刑罚的威慑力大大降低。任何犯罪的治理都不是单项选择题，如果仅是为了惩罚，罚金刑或许会起到一定的效果，但若为了预防、修复，那么就必须辅之以其他的有效手段。

（三）单位污染环境罪司法中存在的问题

1. 行刑衔接不畅。

由于污染环境罪具有典型的行政附属性，对于单位污染环境罪，无论是在案件的移交过程中还是在罪刑认定的过程中，不可避免地会面对行刑衔接的问题。首先，行刑衔接程序不畅的问题。2017 年两高一部出台了《环境保护行政执法与刑事司法衔接工作办法》（以下简称《办法》），明确规定行政机关对于查处的涉嫌犯罪的案件，应当移送给公安机关，以确保涉嫌犯罪的案件都应接受公安机关必要的审查。但是对于移送的标准，立法仍然比较模糊，造成行政机关缺乏必要的比对标准，操作模棱两可。此外，实践中行政机关出于经济利益或其他因素，有时会选择放涉案单位"一条生路"。并且，即使生态环境部门将案件移送至公安机关，但由于该罪的专业性要求，公安机关在开展侦查工作时，仍需生态环境部门的专业辅助。由此可见，生态环境部门在污染环境罪的行刑衔接过程中占据主导地位。但涉案单位不接受应受的处罚，既无法修复遭到侵犯的法益，也无法正视其存在的问题从而达到改正、预防再犯罪的效果。其次，行刑衔接证据转化规则不清的问题。《办法》明确规定"环保部门在行政执法和查办案件过程中依法收集制作的物证、书证、视听资料、电子数据、监测报告、检验报告、认定意见、鉴定意见、勘验笔录、检查笔录等证据材料，在刑事诉讼中可以作为证据使用"。但由于环保执法人员对涉嫌环境犯罪的案件取证程序不严谨，许多行政机关取得的证据之间无法形成逻辑清晰的证据链条，导致司法机关在适用证据时仍然比较困难。并且在实践中，受制于行政机关强制权的适用范围，诸多证据尚未进入刑事程序便已经损毁、灭失，相关的证据难以固定，从而造成刑事诉讼中无法进行有效的证明，影响单位污染环境罪的治理。

2. 单位污染环境罪的主体认定存在困难。

污染环境罪不同于传统的人身或财产法益侵害的犯罪，取证、因果关系的认定等一系列证明工作都依赖专门技术。"由于多数情况下环境犯罪行为实施的时间和地域跨度很大，环境危害后果又具有潜伏性、长期性和严重性的特征"[①]，环境犯罪的危害后果与危害行为之间往往存在较长的时间跨度，在此过程中，证据会面临灭失的可能性，从而为后期犯罪构成中因果关系的认定、证明达到定罪量刑证明标准都设置了障碍。而在此基础上，公安司法人

[①]　胡雁云：《环境犯罪及其刑事政策研究》，法律出版社 2018 年版，第 32 页。

员还面临着认定单位犯罪的问题。首先，单位犯罪概念的界定已经落后。现有的理论将单位犯罪定义为公司、企业、事业单位、机关、团体为单位谋取非法利益或者以单位名义，经单位集体研究决定或者由负责人员决定实施的犯罪，无法直接反映出单位犯罪的本质。① 其次，单位与自然人关系的模糊导致实践中难以有效分割单位和自然人的责任。最后，我国传统上对于单位罪过的认定往往要在认定单位中自然人意志的基础上进行，没能认识到单位独立的法人人格。② 前述问题在我国学术界仍处在探讨阶段，实践中缺乏统一的操作标准，因而在不确定的情况下，公安司法人员往往选择稳妥保险的方式，即在单位犯罪中仅起诉、审判自然人。

3. 实践中单位涉案的出罪路径缺乏充分利用。

从裁判文书统计的结果来看（见图 2），单位涉及污染环境罪要么如前述不进入刑事程序，一旦进入刑事程序就会被定罪处罚。在全部 984 起案件中，仅有 9 起案件检察院撤回对单位的起诉，其中有 6 起案件以证据不足为由撤回起诉③，1 起案件以主体不适格为由撤回起诉④，2 起案件未说明撤诉原因。⑤ 除此之外，有 2 起案件因被告单位已注销而终止审理⑥，2 起案件中止

---

① 参见陈瑞华：《企业合规基本理论》，法律出版社 2020 年版，第 207 页。
② 参见陈瑞华：《企业合规基本理论》，法律出版社 2020 年版，第 208 页。
③ 该 6 个案件分别为：轮胎公司污染环境案，湖北省十堰市张湾区人民法院（2018）鄂 0303 刑初 325 号刑事裁定书；资源再生公司、陈某鑫污染环境案，江苏省苏州市姑苏区人民法院（2019）苏 0508 刑初 565 号刑事裁定书；化工公司、刘某群污染环境案，河北省深州市人民法院（2018）冀 1182 刑初 268 号刑事裁定书；经贸公司、李某坤、陈某等污染环境案，河北省邯郸市邯山区人民法院（2020）冀 0402 刑初 83 号刑事裁定书；山东省广饶县人民法院生物科技公司、刘某华、段某洪等污染环境案，山东省广饶县人民法院（2020）鲁 0523 刑初 125 号刑事裁定书；陈某雄、吴某文污染环境案，湖北省十堰市张湾区人民法院（2019）鄂 0303 刑初 430 号刑事判决书。
④ 静电喷涂厂、沈某等污染环境案，浙江省平湖市人民法院（2014）嘉平刑初字第 698 号刑事判决书。
⑤ 电镀厂、何某强、牟某平污染环境案，四川省成都市成华区人民法院（2019）川 0108 刑初 87 号刑事裁定书；金属线材网业公司、闫某询污染环境案，河北省深州市人民法院（2019）冀 1182 刑初 2 号刑事裁定书。
⑥ 金属制品厂、何某等污染环境案，浙江省武义县人民法院（2014）金武刑初字第 24 号刑事判决书；姜某、胡某污染环境案，山东省淄博市淄川区人民法院（2019）鲁 0302 刑初 485 号刑事判决书。

审理，其余案件均被认定为有罪，除2起案件免予刑事处罚外①，其他案件涉及的单位均在不同程度上被判处一定的罚金刑。

企业一旦卷入刑事程序，往往会对其定罪量刑，难以寻求到有效的出罪路径。而通过域外考察可以发现，在许多国家的刑事诉讼中，即使单位涉及环境污染犯罪进入刑事程序，也会存在相应的程序和制度尽量使其免予刑事处罚。

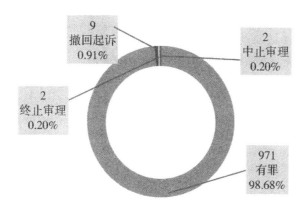

9
撤回起诉
0.91%

2
中止审理
0.20%

2
终止审理
0.20%

971
有罪
98.68%

■ 有罪　■ 撤回起诉　▨ 终止审理　■ 中止审理

图2　2012—2020年全国单位污染环境罪裁判结果分布情况

三、单位污染环境罪治理的优化路径：以企业合规制度的引入为基础

企业合规不仅是一种公司治理方式，也是一种预防犯罪和调查犯罪的有

---

① 1. 法院认为，被告单位建材实业公司已构成污染环境罪。但鉴于被告单位建材实业公司污水渗漏的时间较短，含铬废水的排污量较少，没有对周边的生产生活产生较大的影响，犯罪情节轻微，被告人尹某作为被告单位的实际经营者和直接负责的主管人员，犯罪以后主动投案，如实供述自己的罪行，具有自首情节，认罪态度好，有悔罪表现，且在事发后积极缴纳罚款，有效采取整改措施，对污水的处理工艺和配方进行了调整，防止进一步造成环境污染，得到了环境保护主管部门的认可，故依法对被告单位和被告人尹某免予刑事处罚。参见建材实业公司、尹某污染环境案，广东省佛山市高明区人民法院（2016）粤0608刑初528号刑事判决书。2. 法院认为，被告单位腐植酸公司的行为符合污染环境罪的构成要件，应当予以定罪，但是鉴于犯罪情节轻微，且未造成严重危害后果，可以对被告单位腐植酸公司免予刑事处罚。腐植酸公司、武某污染环境案，新疆维吾尔自治区乌鲁木齐市米东区人民法院（2020）新0109刑初44号刑事判决书。

效方式。而对于相关排污企业，引入合规制度，与对单位污染环境罪事前预防与事后修复的目的不谋而合。

（一）转变单位污染环境罪治理的观念

由于污染环境罪保护法益的特殊性，对污染环境罪的治理不能单纯依靠事后的惩罚、追责来进行，为了避免犯罪后生态环境所遭受的严重破坏，以及那些短时间内难以发现并修复的危害后果，就必须通过事前的有效预防，来尽量降低污染环境罪的发生，并且在犯罪发生后，关注如何修复、改善。要优化单位污染环境罪的治理，首先要转变治理单位污染环境罪的观念。具体而言，应当从如下几个方面进行：

1. 摒弃人类中心主义的环境伦理观。

随着人类中心主义的环境伦理观逐渐退出历史舞台，非人类中心主义的环境伦理观逐渐得到支持。不同于人类中心主义以人类的利益为第一要义，非人类中心主义尊重独立的生态法益，追求自然的利益。我国对环境污染犯罪的立法仍反映出人类中心主义的思想，不论是《刑法》还是 2016 年两高颁布的司法解释[①]，都未能摆脱此种主张。环境伦理观的滞后也导致了法益保护的错位，我国《刑法》对于环境污染犯罪更注重对人类法益的保护而缺乏对于生态法益足够的关注，因而立法暴露出了种种问题。对此，有学者主张接纳并适当贯彻非人类中心主义特别是生态中心主义的环境伦理观，注重生态环境利益的保护。[②] 但也有学者指出非人类中心主义环境伦理观固有的缺陷，即过于追求尊重自然的利益，而忽视了人类利益的应有价值，从而难以贯彻到刑法中。基于此，其又提出了折中主义的可持续发展的环境伦理观，基于人与自然和谐相处的理念，使得生态法益的保护能够更具有实践意义。[③] 笔者

---

① 2013 年 6 月 17 日最高人民法院、最高人民检察院颁布了《关于办理环境污染刑事案件适用法律若干问题的解释》，2016 年 12 月 27 日，两高针对 2013 年解释适用的实际情况，作出进一步修改，颁布了 2016 年《关于办理环境污染刑事案件适用法律若干问题的解释》，2013 年的版本同时废止。

② 参见冯军、敦宁主编：《环境犯罪刑事治理机制》，法律出版社 2018 年版，第 241 页。

③ 参见侯艳芳：《环境资源犯罪常规性治理研究》，北京大学出版社 2017 年版，第 15 页以下。

认为，鉴于期待立法、司法实践急速转型仍存在较多困难，结合目前我国经济发展的需求，可以采取折中主义的主张，即前述可持续发展的环境伦理观。不再过度关注人与自然法益割裂，而是着眼于二者的统一性。习近平生态文明思想也处处体现着这种观念，指出要在坚持人与自然和谐共生理念的基础上，推动形成人与自然和谐发展现代化建设新格局。①

2. 以有效的合规计划实现事前预防

在风险社会，刑法反映的目的从惩治转向预防。② 为将污染环境罪对生态法益和人类法益的侵害降到最低，就必须做好事前的预防，尽可能避免不必要的侵害发生。因而，对污染环境罪的治理就不应单单针对发生后的应对，而是尽可能在事前将其发生的可能性降到最低。而这也恰与刑事合规制度的应然状态不谋而合，从某种意义上说，刑事合规制度就是为了在事前使企业通过一系列有针对性的措施，尽量降低犯罪发生的可能性，其本身就体现了事前预防的观念。

对于凡是从事涉及生态环保的企业，要求其制定有效的环境保护合规计划并加以实施。环境保护合规计划作为专项合规计划，必须"确立专门的合规组织、专门的合规政策、专门性的预防体系、专门性的识别体系以及专门性的应对机制"。③ 其目的是帮助相关企业针对生态环保这一特定领域的风险进行有效的预防，从而避免企业因为牵涉到生态环保类案件而遭受到行政处罚，卷入刑事程序乃至被定罪量刑。相关企业及时建立起有效的环境保护合规计划并且有效实施，一方面能够为企业打造一种保障机制，日后如果涉嫌犯罪，可以将有效的合规来作为抗辩事由；另一方面企业的生产活动终归要通过自然人的行动来实施。很多情况下，基于监督过失理念，企业之所以会被定罪处罚，是因为没能有效监管其员工、高管等相关主体的犯罪行为。企业在实施合规的过程中，需要不断对企业的从业人员展开培训，在此过程中，相关人员的守法意识不断得到巩固提升，进而会形成企业内部文化，其犯罪的可能性就会大

---

① 中共中央、国务院《关于全面加强生态环境保护，坚决打好污染防治攻坚战的意见》，载中国政府网，http://www.gov.cn/zhengce/2018-06/24/content_ 5300953. htm，2021 年 9 月 6 日访问。

② 参见赵书鸿：《风险社会的刑法保护》，载《人民检察》2008 年第 1 期。

③ 参见陈瑞华：《企业合规基本理论》，法律出版社 2020 年版，第 116 页。

大降低，从而避免了企业因为自然人犯罪而被牵连进刑事诉讼。

3. 注重依法常规性治理。

对环境犯罪的治理不能只争朝夕，而要形成长久有效的机制。常规性治理模式关注立法的协调性、司法的多元性以及治理的日常性。① 应坚持以法律为主体，综合运用经济、政治、文化等多重手段，放眼于预防与修复，形成依法治理的长效机制。对此，中共中央、国务院《关于全面加强生态环境保护 坚决打好污染防治攻坚战的意见》（以下简称《意见》）中也有所体现。《意见》指出要进一步健全生态环境保护法治体系，加快制定和修改土壤、水域等方面的具体性法律法规，并且建立相关机关信息共享、案情通报、案件移送制度，完善生态环境保护领域民事、行政公益诉讼制度。还要"加大生态环境违法犯罪行为的制裁和惩处力度。加强涉生态环境保护的司法力量建设。整合组建生态环境保护综合执法队伍"。

（二）完善单位污染环境罪的立法

对于单位污染环境罪的立法完善，应当从实体法和程序法两个方面进行：

1. 从实体法上应完善单位犯罪刑罚种类，改善罚金刑适用。

目前，我国对于单位犯污染环境罪，过度依赖罚金刑，而仅靠缴纳罚金无法实现生态修复的目标，缺乏真正有效的治理手段。裁判文书统计结果显示，我国单位污染环境罪中罚金刑的适用中缺乏统一的适用标准，造成了各地适用情况不一的现象。并且，罚金刑的适用力度整体偏弱，极大地降低了犯罪成本。因此，我国应在完善现有罚金刑的基础上，对于环境犯罪，进一步将资格刑和恢复性制裁措施纳入刑罚体系。首先，摒弃原先无限额罚金的方式，以经济损失等因素为标准，采取倍比罚金制或限额罚金制，从而为法官的裁量限定更明确的标准。② 其次，设立从业资格的限制或剥夺，从而真正对相关企业起到威慑作用。最后，明确恢复性制裁措施，使法官可以根据案件的具体情况，责令被告单位采取必要措施实现生态修复。

---

① 参见侯艳芳：《环境资源犯罪常规性治理研究》，北京大学出版社 2017 年版，第 33 页以下。

② 参见冯军、敦宁主编：《环境犯罪刑事治理机制》，法律出版社 2018 年版，第 170 页。

2. 从程序法上应在立法中确立刑事合规分流制度。

在我国传统的刑事诉讼中，对于犯罪往往只能采取起诉或者不起诉两种路径，而传统的附条件不起诉制度和近年来兴起的认罪认罚从宽制度也鲜见适用于单位。我国单位污染环境罪的司法实践也呈现出一种起诉即定罪的现象，为防止一旦企业涉案，进入刑事程序就被定罪量刑，就必须扫清单位污染环境罪追诉过程中的种种障碍，使相关企业能够继续存续并对相关的法益做出弥补的努力，不局限于以罚金刑的刑罚惩罚来治理犯罪，而是放眼于真正能够实现恢复性司法理念的手段。目前我国学界对于将刑事合规作为企业违法或责任阻却事由的呼声已经越来越高。[1] 笔者认为应当在立法上确立刑事合规分流制度，完善企业涉罪的程序分流机制。首先，在立案阶段，在涉案单位存在有效的合规计划的前提下，侦查机关可以选择直接作出不立案的决定，从而在立案阶段就实现分流。其次，在起诉阶段，笔者认为应当针对不同的情形做出不同的处理。第一，对于已有有效合规的企业，其可以以此作出无罪抗辩，实现与本单位自然人的责任分割。尽管我国目前仍没有关于刑事合规程序分流的规定，但可以考虑在现有附条件不起诉和酌定不起诉的基础上对其作出完善。即"检察机关起诉应当考虑企业合规的情况。对于采取有效合规计划的涉案企业或企业负责人，可以根据情况采取附条件不起诉或酌定不起诉提前终结诉讼程序"。[2] 第二，对于尚没有合规计划或者合规计划不完善的企业，如果案件情节轻微，检察机关可以在综合考虑相关企业的社会危险性，建立有效合规计划可能性以及履行生态修复义务可能性等因素的基础上，对其作出附条件不起诉。而对其不起诉的条件之一即是必须建立有效的专项合规计划并通过支付费用、实施具体修复行为、雇用第三方单位进行修复等途径履行生态环境修复的义务。最后，在审判阶段，对于一些情节严重，最终被移交到审判机关的企业，其可以以构建或完善有效的合规作为减轻量刑情节。一方面，对于配合刑事调查、积极认罪的企业，法院可以对

---

[1] 参见李本灿：《企业犯罪预防中合规计划制度的借鉴》，载《中国法学》2015 年第 5 期；时延安：《合规计划实施与单位的刑事归责》，载《法学杂志》2019 年第 9 期；黎宏：《合规计划与企业刑事责任》，载《法学杂志》2019 年第 9 期；韩轶：《企业刑事合规的风险防控与建构路径》，载《法学杂志》2019 年第 9 期。

[2] 李玉华：《我国企业合规的刑事诉讼激励》，载《比较法研究》2020 年第 1 期。

其定罪但减轻量刑，从而实现刑事激励。对于这类企业，法院不仅要求其在一定时间内完善合规计划，而且在配置合适的罚金刑基础上，为其规定"环境恢复义务"，命令其采取力所能及的措施补救或恢复环境。[①] 另一方面，对于不配合调查、不认罪的企业，法院则对其正常量刑，并剥夺或限制其生产经营行为。当相关企业被迫在"剥夺资格与建立风险防范体系之间做出选择"时[②]，合规刑事激励的效果便会凸显出来，也能够更为有效地实现对单位污染环境罪的治理。

(三) 解决单位污染环境罪治理司法实践的难题

针对前文指出的司法实践中单位污染环境罪治理存在的问题，应当进一步从以下方面进行改善：

1. 畅通行刑衔接机制。

要想确保每一个案件得到公平有效的处理，首先要确保畅通的行刑衔接机制。为此，必须进一步作出如下努力：首先，提升公安司法人员的专业化程度。行刑衔接不畅的很大一部分原因是公安司法机关受制于环境污染案件的专业性知识和专业性操作，无法独立于生态环境部门，必须依赖其专业化的机构和人员，因此，仅是构建二者的合作办案机制，完善信息共享平台还不够，必须不断提升公安司法人员的专业性，通过引进专业人才，设立专业部门机构，实现环境污染犯罪案件中公安司法机关的主导地位。尽管环境法院在我国历经多年的孕育，已在全国各地推广开来，[③] 但不可否认的是，其在设置和人员的配备等问题上，仍存在改进的空间，专业性也有待进一步加强。其次，完善环境污染案件行政执法取证规则。为了防止证据在进入刑事程序之前就损毁灭失或是无法满足刑事诉讼的证据要求，就必须进一步规范行政执法中的取证。在立法不断完善行刑衔接证据认定的基础上，也要加强行政机关执法时证据采集、保留的进一步规范，同时还可以加强不同地区行政机

[①] 参见傅学良：《论环境安全视角下的环境刑事责任》，载《湛江海洋大学学报》2006 年第 2 期。

[②] 参见陈瑞华：《企业合规基本理论》，法律出版社 2020 年版，第 1 页。

[③] 2011 年，贵州省清镇市设立了我国第一个环保法庭。2014 年，最高人民法院成立环境资源审判庭。此后，在全国各省市，不同形式的环保法庭纷纷建立起来。

关联合执法的工作机制，从而确保证据的全面、完整。最后，加强检察机关和监察机关的监督。一是检察机关要将环境污染行政执法的情况检查常态化，采取抽查等方式进行监督，同时还要加强行政机关移送或者不移送案件、公安机关立案或者不立案的检察院抄送制度，确保检察机关能够动态了解到行政机关处理案件的情况。二是对于公众举报的环境污染案件中可能存在的腐败、渎职现象，监察机关要予以重视，及时展开调查，以防止腐败滋生司法不公。

2. 关注单位独立意志以解决"认定难"问题。

犯罪不仅要被发现，更要经过法定的程序，通过一系列繁复的证明工作才能被定罪量刑，尘埃落定。我国近年来关于单位犯罪的罪过形式问题，如何认定单位犯罪的意志，有着大量的相关学术上的争鸣。有学者认为，组织体刑事责任论的借鉴引入是不可阻挡的趋势，并且针对其可操作性，又作了进一步的探讨，区分了单位和其成员犯罪的主要情形，并作类型化处理。[①] 有学者提出"企业独立意志理论"，对企业的犯罪意图和主观罪过进行独立认定，并创新性地借鉴抽象行政行为和具体行政行为的概念为企业独立意志的认定构建合理的设想。[②] 但无论是何种主张，均开始意识到我国现有单位意志认定的不足，甚至尖锐地指出其落后性，并主张放弃这种难以回应实践需求的传统模式。而理论上的进步在实践中虽有改革的先驱试水，却未激起足够大的浪花。正如前文所述，实践中诸多案件之所以没有追究单位的刑事责任，就是因为公安司法人员无法很好地把握单位污染环境罪的认定，从而选择避免追诉单位。笔者认为，无论采取何种学说，都必须坚持认可企业的独立意志，关注其责任的独立承担，而这一问题在我国的本土化，就必须坚持以刑事合规制度作为连结点，必须坚持"合规成为'精神''政策''组织结构'等概念的规范化表达，成为认定公司罪责是否存在的核心要素"。[③]

四、结语

"建设生态文明是中华民族永续发展的千年大计"，探索解决污染环境罪

---

① 参见黎宏：《组织体刑事责任论及其应用》，载《法学研究》2020年第2期。
② 参见陈瑞华：《企业合规基本理论》，法律出版社2020年版，第200页。
③ 李本灿：《刑事合规制度的法理根基》，载《东方法学》2020年第5期。

中对单位犯罪追诉不力、惩治不力困境的新路径，对缓解经济发展与环境保护之间的矛盾，建设美丽中国具有深远的意义。针对我国单位污染环境罪治理的观念、立法及司法实践中的种种困境，应当以企业刑事合规制度的引入为基础，转变治理观念，在摒弃人类中心主义环境伦理观的基础上，关注环境法益，注重单位污染环境罪的事前预防，形成常规性治理模式；进一步完善相关立法，完善单位污染环境罪的刑罚体系，明确具体适用，并在立法中确立企业刑事合规分流制度；针对司法实践中的困境，应构建更为畅通的行刑衔接机制，并关注单位的独立意志以解决单位污染环境罪的认定。

生态环保类案件审判疑难问题研究

刘宇浩*　唐彬彬**

（中国人民公安大学法学院）

摘　要：环境资源案件审判职能的充分发挥，有利于服务建设人与自然和谐共生的现代化。然而，基于生态环保类案件的特殊性，审判实践中存在案由区分不具体，各辖区、部门彼此间数据衔接性差，责任主体认定混乱，法官难以对鉴定意见进行实质性审查，证据认定困难，损失评估难以量化等问题，为法官审判生态环保类案件带来阻力。对此，在人工智能司法的改革中，可研发生态环保类案件智能审理辅助系统破解以上难题。通过辅助立案系统准确区分案由、界定责任主体，辅佐法官实质性审查鉴定意见和证据，并通过提供相应损失评估的裁量因素与数额标准，辅之完善系统推送功能、强化系统态势预警作用等手段助力环境资源案件得以公正审判。

关键词：生态环保类案件；审判疑难；智能审判；智慧司法

生态环保类案件作为坚决制止和惩处破坏生态环境行为的突破口，是落实生态补偿和生态环境损害赔偿制度的重要抓手。对此，各类司法改革如火如荼地开展。根据最高人民法院发布的《中国环境资源审判（2021）》，截至 2021 年底，全国共设立环境资源专门审判机构和审判组织 2149 个。最高人民法院实现环境资源刑事、民事、行政审判职能由环境资源审判庭"三合一"归口行使，进一步完善对下监督指导，确保法律正确统一适用。同时，各地也在加大探索各类新模式促进生态环保类案件审判。如江苏省探索生态

---

*　刘宇浩，男，中国人民公安大学法学院硕士研究生。
**　唐彬彬，女，中国人民公安大学法学院副教授，硕士生导师。

环保类案件集中管辖制度，由南京市中级人民法院设立南京环境资源法庭，集中管辖 9 个基层法院环境上诉案件以及全省中院的环境一审案件；南京市宣武区探索建立"技改抵扣"的执行方式，通过以技术改造资金抵扣部分赔偿资金，引导、支持企业引进先进生产工艺、设备，有效降低、杜绝环境污染。

然而，尽管各类有关环境司法的改革从未间断，但生态环保类案件在司法实践中仍体现出责任认定混乱，证据收集与认定困难，损失评估标准模糊等诸多难点，导致其审判和预警面临空前挑战。为此，课题组自 2021 年 5 月开始，在江苏省南京市玄武区人民法院、灌南县人民法院，四川省高级人民法院、郴州市中级人民法院、桂阳县初级人民法院，北京市一中院等具有代表性的法院展开调研。本文拟从生态环保类案件审理的现状出发，对生态环保类案件审判的问题进行了详细研究与梳理。再以人工智能辅助司法裁判角度为切入点，探索并提出生态环保类案件智能审理系统的研发重点与功能展望。①

一、生态环保类案件审判的现状

2013 年颁布的《最高人民法院、最高人民检察院关于办理环境污染刑事案件适用法律若干问题的解释》（以下简称 2013 年解释）首次界定了污染环境的 14 条范围和标准，污染环境有关的刑事案件入罪门槛更低，进而污染环境罪案件数量大幅增加。2016 年颁布的《最高人民法院关于审理环境侵权责任纠纷案件适用法律若干问题的解释》（以下简称 2016 年司法解释）进一步规范了环境民事侵权类案件的法律适用，环境资源类案件数量也逐步增加。在实践中，生态环保类案件的审理呈现出以下特点：

---

① 本课题研究主要围绕：民事案件中大气污染责任纠纷、水污染责任纠纷、噪声污染责任纠纷、放射性污染责任纠纷、土壤污染责任纠纷、电子废物污染责任纠纷、固体废物污染责任纠纷等 7 个案由；刑事案件中滥伐林木罪、非法占用农用地罪、盗伐林木罪、污染环境罪、非法采矿罪、非法捕捞水产品罪、非法采伐、毁坏国家重点保护植物罪（新，危害国家重点保护植物罪）、非法狩猎罪、非法收购、运输、出售珍贵、濒危野生动物、珍贵、濒危野生动物制品罪（新，危害珍贵、濒危野生动物罪）、走私废物罪等 10 个罪名展开。行政诉讼的案件不在本课题的研究范围内。

首先，从数量上看，与生态环保类有关的刑事案件和民事案件数量近年来急剧增加。以被调研对象四川省高级人民法院为例，仅 2020 年四川省高级人民法院就受理环境资源类案件 7125 件，其中受理的刑事案件 1420 件，被告达 2830 人。此外，2020 年度刑事案件方面，江苏省非法捕捞水产品罪共 464 件（南京中院 60 件，玄武区人民法院 30 件，江阴市人民法院 47 件，灌南县人民法院 33 件），污染环境罪共 323 件（南京中院 22 件，玄武区人民法院 113 件，江阴市人民法院 96 件，如皋市人民法院 102 件）；民事案件方面，全省共 40 件，其中噪声污染责任纠纷占比最多。通过以上数据，可以窥见生态环保类案件已逐步成为各地人民法院亟须承办的重要业务。

其次，从理论上看，生态环保类案件在审理中相较于其他案件具有以下突出特征。一方面，生态环保类案件兼具公益和私益的属性。生态环境损害与私益损害不同，环境污染、破坏生态行为侵害的对象是群体乃至整个社会所共享的权益，其利益主体不是单个的个人，而是由众多生活在环境中的个人所组成的"人类"。[1] 因而如何在裁判中对二者利益进行权衡，成为生态环保类案件审判中具有鲜明特殊性的议题。另一方面，审判中也难以衡量某一案件能否界定为生态环境类案件，究其原因在于立案事由脱离不开传统三大部门法，追根究底也是民事、行政、刑事案件。且确定某一案件能否归类到生态环保类案件的判断标准通常采取的是"案由+要素"模式。所谓"要素"即判断该案件中受侵害的客体，结合相关事实基础进行判断，这一进程需要立案部门进行综合考量。但是，实践中评估衡量的期限较短，不得超过 7 天，因此生态环保类案件在立案阶段就具有复杂性。

最后，从审判人员组成与相关法院辅助系统来看，生态环保类案件的审判也面临诸多困难。第一，作为审判主体的相关司法人员缺乏生态环境相关知识，在一定程度上不利于案件审判。课题组走访桂阳县人民法院调研时，桂阳县人民法院院长、党组书记表示，法官队伍存在年长化倾向，法官关于环境相关的理论知识相对缺乏。因此，法官欠缺相应的专业素质成为当前生态环保案件审判领域存在的困难之一。第二，辅助办案系统关键环节的缺失

---

① 吕忠梅、窦海阳：《修复生态环境责任的实证解析》，载《法学研究》2017 年第 39 期。

也是困扰各地法院进行生态环保类案件审判的重要因素。以污染环境罪为例，其在刑法中仅具有原则性规定，然而具体的罪名认定却涉及司法解释以及有关的最高人民法院指导性意见。但现有的辅助办案系统无法同时提供相应司法解释以及指导性意见的检索结果，导致法官需要花费大量时间另行查阅资料，妨碍了案件审判效率。

二、生态环保类案件审判中的问题梳理

根据调研来看，法院在生态环保类案件的处理过程中，在立案、审判、执行阶段，分别面临着如下问题。

（一）立案过程中案由区分不够明确，导致案件分发程序有待完善

案由是诉讼案件性质与内容的概括提要，是依照法律在事实基础上对案件的定性。[①] 确定案由是立案环节的重要一环，案由的合理确认对案件能顺利分发至环境资源审判庭具有重要意义。然而，生态环保类案件在立案阶段存在难以准确界定案由的问题，已经成为牵制生态环保类案件审判专门化的重要因素。

首先，各地人民法院生态环境类案件的案由区分标准尚未统一，实践中主要由各地人民法院自行把握。

其次，环境民事案件依附于主案由，难以区分。根据 2021 年最高人民法院修订的《民事案件案由规定》，生态环保类案件本身属于二级案由，进而需要人工进行二次甄别，以确定案件能否定性为生态环保类案件，从而使得生态环保类案件在立案阶段就面临难以准确分发的问题。此外，根据调研，当前人民法院内部使用的审判辅助系统尚不具备准确识别生态环保类案件案由的功能。例如，一栋住宅楼内，楼下住户甲与楼上住户乙因乙的孩子丙练习钢琴产生噪声污染责任纠纷，如若起诉书不存在"噪声"此类关键词字眼，而仅进行"丙的行为对甲的睡眠产生了影响"的表述，法院内部的辅助审判系统就不会判定该案属于环境类案件。可见，法院内部使用的审判辅助系统

---

① 陈光中：《中华法学大辞典·诉讼法学卷》，中国检察出版社 1995 年版，第 6 页。

存在升级空间，以期准确界定生态环保类案件，进而做到准确分发。

最后，就环境刑事案件而言，污染环境的行为通常也会和其他罪名竞合，导致在案由确定上难以区分。如调研中知悉的案例："某甲因个人诉求，故意放火，导致大面积珍贵的森林资源毁损。"该行为对于环境的损害程度远大于污染环境罪所规定的行为模式。但是，由于刑事立法技术原因，该行为通常定性为放火罪，归口于普通刑庭而非环境资源审判庭。

综上，准确快捷的区分生态环保类案件案由，完善环境资源类案件的分发程序，是推动生态环保类案件审判的关键。

（二）审理过程中，与其他辖区、部门的对接存在障碍

随着生态环保类案件"三合一"审判模式改革的推进，环境资源案件开始由专门的环境资源审判庭进行集中管辖，但随之而来也产生了与其他辖区、部门案件对接困难的问题。

1. 系统衔接性差。

环资庭因其特殊性，难免涉及不同的区域，以及不同的看守所。但是，看守所分配在各个不同区域，其网络、远程提讯的技术由当地的法庭提供。然而，法院内部系统有关生态环保类案件的对接功能缺失，未能同环境资源案件"三合一"集中管辖的司法改革相匹配，仍需要司法人员之间单独对接，这一过程客观上增加了生态环保类案件的审结周期。以四川省高院为例，在环资庭集中管辖后，管辖的范围大幅增加，大熊猫生态法庭管辖面积将近2万平方公里，相当于20个县辖区的总和，甚至超过了大部分中院的管辖面积。在此情况下，暴露了案件对接难、数据统计困难等问题。

首先，环境刑事司法与行政执法的衔接存在困难。调研发现，某省环境资源审判庭并未掌握相应的环境行政执法数据，也无法动态更新相应违法行为的数据，究其原因在于两法衔接中的行政和司法部门之间沟通不畅，信息共享不及时，进而导致生态环保类案件移送对接困难。其次，案件移送后的数据提取存在困难。某省高院采取的数据统计模式仍依赖于传统的人工逐条统计，工作量巨大繁杂。其原因在于，系统无法发掘合理标志，从而产生目前尚不能从技术上解决统计数据抓取的局面。特别是一些交叉性犯罪，如行

为人烧房屋的行为通常不归于环境资源类案件。

2. 数据壁垒问题。

由于各个司法部门内部系统的供应商不尽相同，导致各系统间架构不一，系统内部存在业务和数据的壁垒。尽管成立了数据中心，但具体实施中仍存在较大的困难，主要体现在内部横向纵向融会贯通的问题无法得到很好的解决。首先，不同司法系统内部的案件移送程序有待完善。生态环保类案件在侦查阶段，大量案件材料集中在公安机关，法院在系统中立案后仍存在部分公安机关卷宗未及时移送的情形，究其原因在于公安和法院系统之间存在数据壁垒。尽管公安机关内部通过不间断的技术升级改革，基本实现了全国各地公安机关之间数据的互通，但与法院之间系统的协作仍存在较大的完善空间。以某省为例，目前要求案件卷宗三天以内扫描入库，并通过某省政法专线系统将所有公安卷宗传到法院，这条路线传输的资料较全，但该系统的主要问题在于，公安卷宗的扫描格式未和法院、检察院有效对接，进而导致数据衔接上存在较大问题。某省政法一体化平台所传输的文档是图片格式，且各个卷宗的清晰度、质量不尽相同，因而系统识别时的转化率难以得到保证。

其次，法院审判时无法及时对接其他部门的数据，导致司法资源一定程度上被浪费。如在审判有前科的环境资源类案件犯罪嫌疑人时，需要大数据系统支持才能看到相关信息，但是因为各区域之间数据对接不畅，导致法官无法掌握相关信息而作出判决。调研中发现，存在外省法院判处缓刑后，在当地法院再次判处缓刑的现象。并且在执行社区矫正时才发现该情形，此时只能撤掉案件重新并案处理，造成大量司法审判资源浪费。并且法院审判时也难以获取行政部门的相关信息。如倒卖野生动物这类案件的嫌疑人通常都有前科，随着集中行使处罚权有关政策的出台，处罚权归属城市综合执法局，但该局难以掌握案件中需要的相关指标数据（数据在自然资源局、生态环境局），各行政部门之间信息共享尚且存在障碍，因此，法院审判时获取案件全部相关的数据难度可想而知。

（三）责任主体认定混乱

由于污染环境行为造成的后果较为严重、治理成本较高，且往往涉及多个主体或行为，污染企业或者其他责任单位出于趋利避害的心理，往往以各种方式、理由逃避环境责任。① 因此，法院审判实务中认定责任主体困难。例如，除了排污者是最主要的责任主体之外，还包括对排出的污染物负有管理和维护的单位。此外，在合同责任纠纷中，责任主体有可能既不是排污者也不是对排出的污染物负有管理职责的单位，而是履行合作开发自然资源合同的一方当事人。

环境刑事案件在审判时分别面临单位犯罪认定难，以及具体责任人难以认定的问题。现行《刑法》规定，认定单位犯罪必须由单位负责人或者主要负责人决定，且主观要件必须符合为单位谋取特定利益这一要求。但对单位而言，一旦被认定为犯罪，将会产生其无法参与特定营利性经营活动的后果，因此实践中存在单位对直接责任人员给予金钱、利益等方面的补偿，让其独立承担责任，从而使单位逃脱刑罚处罚的情形。② 同时也因单位犯罪中单位成员的处罚轻于自然人环境犯罪，因此也存在单位成员利用单位的"面纱"攫取轻刑乃至无罪的结果现象。这极大地增加了人民法院审判时认定单位责任的负担。本文梳理了相关案例，梳理结果参见表 1：

表 1　单位／自然人环境犯罪案例梳理

案例名称	案件概述	处理结果	案件性质分析
洪某等四人污染环境案③	化工公司法定代表人洪某指使杨某处理公司 50 吨废料，杨某与杨乙、刘某雇用车辆将废物倾倒于某农村土地	以自然人犯罪结案，对四名被告定罪量刑	本案应为化工公司涉嫌环境犯罪。因洪某授意杨某处理废物的行为属于职务行为，且该行为的受益人为单位——废料成本降低

---

① 徐嘉炜：《准确认定环境侵权主体，三种情况须重视》，载《检察日报》2021 年第 7 期。
② 王志远：《环境犯罪视野下我国单位犯罪理念批判》，载《当代法学》2010 年第 24 期。
③ 参见吉林省乾安县人民法院（2018）吉 0723 刑初 61 号刑事判决书。

续表

案例名称	案件概述	处理结果	案件性质分析
张某污染环境案①	金属加工公司专职司机张某，2018 年 6 月 9 日将公司废液倾倒至某镇水井。金属加工公司与综合利用公司签订废液回收合同，由后者处理金属加工公司产生的废液	以自然人犯罪结案，仅追诉张某	具有单位犯罪嫌疑，若张某倾倒废液行为是单位授意，则为单位犯罪。司法机关未查明张某是否受人指使，以及此前金属加工公司如何处理废液。张某具有承揽罪责的可能
赵某某污染环境案②	赵某某经营洗车场，无危险废物处理资质，将废水未经处理排入地下井	以自然人犯罪结案	本案应为自然人犯罪，不属于单位犯罪。因其洗车厂并非法律规定的"组织"，不具有法律地位，无法独立承担责任

通过上表梳理可以发现，实践中环境刑事犯罪责任主体究竟是单位还是自然人，认定过程繁杂，因而各地法院经常出现同案不同判的现象。

此外，就环境民事案件审判而言，同样面临责任主体认定难的困境。特别是在环境民事纠纷涉及多方主体方面，如何分配责任的问题尤为突出。如何确定环境污染纠纷责任主体，法律规定也并不完善。《环境保护法》第 65 条规定了环境影响评价机构以及环境监测机构与其他责任主体的连带责任。③《固体废物污染环境防治法》第 37 条第 3 款规定的责任承担原则为受托方与

---

① 参见吉林省公主岭市人民法院（2018）吉 0381 刑初 604 号刑事判决书。

② 参见黑龙江省七台河市新兴区人民法院（2018）黑 0902 刑初 119 号刑事判决书。

③ 《环境保护法》第 65 条规定："环境影响评价机构、环境监测机构以及从事环境监测设备和防治污染设施维护、运营的机构，在有关环境服务活动中弄虚作假，对造成的环境污染和生态破坏负有责任的，除依照有关法律法规规定予以处罚外，还应当与造成环境污染和生态破坏的其他责任者承担连带责任。"

委托方共同担责。① 同时也在第 41 条第 2 款规定了单位变更情形下主体确定的意思自治原则。② 《噪声污染防治法》第 78 条规定了谁污染谁负责的原则。③ 但是，在认定大气污染责任纠纷以及水污染责任纠纷相关责任主体时，《大气污染防治法》《水污染防治法》并未规定如何确定责任主体，即究竟由原企业承担还是由第三方或者双方共同承担不明确，需要法官发挥自由裁量权。然而，法院内部系统无法推送相关学术论文并且类案检索精准度不高，难以给法官带来一定的思考，进而给法官审判认定主体责任时带来困难。并且，尽管《环境保护法》《固体废物污染环境防治法》《噪声污染防治法》规定了一定的责任分配原则，但实践中经常存在污染企业以"从业人员擅自操作、主要负责人不知情"为由，企图逃避单位责任的情形。综上，环境民事案件责任主体的认定更加复杂。

（四）证据收集与认定困难

1. 证据收集难。

首先，生态环保类案件涉案证据具有特殊性，存在取样难、样本难以保存等现实问题，进而给案件审判带来证据上的不便。调研中发现，绝大多数

---

① 《固体废物污染环境防治法》第 37 条规定："产生工业固体废物的单位委托他人运输、利用、处置工业固体废物的，应当对受托方的主体资格和技术能力进行核实，依法签订书面合同，在合同中约定污染防治要求。受托方运输、利用、处置工业固体废物，应当依照有关法律法规的规定和合同约定履行污染防治要求，并将运输、利用、处置情况告知产生工业固体废物的单位。产生工业固体废物的单位违反本条第一款规定的，除依照有关法律法规的规定予以处罚外，还应当与造成环境污染和生态破坏的受托方承担连带责任。"

② 《固体废物污染环境防治法》第 41 条第 2 款规定："产生工业固体废物的单位发生变更的，变更后的单位应当按照国家有关环境保护的规定对未处置的工业固体废物及其贮存、处置的设施、场所进行安全处置或者采取有效措施保证该设施、场所安全运行。变更前当事人对工业固体废物及其贮存、处置的设施、场所的污染防治责任另有约定的，从其约定；但是，不得免除当事人的污染防治义务。"

③ 《噪声污染防治法》第 78 条规定："违反本法规定，有下列行为之一，由工程所在地人民政府指定的部门责令改正，处五千元以上五万元以下的罚款；拒不改正的，处五万元以上二十万元以下的罚款：（一）建设单位未按照规定将噪声污染防治费用列入工程造价的；（二）施工单位未按照规定制定噪声污染防治实施方案，或者未采取有效措施减少振动、降低噪声的；（三）在噪声敏感建筑物集中区域施工作业的建设单位未按照国家规定设置噪声自动监测系统，未与监督管理部门联网，或者未保存原始监测记录的；（四）因特殊需要必须连续施工作业，建设单位未按照规定公告附近居民的。"

环境污染违法行为主体，通常都会通过私设暗管、在凌晨前往人烟稀少处向地下渗井排污等方式处理环境废物，具有隐秘性的特点。因而相关部门难以初步准确采样。并且，具有挥发性的样本证据也难以保存。例如，在大气污染责任纠纷中，气体性样本因其易挥发的特性，难以长久保存，案件进入诉讼程序后，便无法对证据进行鉴定。

其次，就环境资源刑事案件证据收集而言，面临跨地域取证困难以及难以及时获取一手证据等困境。一方面，环境污染刑事案件涉及环保、公安等多个部门，部门之间配合协作机制尚不完善，尤其是很多案件为规避地方保护主义，往往由上级机关跨地区指定管辖，取证时受到较大限制，取证不及时或不规范现象时有发生；① 另一方面，大量证据依赖当事人口供，真实性难以认定。并且，实践中环境行政部门通常是生态环保类案件的第一经手人，但要将环境执法部门取得的证据直接作为环境刑事司法的证据使用，仍然存在取证程序、证明对象、证明标准的差异，因而在审判中不可避免地受到证据合法性的质疑。②

2. 证据认定难。

首先，从证据能力角度分析，实践中，检察机关所获材料的证据资格因调查核实取证内容不合理、取证程序不规范等原因经常受被告质疑，给法官审判带来一定的困扰。③ 根据审判实践所知悉的情况，生态环保类案件涉及证据的形式通常包括鉴定意见、评估报告等。但是，由于具有评估资格的专业机构较少，因此检察机关会通过专家咨询的手段进行调查核实，并将专家意见作为证据。④ 这就给审判带来了新问题，即专家意见是否具有证据能力，能否认定其具有证据资格。倘若面临被告方不认可专家意见，或者原被告双方出具的专家意见不同时，法官受制于自身缺乏相关知识等因素，通常难以判

---

① 卢金有、董潇：《环境污染犯罪治理困境破解》，载《人民检察》2016 年第 9 期。
② 徐骏、苗运卫：《智能辅助：破解环境刑事司法证据困局之匙》，载《常州大学学报（社会科学版）》2018 年第 19 期。
③ 赵勇、徐本鑫：《论公益诉讼检察调查核实所获材料的证据资格——以环境资源领域案件为例》，载《江西理工大学学报》2022 年第 43 期。
④ 北京市朝阳区人民检察院课题组、孙伟：《行政公益诉讼检察调查核实权行使困境与完善路径初探》，载《中国检察官》2019 年第 5 期。

断，导致其能否被认定为证据存在困难。就鉴定意见来说，存在其出具违反程序的情形，从而影响证据资格的认定。例如，在黄某违规开采煤矸石案中①，黄某实施了开采煤矸石的行为，但是鉴定意见却直接载明"非法开采页岩"，因此难以认定其为具有证明能力的证据。

其次，从证明责任方面分析，环境刑事案件目前没有特别规定环境犯罪的证明责任主体，因此环境犯罪的证明主体同普通刑事案件相同，即由公安机关和检察机关承担。但是，公安机关承担证明责任的自主性受限，原因在于内部缺乏针对环境污染检测的部门，致使其立案渠道大都由生态环境部门移送。同时生态环保类案件在因果关系上难以认定。实践中多采取逻辑推理以及经验准则来证明环境犯罪的因果关系。② 这必然会增加公安机关取证的难度，从而使检察机关履行举证责任受限，间接影响审判效率。

最后，从证明对象的角度出发，在生态环保类案件的审理过程中，涉及物种较多，针对某物种是否构成犯罪及其对应数量的情节严重程度难以查找。由此为法官审判带来阻碍。

（五）司法鉴定在生态环保类案件审理中的不足

首先，人民法院难以对生态环保类案件涉及的司法鉴定做出实质性审查。我国目前司法鉴定机构存在司法鉴定资格规范不统一、鉴定机构数量少、与之互补的环境科学人才库机制欠缺等问题③，进而导致法官审判时于环境司法鉴定方面具有一定的被动性、非专业性。此种情形下，法官做出的判决通常也会遭受质疑。以福建省闽清县2015年审理的左某明污染环境案为例。④ 辩护人针对检方出示的鉴定意见，分别提出了"鉴定意见不属于行政机关办案中收集的证据，不能作为定案证据使用、鉴定程序违反《红外光谱分析方法通则》、送检样本来源不明"等辩护意见。尽管本案鉴定意见存在瑕疵，但由

①　参见重庆市第四中级人民法院（2020）渝04民初5号民事判决书。
②　唐双娥：《我国污染型环境犯罪因果关系证明方法之综合运用》，载《法学论坛》2012年第27期。
③　刘梦梦：《司法专门化视阈下对环境法庭再审视》，载《洛阳理工学院学报（社会科学版）》2019年第34期。
④　参见福建省闽清县人民法院（2015）梅刑初字第52号刑事判决书。

于生态环境损害鉴定中尚未规定具体取证程序，法院最终并未采纳以上辩护意见，径行认定鉴定意见合法。出现此类鉴定意见自相矛盾的情形，究其原因在于，人民法院内部缺乏具有自然科学审判知识的审判人员，以及相关鉴定数据建设迟滞，难以及时为审判人员提供参考，因此审判人员判决时仅能偏向性认定鉴定意见真实合理，从而无法切实对司法鉴定做出实质性审查，致使审判面临阻力。

其次，具有鉴定资质的鉴定机构稀少，据统计，全国仅有 78 家环境污染鉴定机构，因此，法院裁判生态环保类案件时通常也面临案件审结周期长、审结成本高等问题。生态环保类案件涉及鉴定意见具有较强的专业性，现行司法部名录中，部分规模较大的鉴定机关尚不具备环保类案件的鉴定资质。并且，有些机构全国只有一两家，因此，倘若前去进行鉴定或者评估，需要消耗巨额时间和经济成本，譬如，在走访湖南省高院调研时，了解到湖南省无此类鉴定机构。此外，因距离原因，部分检材易挥发，难以及时鉴定，使得生态环保类案件的审判雪上加霜。如空气污染，由于气体具有不稳定性，通常难以取样。

最后，由于法院内部审判辅助系统暂时缺乏对专家数据库的建设，因此法官审判具有较强专业技术性的环保类案件时，也会面临专业壁垒等问题，而无法准确把握裁判规则和尺度，从而影响案件裁判。

（六）损失评估标准模糊，导致对生态环境的修复面临两难境地

首先，在案件审判阶段，涉案环境资源所受到的损害难以评估，导致法官无法准确裁判生态环境修复的责任主体。法官界定环境污染纠纷责任主体依据《民法典》第 1168 条之规定。① 尽管《民法典》第 1231 条和《最高人民法院关于审理环境侵权责任纠纷案件适用法律若干问题的解释》第 13 条②

---

① 《民法典》第 1168 条规定："二人以上共同实施侵权行为，造成他人损害的，应当承担连带责任。"

② 《最高人民法院关于审理环境侵权责任纠纷案件适用法律若干问题的解释》（已失效）第 13 条规定："人民法院应当根据被侵权人的诉讼请求以及具体案情，合理判定侵权人承担停止侵害、排除妨碍、消除危险、修复生态环境、赔礼道歉、赔偿损失等民事责任。"

特别规定了环境污染和生态破坏责任承担方式①，但实践中修复性司法适用率低。究其原因在于该条所规定的"污染物浓度、排放量、行为对损害的后果"等难以量化评估。且目前法院缺乏类似"在线定损平台"的辅助办案系统，通常需要专业的鉴定机构才能进行损失结果的评估。然而，前文业已分析司法鉴定在生态环保类案件中存在的不足，因此准确把握损害标准难度较大，进而为生态环保类案件审判如何分配损害责任、界定各主体责任大小带来困难。并且，实践中法官也难以做出明确性修复判决。部分判决只笼统说明支付费用"用于修复生态环境"，然而无具体要求。例如，植被、水流受污染后，倘若判处当事人修复责任，则面临什么是原状、如何恢复、恢复到何种程度才算完成等问题。就环境刑事案件而言，部分环境犯罪为结果犯，只有造成严重后果后才可认定为犯罪。但环境污染行为具有持续性（见图1），只有在达到严重违法行为程度后，才会被认定为犯罪，案件移送法院后，对于处于一般违法阶段时期的损失如何量化评估由于时间不具有追溯性，难以得出准确结论。

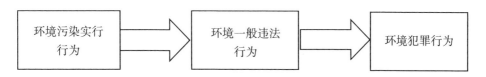

图1 环境犯罪发展脉络

其次，就执行阶段而言，法院面临无暇监督生态环境修复进程、判决执行效果差等问题。随着员额制司法改革的进行，目前法院普遍存在案多人少的困难，做出修复生态判决后，缺乏精力对后续修复情况展开必要的监督。根据部分生态环保类案件审判工作者的反馈，修复性判决一旦做出，内部的审判辅助系统也无法提供后续关键时间节点的提醒，譬如无法定期提醒业务法官该修复性责任的履行情况，加之法官自身也有大量案件待处理，因此生态环境修复的执行效果难尽人意。

---

① 《民法典》第1231条规定："两个以上侵权人污染环境、破坏生态的，承担责任的大小，根据污染物的种类、浓度、排放量，破坏生态的方式、范围、程度，以及行为对损害后果所起的作用等因素确定。"

三、生态环保类案件审理系统的研发重点与展望

综上，调研过程中发现法院在处理生态环保类案件中，普遍存在环境类案件甄别难、各辖区部门案件对接存在障碍、责任主体不明确、证据收集和认定难、案件定损难等诸多问题。对此，国内大多数学者都从理论和制度层面对其提出完善建议。例如，吕忠梅教授提出，建立普通案件与环境资源案件的移送制度、联合审判制度，成立不同审判机构间的沟通平台及裁判研讨会议制度。[①] 王树义教授指出通过仿造海事法院的设立，建立专门的环境法院，以此促进环境司法专门化，从而解决环境司法审判的实践问题。[②] 但是，目前尚未有从人民法院内部审判辅助系统层面提出可行性完善建议的研究。

人工智能时代下，辅助办案系统对解决生态环保类案件审判疑难问题具有重要技术意义，或可成为破解生态环保类案件审判疑难的破局之钥。通过走访调研，本文梳理了人民法院内部使用的部分审判辅助系统于生态环保类案件实践应用概况，详见表 2。

表 2　智能辅助审判系统实践反馈梳理

系统类型	主要功能	存在不足	研发主体
法信系统	类案推送、法条检索等	类案检索精准度低，需人工输入；法律条文更新慢等	中国司法大数据研究院、北京某双科技公司
中国裁判文书网	案件检索	检索难度大、检索结果冗长、搜索时间长等	最高人民法院
江苏政法一体化平台	案件对接、类案推送、案件办理等	案件材料衔接格式不统一	江苏某技术公司
数字法院系统	案件查询、电子卷宗、案件办理、文书上传、法律条文等	根据案由甄别案件不准确；法律条文更新慢；无法检索交集结果	北京某信息技术公司

---

① 吕忠梅：《新时代中国环境资源司法面临的新机遇新挑战》，载《环境保护》2018 年第 46 期。

② 王树义：《论生态文明建设与环境司法改革》，载《中国法学》2014 年第 3 期。

续表

系统类型	主要功能	存在不足	研发主体
北京法院智能辅助系统	辅助阅卷、推送信息、文书生成、案件偏离度分析等	态势预警不完善、案件检索冗杂、参考数据库不全面	北京高院

从梳理结果可以看出，随着"以审判为中心"的司法体制改革，加之科技发展，人工智能逐渐介入司法，辅助审判。尽管各类辅助审判系统一定程度上为法官审判带来了便利，但仍存在不足，具备完善空间。如通过梳理可见各类系统繁多、功能重叠、系统彼此间的兼容性问题有待商榷。此外，司法裁判中，人工智能技术存在情节提取的自然语义识别技术准确度低、类案识别的准确率偏低、偏离度预警的颗粒度悖论等技术瓶颈①。又因，生态环保类案件具有强技术性和专业性，因此有必要研发生态环保类案件审理系统，使之逐步嵌入法院使用的系统中，并明确其具体功能定位。该系统主要原理如图 2 所示，通过采集数据源、初步形成知识库进而形成完整的生态环保类案件知识体系，从而将法律规范、理论研究及裁判案例中所包含的生态环保类案件责任界定规则、证据认定标准、损失评估方法和法律推理逻辑予以标准化。通过解构、量化的方式总结生态环保类案件责任界定规则、证据认定标准、损失评估方法和法律推理逻辑的构成要件与判定标准，以期破解环境司法审判困局。

---

① 王禄生：《司法大数据与人工智能开发的技术障碍》，载《中国法律评论》2018 年第 2 期。

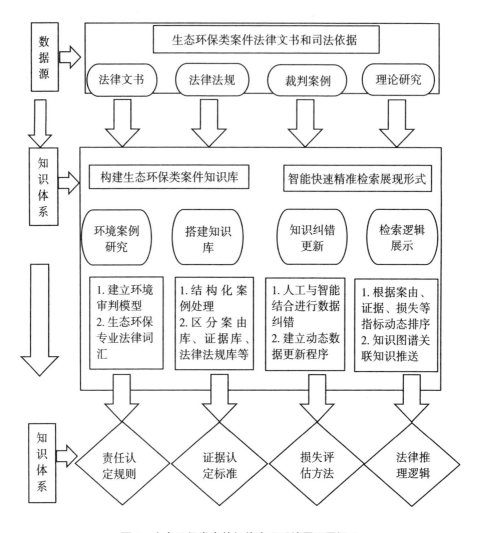

图2　生态环保类案件智能审理系统原理图概况

因此，结合以上审判实践暴露出的生态环保类案件诸多问题，以及实际调研经验，具体而言，生态环保类案件审理系统的研发重点与展望如下。

（一）强化生态环保类案件智能审判系统辅助立案系统的研发

首先，该系统需具备准确甄别某一案件是否为生态环保类案件的功能。界定案件是否为生态环保类案件主要依据的是案由，因此，系统可扩大案由的覆盖范围，通过"要素提取法"使系统使用者输入"环境"相关的指令就可显示环境类案件，进而使得与生态环境有关的案件都能移送环境资源审判庭审判。同时，系统也应当具备辅助法官出具立案/不予立案通知书的功能。实践中，法官对出具不予立案通知书极为谨慎，需花费大量时间，但该流程内容简单重复，因此可借由环保类案件辅助立案系统达成此目的。同时，就整个系统而言，可开发整合涉案文件功能，系统主要推送相关法律条文，且法条更新不及时。但实际案件审判中，法官并非只参考法律条文，还包括其他文件。因此，系统可整合现行的司法解释、最高人民法院指导意见、会议纪要、批复以及业已废止或更新的文件等，以便全面地公正审判案件。此外，在立案前，可在系统内设置多元纠纷解决路径模块、溯源治理辅助模块等，以期生态环保类民事案件能在立案前辅助纠纷调节，从而分散法官审判压力。

其次，就环境民事公益诉讼主体资格问题，该系统也应当具备自动甄别主体资格的功能。就主体责任界定而言，该系统可通过内部算法分析相关法律、各类判例、最高人民法院指导意见等内容，自动生成责任主体供法官参考。

再次，就生态环保类案件证据能力甄别而言，人工智能不能单独承担判断证明力的任务，但在某些方面可以发挥有效的辅助和参考作用，如发现证据之间的明显矛盾或形态的变化，对证据进行校验、把关、监督等。[①] 因此，该系统可为法官初步认定案件证据是否具有证据资格进行把关。

最后，就鉴定意见审查难和定损难问题，该系统一定程度上可为法官解决技术上的困扰。具体方式包括建立专家数据库，并定期更新，法官可进行咨询。同时，该系统通过梳理法院在生态环保类案件损失评估过程中适用的法律法规等规范性文件以及生态环保类指导性案例等，建立生态环保类案件的赔偿范围、赔偿标准的知识体系，并分析生态环保类案件损失评估的量化因素与案件证据、司法自由裁量间的关系，提出法院进行损失量化的裁量因素和数额标准，以此在一定程度上弥补法官自然科学知识欠缺、鉴定成本周期长等问题。

---

① 纵博：《人工智能在刑事证据判断中的运用问题探析》，载《法律科学（西北政法大学学报）》2019 年第 37 期。

（二）强化生态环保类案件智能审判系统案件推送功能的研发

因案件分类不明，缺失类案推送等问题，法官在自由裁量时没有标准可以参照，这给裁判带来困难，也可能造成"同案不同判"现象。① 因此，该系统需具备案件分类功能并扩大案件的覆盖范围，以此方便审判人员进行精准检索。具体要求包括：首先，提升生态环保类案件推送的关联性和准确度。如法信系统，经常推送上千案件，案件推送的精准度和关联性有待提高。因而，可以将类案依据权威性梯度划分为最高人民法院指导性案例、典型案例、普通案例。同时，在保留案件推送精准性的情况下，智能生成类案分析统计报表，统计出不同比例的判决结果。如检索污染环境罪罪名、污染物/种类/数量等关键词，得出一个分析报告，呈现出各地法院对该类污染物的排放量的大体量刑情况和差异等信息，避免法官一个个检索，进而节约时间。另外，类案也应具备跨区域的要素提取和检索功能，并增加检索后标注功能。如检索"HW39 代码"，检索结果若都对"HW39 代码"标红就有利于提高法官的阅读效率。此外，就案件推送而言，生态环保类案件智能审理系统也应当摒弃推送判决书冗长、无法检索关键词交集等问题，而应由法官自由选择，增加多角度案件推送功能。例如，可供参考的分类角度包括"案由""原告特征""被告特征""争议焦点"以及"裁判要点"等要素，进而使得类案推送具有针对性。此外，系统也需具备穷尽检索后仍无结果的推送救济功能，即未检索到类案时，系统可自动推送出相关的条文规定或类案判决，以便于法官自由裁量。

其次，系统可进行动态推送。人工智能对证据规格的判断能够保障司法人员尽可能全面地收集、审查证据。② 因此，在办案过程中，系统可根据相关法律提醒法官在涉及具体罪名的案件裁判中所需的证据，从而提高法官在自由裁量上的公平性和可接受性，包含智能辅助证据、责任、损失认定等相关

---

① 罗方园：《环境侵权案件"审理难"问题分析与对策——以某省 H 市环境污染责任纠纷案为例》，载《四川文理学院学报》2019 年第 29 期。

② 赵艳红：《人工智能在刑事证明标准判断中的运用问题探讨》，载《上海交通大学学报（哲学社会科学版）》2019 年第 27 期。

规定的提示。

最后，系统应增加其他辅助推送功能。例如，在强调裁判文书需增强释法说理的背景下，结合环境司法专门化的语境背景，增加学术期刊、相关论文推送，以此补强法官素养并丰富判案的理论依据。

（三）强化生态环保类案件智能审判系统的态势预警作用

预警的主要目的是为相关职能部门的政策调整提供服务，并根据生态环保类案件的态势发现现有的法律和政策存在的不足，进而进行调整。预期目标为，在全国司法指数报告中增加和体现 2~3 个生态环保类案件指标。基本路径是基于最高院决策信息系统，凝练生态环保类案件态势指标，并进行分析和可视化。预期预警功能具体包括如下几个方面。

首先，对同一类型具有较大差异裁判结果的生态环保类案件进行预警。智能辅助系统通过构建知识图谱及结构化数据库，应用深度学习算法分析类案的争议焦点、证据情况、法律适用以及地区判决差异，可以"对裁判结果自动进行监控，实行裁判偏离度分析、预警提示"。[1] 因此，生态环保类案件智能审理系统可针对判决差异较大的案件进行预警，进而破解环境类案件存在的"同案不同判"难题，达成"类案类判"目的，促进环境司法正义。例如，系统可内嵌量刑规范化系统具有的功能，在检测到判决期限达到一定偏离度阈值时进行预警，同时结合相关法律法规以及文件自动生成量刑建议，供法官自由裁量。

其次，提供办案过程中每一程序节点的预警。在现有审理期限预警系统的基础上，从硬性规定方面预警以规范工作程序，避免超过审限，方便法官合理安排审理事务，提高司法效率。例如，前文分析了实践中生态修复责任主体因缺乏监督等原因，导致生态修复的执行效果有待改善。基于此种情形，若在系统中增加执行过程中的时间节点预警功能，则能在一定程度上促进环境修复性法律责任的适用。例如，系统隔一定的时间就通过弹窗等形式提醒相关负责人员去检查当事人生态修复责任履行情况。

---

[1]　帅奕男：《人工智能辅助司法裁判的现实可能与必要限度》，载《山东大学学报（哲学社会科学版）》2020 年第 4 期。

（四）提高系统的兼容率

生态环保类案件智能审理系统的实践逻辑是嵌入各地法院采用的主流系统，通过先试点再推广的方式，为各地生态环保类案件审判带来便利。但是，由于当下的技术限制，人工智能在要素式审判中的应用未能如预期般发挥实际作用，由于各省份构建的智能审判系统之间相互独立，各自为营，导致司法数据难以跨省份交流，数据共享程度极低。[①] 就同一省份的智能司法系统而言，也存在系统不兼容的问题。综上，系统间兼容率低，严重损害了司法效率。因此，提高系统彼此间的兼容率是生态环保类案件智能审理系统得以顺利应用的关键。

四、结语

破解生态环保类案件审判疑难问题，除了在制度层面不断完善配套措施外，还可借由当下人工智能发展水平爆炸性增长的契机，从"智慧司法"角度出发，将技术优势与案件实践需求紧密结合，通过智能审理系统辅助司法审判，以解决实践中的审判疑难。这也是"智慧司法"改革的重要方向与技术研发的风向标。本文结合实地调研经验，提出了研发生态环保类案件智能审理系统，并强化其在辅助立案、案件推送、态势预警等方面的作用，以此解决生态环保类案件存在的证据认定难、责任主体认定混乱等问题。但是，受专业局限以及对人工智能技术了解浅显，本文只依据调研经验与当下文献，提出了初步设想，未能就具体技术内容进行详细阐述，同时也未就国外的生态环保案件审判方式进行探讨。未来，如何借由智能审理系统辅助环境司法审判，同时防范"技术中心主义"风险，仍需在理论和实践层面做进一步探究。

---

① 袁德华：《人工智能在要素式审判中的应用现状与改进思考》，载《〈上海法学研究〉集刊 2022 年第 5 卷 ——2022 世界人工智能大会法治论坛文集》2022 年。

刑事裁判中生态环境损害司法认定研究

张　拓*

（中国人民公安大学法学院）

摘　要：对于生态环境损害司法认定，根据现有规定和基本法理，刑事裁判将全面认定"费用类损害"，而民事裁判排除了"自修复费用"。刑民认定规则产生差异的根本原因在于刑事责任和民事责任性质不同。宽泛认定刑事裁判中生态环境损害既不利于取证也不利于止损。基于生态环境物质法益的次要性、生态环境功能恢复的紧迫性以及生态环境刑事保护的审慎性，应当将"自修复费用"排除在刑事裁判生态环境损害之外。在限缩解释下，生态环保类案件的出罪方式将由"功能类损害"和"费用类损害"之间的关系所决定。

关键词：生态环境损害；刑事裁判；司法认定；生态环境修复；限缩解释

在现代社会中，生态环境的优劣对于人类社会发展的影响越来越显著。为了营造更加适宜的生存环境，实现可持续发展，世界各国均逐渐完善相关法律体系，以强化对生态环境的保护。近年来，我国不断推进生态环境法治建设，探索行之有效的司法实践方式，出台和完善了一系列法律规范，取得了优异成绩。但是，我国生态环境保护依然任重道远，司法实践中依然存在诸多亟待解决的现实难题。其中，生态环境损害的认定是较为突出的现实问题。生态环境损害的认定难点不仅表现在技术上的乏力，更在于制度层面的不足。虽然我国在《民法典》中规定了相关责任并且出台了专门规定，进一

---

* 张拓，男，中国人民公安大学法学院刑法教研室主任、讲师、硕士生导师。

步完善了生态环境损害赔偿规则，但是仍需要不断完善。对于污染环境、破坏生态行为的司法裁判，生态环境损害不仅是民事赔偿的依据，更是追究刑事责任的重要前提与基础。从实践来看，刑事裁判中生态环境损害的认定应当与民事赔偿制度相衔接①，然而对于如何衔接，则缺乏相关规定。对此，刑事裁判中的生态环境损害是否与民事裁判完全一致，刑事责任与民事责任性质的不同是否会使刑事裁判中生态环境损害的认定有别于民事案件，以及生态环保类案件的特殊性是否会对刑事裁判中生态环境损害的认定产生影响等，均需要进一步探讨。基于此，本文拟从生态环境损害司法认定刑事规则与民事规则的联系与区别入手，深入探析刑事裁判中生态环境损害的司法认定问题。

一、刑民比较下生态环境损害司法认定规则辨析

从现有规范来看，生态环境损害司法认定的刑事规则与民事规则虽然联系紧密，但是也存在显著区别。

（一）"费用类损害"的全面认定：生态环境损害司法认定的刑事规则

在刑事裁判中，生态环境损害是认定行为人是否成立犯罪的重要标准，诸多罪名均将"造成生态环境严重损害"作为犯罪成立的条件之一。例如，根据2016年最高人民法院、最高人民检察院《关于办理环境污染刑事案件适用法律若干问题的解释》（以下简称《污染环境解释》）第1条的规定，"造成生态环境严重损害"是污染环境罪的成立标准之一。又如，根据2016年最高人民法院、最高人民检察院《关于办理非法采矿、破坏性采矿刑事案件适用法律若干问题的解释》第3条的规定，"造成生态环境严重损害"是非法采矿罪的成立标准之一。

对于何谓生态环境损害，《污染环境解释》第17条作出了规定，包括生

---

① 例如，最高人民法院、最高人民检察院、公安部、司法部、生态环境部《关于办理环境污染刑事案件有关问题座谈会纪要》明确指出："会议指出，《环境解释》将造成生态环境损害规定为污染环境罪的定罪量刑标准之一，是为了与生态环境损害赔偿制度实现衔接配套，考虑到该制度尚在试行过程中，《环境解释》作了较原则的规定。"

态环境修复费用，生态环境修复期间服务功能的损失和生态环境功能永久性损害造成的损失，以及其他必要合理费用。① 这几类损害可以进一步划分为"功能类损害"和"费用类损害"两种类型。前者包括生态环境修复期间服务功能的损失和生态环境功能永久性损害造成的损失，强调生态环境由于危害行为的存在而无法为人类提供服务功能，体现的是生态环境法益的功能价值。后者包括生态环境修复费用以及其他必要合理费用，突出的是危害行为给生态环境要素造成的损坏，体现的是生态环境法益的物质价值。在实践中，生态环境的修复主体可能是危害行为的实施者，也可能是政府，还可能是第三人。所有的修复费用是否均应当被纳入"费用类损害"以及哪些修复费用应当被计算在内，值得进一步思考。对此，"费用类损害"不同于"功能类损害"，实际上并非损害本身，而是通过修复费用来对生态环境损害中的物质性损害作出的衡量。修复主体的身份不会对修复费用的性质产生影响，无论由何者进行修复，其产生的修复费用实际上均是对损害进行的衡量。基于此，在刑事裁判中，生态环境损害中的"费用类损害"与修复主体无关，应当指全部修复费用，既包括"自修复费用"，也包括"他修复费用"。

（二）"费用类损害"的部分认定：生态环境损害司法认定的民事规则

在民事裁判中，生态环境损害是行为人承担赔偿责任的重要依据，直接影响行为人的赔偿数额。对于生态环境损害赔偿的范围，我国司法实践进行了多年探索，多次出台了相关司法解释与司法文件，最终于立法层面定分止争，在《民法典》第1235条中作出了明确规定。② 根据该规定，污染环境、破坏生态的行为人应当承担生态环境受到损害至修复完成期间服务功能丧失导致的损失、生态环境功能永久性损害造成的损失、生态环境损害调查、鉴

---

① 参见《污染环境解释》第17条第5款规定："本解释所称'生态环境损害'，包括生态环境修复费用，生态环境修复期间服务功能的损失和生态环境功能永久性损害造成的损失，以及其他必要合理费用。"

② 参见《民法典》第1235条规定："违反国家规定造成生态环境损害的，国家规定的机关或者法律规定的组织有权请求侵权人赔偿下列损失和费用：（一）生态环境受到损害至修复完成期间服务功能丧失导致的损失；（二）生态环境功能永久性损害造成的损失；（三）生态环境损害调查、鉴定评估等费用；（四）清除污染、修复生态环境费用；（五）防止损害的发生和扩大所支出的合理费用。"

定评估等费用、清除污染、修复生态环境费用以及防止损害的发生和扩大所支出的合理费用。

从内容来看，民事裁判中的生态环境损害也可以划分为"功能类损害"和"费用类损害"两种类型。对于"功能类损害"，《民法典》强调的是赔偿生态环境功能上的损失，虽然具体表述略有不同，但是与刑事裁判的认定范围并无差异。对于"费用类损害"，《民法典》所作出的规定更为详细，从文字表述上看与刑事裁判也基本一致，然而对于民事案件中"费用类损害"认定，是否同样不需要考虑修复主体身份以及是否也应当纳入全部修复费用，需要进一步斟酌。

《民法典》在规定生态环境损害赔偿责任时还于第 1234 条对行为人设置了生态环境修复责任。[①] 从内容来看，生态环境修复责任本质上属于行为责任，而非金钱给付的责任[②]，要求行为人在对生态环境造成损害后应当进行修复。基于修复生态环境紧迫性的考量，与生态环境损害赔偿责任相比，生态环境修复责任应当为首要责任。"在生态环境损害具有修复可能性的情况下，应当以优先适用生态环境修复责任为原则，以适用生态损害赔偿责任为补充。"[③] 进言之，第 1235 条所规定的修复费用的赔偿责任具有后置性，实际上应当为第 1234 条修复责任的补充。只有在生态环境损害能够修复且行为人没有自行进行修复时，才有充足的理由让行为人承担进一步修复的费用。据此，《民法典》第 1235 条中所规定的"清除污染、修复生态环境费用"应当指行为人在承担生态环境修复责任后还应当支出的修复费用。详言之，生态环境在行为人自行修复后可能并未完全恢复原状但是行为人基于各种原因又不再修复，此时政府可能会代替其进行修复而支出费用，在这种情况下，行为人还要支付剩余的修复费用。因此，在根据第 1234 条承担修复责任时，行为人

---

① 参见《民法典》第 1234 条规定："违反国家规定造成生态环境损害，生态环境能够修复的，国家规定的机关或者法律规定的组织有权请求侵权人在合理期限内承担修复责任。侵权人在期限内未修复的，国家规定的机关或者法律规定的组织可以自行或者委托他人进行修复，所需费用由侵权人负担。"

② 参见徐以祥：《〈民法典〉中生态环境损害责任的规范解释》，载《法学评论》2021 年第 2 期。

③ 参见任洪涛、唐珊瑚：《论生态环境修复责任与生态损害赔偿责任的衔接与适用——以〈民法典〉第 1234 条、1235 条为研究视角》，载《中国政法大学学报》2022 年第 2 期。

虽然也会支出费用，但是不能将该费用纳入第 1235 条中的 "清除污染、修复生态环境费用"。如果行为人已经自行对损害了的生态环境进行了修复，则生态环境就不需要进一步修复，也就不会产生额外费用，行为人也就无须进一步承担修复费用的赔偿责任。可见，民事案件中的 "费用类损害" 不同于刑事案件，应当将行为人自行修复的费用排除在外。

二、刑事裁判中生态环境损害宽泛认定的实质探析

与民事规则相比，刑事裁判中生态环境损害的认定更加宽泛，无论是 "自修复费用" 还是 "他修复费用"，均被计算在 "费用类损害" 之中。在刑事裁判中，将 "自修复费用" 纳入生态环境损害与刑事责任的性质密切相关，但是在实践当中也存在一定缺陷。

（一）"自修复费用" 计入生态环境损害的原因

无论在刑事裁判还是在民事裁判中，生态环境损害在技术认定上并无差异，均需要通过相应的技术手段实施完成，实际上遵循的是相同评估程序。我国已经出台并完善了一系列技术标准[①]，为生态环境损害认定奠定了基础。同一污染环境以及破坏生态的行为所造成的损害在事实层面所指相同，不会因为司法程序的不同而存在差异。但是，与技术认定的中立性追求不同，司法认定实质上表现为价值判断，生态环境损害的认定会因追责目的的不同而产生差异。"在法律推理中，价值判断具有发现、比较、选择、归类、定性、量裁、导向等功能，这些功能对于法律推理来说是不可缺少的。没有价值判

---

① 例如：《环境损害鉴定评估推荐方法（第Ⅱ版）》、《生态环境损害鉴定评估技术指南 总纲和关键环节 第 1 部分：总纲》（GB/T 39791.1—2020）、《生态环境损害鉴定评估技术指南 总纲和关键环节 第 2 部分：损害调查》（GB/T 39791.2—2020）、《生态环境损害鉴定评估技术指南 环境要素 第 1 部分：土壤和地下水》（GB/T 39792.1—2020）、《生态环境损害鉴定评估技术指南 环境要素 第 2 部分：地表水和沉积物》（GB/T 39792.2—2020）、《生态环境损害鉴定评估技术指南 基础方法 第 1 部分：大气污染虚拟治理成本法》（GB/T 39793.1—2020）、《生态环境损害鉴定评估技术指南 基础方法 第 2 部分：水污染虚拟治理成本法》（GB/T 39793.2—2020），等等。

断就没有法律推理，有什么样的价值判断，就有什么样的法律推理。"① 进言之，由于责任追究目的的不同，技术层面所认定的生态环境损害在刑事裁判与民事裁判中发挥的作用也有所差异。这也是刑事裁判中生态环境损害司法认定不同于民事裁判的根本原因。

"刑事责任是以接受刑事法规定的惩罚和否定法律评价为内容的法律责任。"② 刑事责任强调通过刑罚等手段来惩治危害行为的实施者，进而实现犯罪预防的目的。根据罪责刑相适应的基本原则，在对行为人判处刑罚时，应当对行为人所造成的损害进行充分考虑，只要是能够反映出行为危害性的因素均应当被纳入考量。在生态环保类案件中，生态环境修复费用只是对生态环境损害的衡量方式，无论由谁承担修复费用，均是对生态环境损害的反映。但是，民事责任一般并不带有惩罚性，强调对被侵犯的民事权利的复位与回归，只要行为人完全弥补了侵权行为造成的损害，就可以被认定为充分承担了民事责任。尤其对于生态环保类案件，《民法典》已经于第 1234 条规定了修复责任，在行为人已经对生态环境进行修复的情况下，若将第 1235 条中的"清除污染、修复生态环境费用"理解为全部的修复费用，等同于让行为人重复支付修复费用，则民事赔偿就带有了惩罚性质③，超出了民事赔偿的题中应有之义。由此可见，生态环境损害司法认定在刑事裁判与民事裁判中表现出的不同与责任实质密切相关。

(二)"自修复费用"计入生态环境损害的缺陷

如上所述，对于生态环境损害的认定，刑事规则与民事规则的最大区别在于"修复类损害"的涵盖范围。民事裁判排除由行为人自行修复生态环境产生的费用，仅计算由他人如政府承担的修复费用，不仅合乎法理，而且便于认定。刑事裁判全部修复费用均计入生态环境损害范围，固然更加契合刑事责任的追究原理，但是在司法实践中存在不利影响。

① 张继成：《价值判断是法律推理的灵魂》，载《北京科技大学学报（社会科学版）》2001 年第 1 期。
② 马克昌主编：《刑罚通论》，武汉大学出版社 2015 年版，第 8 页。
③ 民事赔偿可以带有惩罚性，但是第 1235 条的规定不应当具有这样的性质。

一方面，"自修复费用"计入生态环境损害不利于取证。从事实认定的角度来看，"自修复费用"实际上很难被查证。一般情况下，生态环境的修复无法一蹴而就，由此产生的修复费用不仅数额巨大且繁杂琐碎，因此通常需要经过复杂周密的计算才能够获得较为精准的数值。"环境污染危害后果具有多样性、潜伏性，查明环境污染危害行为与危害结果之间的因果关系，是个很大的难题。要准确评估环境污染对农作物、人畜、水产养殖的直接损害，对公众身体健康、动植物生存、水质污染以及周围环境的持久恶化的影响，一直到为清除污染、改善环境需要投入多少资金，进而计算出财产损失，需要较长时间。"① 加之有些零碎的花费可能无法及时入账，增添了计算数额的难度。此外，对于"自修复费用"，只有行为人自身最为清楚，也掌握着最为准确的证据资料。因此，即使侦查机关自行查证，最终很可能还是会依赖行为人主动提供相关资料。然而，在全部认定的模式下，"自修复费用"的多少直接影响生态环境损害数值的高低。基于逃避处罚的心理，行为人往往不会积极主动地全面提供相关证据材料。

另一方面，"自修复费用"计入生态环境损害不利于止损。刑民一体是生态环保类案件的显著特征，对于同一污染环境、破坏生态的行为，通常会同时追究刑事责任与民事责任。若以全部计费的方式认定刑事案件中的生态环境损害，则否定了行为人自行修复的意义。在这种情况下，即使行为人由于承担了很多修复工作而会减少民事赔偿责任，也都会受到几乎相同的刑事处罚。虽然《污染环境解释》第5条将自行修复作为从宽处理的考量因素②，但是并未给予行为人充足的出罪与出刑的可能。该规定中的"积极修复生态环境"并非独立的从宽事由，法官不能仅以该情节对行为人作出从宽处理，并且该规定是建立在全面认定修复费用的基础上，因此依然难以形成有效激励。尤其在行为人自行修复花费数额极为巨大且法官具有宽泛自由裁量权时，该规定的适用空间则更为狭窄。因此，在现有规定下，很难促使行为人主动

---

① 黄太云：《〈刑法修正案（八）〉解读（二）》，载《人民检察》2011年第7期。
② 参见《污染环境解释》第5条规定："实施刑法第三百三十八条、第三百三十九条规定的行为，刚达到应当追究刑事责任的标准，但行为人及时采取措施，防止损失扩大、消除污染，全部赔偿损失，积极修复生态环境，且系初犯，确有悔罪表现的，可以认定为情节轻微，不起诉或者免予刑事处罚；确有必要判处刑罚的，应当从宽处罚。"

修复生态环境，不利于及时制止生态环境的进一步损害。

三、刑事裁判中生态环境损害限缩解释的理论基础

将"自修复费用"计入生态环境损害既不利于取证也不利于止损，因此，是否需要调整刑事裁判中生态环境损害的认定范围，值得思考。从恢复生态环境的实践效果来看，若排除"他修复费用"，则行为人不自行修复也会获得从宽处理，因此不仅无法激励行为人修复，而且可能会产生相反效果。此外，"他修复费用"本身较为容易查证，所以基于可操作性的考量也无排除的必要。但是，无论从取证还是止损的角度看，排除"自修复费用"均具有积极作用。基于此，应当将刑事裁判中生态环境损害限缩解释为"他修复费用"。当然，进行限缩解释必须突破刑事责任性质的限制，而生态环保类案件的特殊性恰恰给予了理论突破的充分空间。

（一）生态环境物质法益的次要性

"独立的环境法益的内容包括但不限于传统法益即个人的生命、健康、财产等法益，由环境要素法益和环境管理秩序法益构成……独立的环境法益尤其是某些环境要素法益以及由环境要素组成的环境系统法益等难以用传统的方式衡量，如森林防止水土流失、稳定和改善气候、涵养水源等生态价值无法用金钱衡量。"[①] 生态环境法益具有双重属性[②]，即物质法益与功能法益，前者涉及生态环境中的动植物以及山川、河流、树木等物质性要素，后者涉及生态环境中的这些物质能够给人类带来的效益。物质法益与功能法益的区分在相关规范中也有明确体现。例如，2022 年生态环境部、最高人民法院、最高人民检察院、科技部、公安部、司法部、财政部、自然资源部、住房和城乡建设部、水利部、农业农村部、卫生健康委、市场监管总局、林草局发

---

① 张继钢：《环境法益之独立、内涵及贯彻》，载《南海法学》2019 年第 4 期。
② 有学者做出了类似的分类，认为环境法律行为一般包括环境污染行为、资源利用行为和生态破坏行为，它们对应的客体分别是环境容量、环境实物和环境功能，由此进一步从环境法律行为对应的客体的角度将环境法益划分为容量环境法益、实物环境法益和功能环境法益。参见焦琰：《论作为环境法学核心范畴的环境法益》，载《西北大学学报（哲学社会科学版）》2022 年第 5 期。

布的《生态环境损害赔偿管理规定》第 4 条第 1 款所指出的环境要素与生物要素不利改变反映的正是生态环境的物质法益，而生态系统功能退化反映的则是生态环境的功能法益。① 虽然物质法益与功能法益对于生态环境法益均不可或缺，但是二者也存在主次之分。之所以强化对生态环境的保护，主要原因是良好的生态环境更加有利于人类生存发展，而恶劣的生态环境则会给人类的生存发展造成损害。即使危害行为给生态环境中的有机生物与无机环境造成了损害，但是这种损害不会给人类的生存发展造成威胁，而缺乏规制与惩罚的必要。因此，在生态环境法益中，相较于物质法益，与人类生存发展联系更为直接的功能法益更为重要。从生态环境损害角度来看，"费用类损害"衡量的是行为人对物质法益的损害，"功能类损害"反映的则是行为人对功能法益的损害。基于此，为了突出功能法益，不宜一揽子地认定"费用类损害"而过分地强调物质法益。将"自修复费用"排除在刑事案件生态环境损害之外能够弱化物质法益，从而更加凸显功能法益的重要性，更加契合保护生态环境的刑事政策目的。

（二）生态环境功能恢复的紧迫性

危害的可持续性是生态环保类案件的显著特征。在一般的刑事案件中，当危害行为结束时，通常不会造成进一步损害。例如，在盗窃、抢夺等普通侵财类案件中，当行为人实施完毕犯罪行为离开现场后，被害人的财产损失将会被锁定。但是，在生态环保类案件中，生态环境损害往往不会因为危害行为的结束戛然而止。生态环境表现为诸多生物和非生物要素有机结合的统一体，每一个生态系统都具有自身的运转机制，都拥有抵抗外部影响的能力。在污染环境与破坏生态行为较为轻缓的情况下，生态系统的正常运转机制不会遭受到根本性破坏，生态环境尚能够通过自我调节恢复原状。然而，当生态环境遭受到较为严重的污染与破坏时，生态系统将会遭受到结构性损坏，

---

① 参见 2022 年生态环境部、最高人民法院、最高人民检察院、科技部、公安部、司法部、财政部、自然资源部、住房和城乡建设部、水利部、农业农村部、卫生健康委、市场监管总局、林草局发布的《生态环境损害赔偿管理规定》第 4 条第 1 款规定："本规定所称生态环境损害，是指因污染环境、破坏生态造成大气、地表水、地下水、土壤、森林等环境要素和植物、动物、微生物等生物要素的不利改变，以及上述要素构成的生态系统功能退化。"

生态环境难以依靠自己的力量恢复到损害前的状态。在这种情况下，虽然危害行为已经实施完毕，但是由于无法恢复正常的运转机制，生态环境损害将会随着时间的推移而不断累加。因此，在办理生态环保类案件时，对于犯罪分子给予严厉的刑事处罚固然重要，但更为关键的是尽快恢复生态环境，防止损失的进一步扩大。从社会治理角度看，虽然严厉惩治了犯罪分子，实现了罪刑报应，完成了追究刑事责任的基本任务，但是对恢复生态环境的忽视表明社会治理的最终任务尚未完成。当然，能够对犯罪分子施以公平公正的刑事处罚已经展现出了一个合格的刑事裁判，不过，若能够在严惩犯罪分子的同时对恢复社会关系作出应有贡献，则刑事司法实践价值将会被提升至新的高度。因此，强调恢复性司法理念似乎对生态环保类案件的裁判具有积极意义。"传统的刑事司法，不论是报应刑还是目的刑或者两者兼顾的刑罚理论，都没有放弃刑罚，都坚持刑罚是预防和制裁的必要手段，而恢复性司法则比较彻底地改变了对刑罚的看法，不再将希望寄托在刑罚之上，而是在刑罚之外另寻真正的替代措施。"① 恢复性司法的理念更加契合生态环保类案件的审理需求，"也只有通过开展恢复性司法，才能促使被损害的环境得到及时有效的修复，从而实现刑事法律惩罚犯罪与保护生态环境的双重目的"。② 实务部门早已经关注生态修复的重要性，强调通过协调各类法律责任来突出生态修复的核心地位。③ 基于此，在生态环保类案件中，刑事司法裁判应当更加注重对生态环境的修复。在认定生态环境损害中的"修复类损害"时，排除"自修复费用"正是对传统刑事司法惩罚性理念的弱化，同时将生态环境修复置于更高位阶，有利于防止损害的进一步扩大。如此，生态环保类案件中的刑事裁判不仅会在刑事领域发挥作用，而且还会在社会治理的宏观层面产生积极影响。

---

① 刘东根：《恢复性司法及其借鉴意义》，载《环球法律评论》2006 年第 2 期。
② 李灿：《污染环境犯罪惩治的恢复性司法模式》，载《刑事法评论》2021 年第 1 期。
③ 例如，2016 年最高人民法院《关于充分发挥审判职能作用为推进生态文明建设与绿色发展提供司法服务和保障的意见》指出："落实以生态环境修复为中心的损害救济制度，统筹适用刑事、民事、行政责任，最大限度修复生态环境。"

（三）生态环境刑事保护的审慎性

刑事手段对于行为人基本权利的限制与剥夺具有最高的强制性，因此在介入犯罪治理时应当保持谦抑姿态。若通过非刑事手段能够有效实现犯罪治理，则无须动用刑事手段，即使需要对行为人判处刑罚，也应当保持理性与克制。在生态环保类案件中，刑事责任的追究应当更加审慎。实践中，令实务人员最为纠结的往往不是法律的适用，而是对案件事实的查证。尤其在污染环境案件中，由于污染的形成时间较长且机制复杂，导致污染行为与污染结果之间的因果关系很难被查证。我国在污染环境犯罪因果关系证明取证上表现出突出的证据收集和证据空缺难题，具体体现在："（1）一些环境污染行为及犯罪活动难以查证，具有很强的隐蔽性。（2）当地群众的法律意识尤其是证据意识不足，难以在涉及污染环境犯罪及其因果关系的证据收集中发挥证人的作用。（3）这种证明中取证难的问题还表现在环境行政执法证据与刑事司法证据之间的衔接和使用转化方面。"① 为了解决认定的阻碍，刑事立法已经作出回应，将污染环境罪由结果犯修改为危险犯，即不需要证明污染行为与污染结果之间具有因果关系，也可成立犯罪。虽然此种方式在一定程度上有效解决了实践问题，但是降低认定难度的同时必然降低了惩罚的正当性。与结果犯相比，危险犯的设置方式毕竟是在行为尚未造成现实损害的情况下给予处罚，存在处罚不合理的可能。因此，前置处罚时点时应当缩小处罚范围，如此才能够最大限度地降低错判风险。在这种情况下，行为人所修复的生态环境可能并非完全是其损害的生态环境，所以有必要限缩"修复类损害"的认定范围，以防止对行为造成过度的惩罚。此外，《民法典》第 1232 条规定了针对生态环境侵权行为的惩罚性赔偿，即"侵权人违反法律规定故意污染环境、破坏生态造成严重后果的，被侵权人有权请求相应的惩罚性赔偿"。可见，作为非刑事手段的民事手段，已经突破性地对污染环境、破坏生态的行为设置了惩罚性措施，更加降低了刑事手段过分介入生态环境保护的必要性。

---

① 杨继文：《污染环境犯罪因果关系证明实证分析》，载《法商研究》2020 年第 2 期。

四、生态环境损害司法限缩下的出罪思路

在对生态环境损害限缩解释的情况下，行为人必然会拥有更多的出罪可能，而如何合理地控制出罪的限度需要进一步斟酌。在限缩解释下，行为人所造成的生态环境损害将会因为"自修复费用"的排除而减少，因此会有更多的污染环境、破坏生态行为达不到"造成生态环境严重损害"的标准而不构成犯罪。与宽泛解释相比，入罪行为数量的减少也是犯罪成立意义上"出罪"的表现。在此基础上，应当更加突出恢复生态环境的重要性，将"积极修复"作为独立适用《刑法》第13条免罪与第37条免刑的条件，以此激励犯罪分子更加主动地承担修复责任。对此，应当充分遵循宽严相济基本刑事政策的要求，既不可过度强调惩治而过分限缩出罪空间，也不可过度强调恢复而过分扩大出罪空间。详言之，若行为人没有积极修复，则一般不可免罪也不可免刑，若行为人进行了积极修复，则需进一步分析：若行为人所造成生态环境损害中"功能类损害"与"费用类损害"①的数值均较高，一般不可免罪也不可免刑；若行为人所造成生态环境损害中"功能类损害"的数值较高而"费用类损害"的数值较低，一般不可免罪但是可以适当免刑；若行为人所造成生态环境损害中"功能类损害"的数值较低而"费用类损害"的数值较高，可适当免罪但是一般可以免刑；若行为人所造成生态环境损害中"功能类损害"与"费用类损害"均较低，一般可免罪免刑。

---

① 在限缩解释下，刑事裁判中的"费用类损害"实际上是指"他修复费用"。

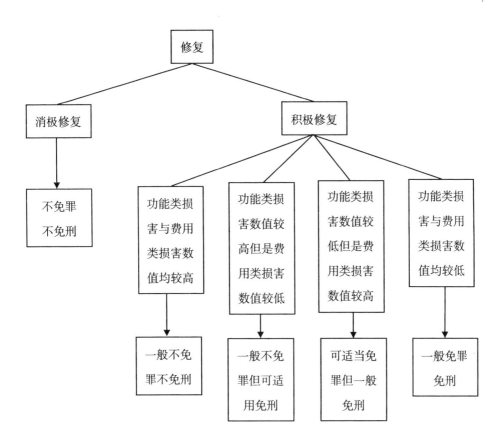

危害珍贵、濒危野生动物罪的
"明知"认定困境与法律调试

刘　琳*

（中国人民公安大学法学院）

摘　要：《刑法》第 341 条第 1 款明确规定了危害珍贵、濒危野生动物罪的构成要件与刑罚，而在我国司法实践中经常发生如何认定犯罪嫌疑人明知涉案动物是国家重点保护的珍贵、濒危野生动物的难题，珍贵、濒危野生动物范围本身的不确定与"明知"系刑法传统难题的两大原因。文章从我国司法实践现状入手，分析了立法对"明知"的立法溯源与法理溯源，提出了立法手段、司法手段、宣传手段多位一体的解决方法，更好地实现法律对野生动物的保护，以进一步加强生物多样性的司法保护。

关键词：野生动物；犯罪构成；明知；生物多样性

2019 年，全国法院共受理各类环境资源刑事一审案件 39957 件，审结 36733 件，判处罪犯 114633 人，收结案数同比 2018 年分别上升 50.9%、43.4%。其中，全国法院共受理非法猎捕、杀害珍贵、濒危野生动物罪案件 677 件，审结 639 件；受理非法收购、运输、出售珍贵、濒危野生动物及其制品罪案件 1644 件，审结 1449 件；受理非法狩猎罪案件 2314 件，审结 2265 件。[①] 2018 年，全国法院共受理环境资源刑事一审案件 26481 件，比 2017 年

---

*　刘琳，女，中国人民公安大学法学院讲师，硕士生导师。本文系国家重点研发计划项目"生态环保类案件智能审判与态势预警技术研究：生态环保类案件知识体系研究"（2020YFC0832701）的阶段性成果。

①　中华人民共和国最高人民法院编：《中国环境资源审判（2019）》，人民法院出版社 2020 年版，第 8 页。

增加 3752 件，上升 16.51%，共审结 25623 件，比 2017 年增加 1986 件，上升 13.19%。其中，涉环境污染罪受理 2295 件，审结 2067 件；涉非法猎捕、杀害珍贵、濒危野生动物罪受理 385 件，审结 387 件；涉非法收购、运输、出售珍贵、濒危野生动物及其制品罪受理 837 件，审结 829 件；涉非法狩猎罪受理 1476 件，审结 1473 件。① 野生动物相关的刑事案件正在逐年增多。

生物多样性保护不仅需要国际合作，也需要国内法律制度的系统构建；不仅需要行政法律制度体系的建设与完善，也需要推动生物多样性的司法保护。我国历来积极运用司法手段保护生物多样性，将生物多样性保护案件纳入专门化研究和审理范围，充分发挥环境公益诉讼对生物多样性的保护功能，而《刑法》第 341 条正是我国生物多样性司法保护的传统表现之一。

但与环境污染罪案件相比，与野生动物相关的刑事案件在环境资源刑事案件中占比较小。通过实地调访多地公安机关的环境犯罪侦查机构可知，与野生动物相关的刑事案件在环境资源刑事案件中占比较小的原因主要有两方面，一方面是案发原本就少的客观原因，另一方面则是危害珍贵、濒危野生动物罪案件在司法实践中面临着多种难点，如何认定犯罪嫌疑人明知涉案动物是国家重点保护的珍贵、濒危野生动物就是难点之一。要解决这一明知认定难题，首先就要明确野生动物的范围。深究这一"明知"认定困境，又有两方面成因，一是在传统刑法学中有一个共识，较之客观行为的认定，主观心态的认定更难，这是一个法学的传统难题；二是由于人类对环境科学认知的有限性，在危害珍贵、濒危野生动物罪案件的侦办过程中，面临野生动物范围问题、面临明知认定难题，不仅需要法学知识与能力，也需要环境科学等知识与能力的运用，因此需要综合性的解决方法。

一、危害珍贵、濒危野生动物罪案件的司法困境

《最高人民法院、最高人民检察院关于执行〈中华人民共和国刑法〉确定罪名的补充规定（七）》已于 2021 年 2 月 22 日由最高人民法院审判委员会第 1832 次会议、2021 年 2 月 26 日由最高人民检察院第十三届检察委员会第

① 中华人民共和国最高人民法院编：《中国环境资源审判（2017—2018）》，人民法院出版社 2019 年版，第 2 页。

六十三次会议通过，自 2021 年 3 月 1 日起施行，其确定了《刑法》第 341 条第 1 款所针对的犯罪罪名是"危害珍贵、濒危野生动物罪"。理论界与舆论对危害珍贵、濒危野生动物罪案件越发关注，而我国司法实践在侦办此类案件时经常遇到以下情况：

第一，宠物市场乱象仍然存在，公众对野生动物的认知不一。近年来我国越来越重视对野生动物类犯罪活动的打击与制裁，"没有买卖就没有杀戮"这一概念也深入人心，但除了通过社交网络等线上交易方式买卖野生动物的情况以外，在不少城市的花鸟鱼虫市场或宠物市场中仍然存在买卖珍贵、濒危野生动物的情况。司法实践中，经常遇到买方声称"在花鸟鱼虫市场买的，我没想到这个违法""我只是当作宠物来养，没有虐待野生动物，更没有致死野生动物""我在宠物市场买的，不知道买这个宠物是违法的"等情况，这也为我国司法实践中对野生动物类犯罪侦办工作带来了一定困难，尤其是"明知"的认定工作。

第二，野生动物的范围不够明晰，影响了对犯罪嫌疑人明知涉案动物是珍贵、濒危野生动物的认定。自 1997 年全面修订刑法以来，我国先后通过了十一个刑法修正案和十三个有关刑法的法律解释。其中，2020 年 12 月 26 日，十三届全国人大常委会第二十四次会议表决通过了《刑法修正案（十一）》，于 2021 年 3 月 1 日起施行。《刑法修正案（十一）》也对《刑法》第 341 条进行了修订，修订之后的第 341 条在规制野生动物类犯罪时，用到了"珍贵、濒危野生动物""珍贵、濒危野生动物及其制品""野生动物资源""在野外环境自然生长繁殖的陆生野生动物"的术语来限定该条法律的保护范围，限定了该罪名的犯罪对象。而《最高人民检察院、公安部关于公安机关管辖的刑事案件立案追诉标准的规定（一）》和《最高人民法院关于审理破坏野生动物资源刑事案件具体应用法律若干问题的解释》都明确规定了"刑法第三百四十一条第一款规定的'珍贵、濒危野生动物'，包括列入国家重点保护野生动物名录的国家一、二级保护野生动物，列入《濒危野生动植物种国际贸易公约》附录一、附录二的野生动物以及驯养繁殖的上述物种"。2021 年 2 月 5 日，调整后的《国家重点保护野生动物名录》正式向公众发布，其中，新增了 517 种/类的野生动物，也调整了 68 种野生动物的级别。但其中仍有一个问题有待解决，那就是，如何鉴别司法解释中所说的"驯养繁殖"。不论生物学是如何鉴别驯养繁殖与野生动物的区别，但受到现有科学手段的限制，科学鉴定方法还不足以判断所有物种中的某一只动物是野生还是人工繁育的。这也为司法实践中野生动物类犯罪的侦办工作带来了一定困难。

第三，"明知"较难取证认定。《刑法》第 341 条第 1 款规定："非法猎捕、杀害国家重点保护的珍贵、濒危野生动物的，或者非法收购、运输、出售国家重点保护的珍贵、濒危野生动物及其制品的，处五年以下有期徒刑或者拘役，并处罚金；情节严重的，处五年以上十年以下有期徒刑，并处罚金；情节特别严重的，处十年以上有期徒刑，并处罚金或者没收财产。"通说认为，由此条文可知此类罪名的犯罪构成的主观方面是故意，即明知涉案动物是珍贵、濒危野生动物而故意猎捕或杀害等。①

同时，在中国裁判文书网中搜索相关案例，也都会在判决书中看到"被告人杨某甲为购买蛇类进行饲养，通过互联网登录论坛获取野生蛇类的销售信息后，明知系国家重点保护的珍贵、濒危野生动物"②"被告人王某某明知是非法捕获的野生斑鸠，仍将上述 671 只野生斑鸠予以收购，转卖给被告人王某乙从中牟利。被告人王某乙明知是非法捕获的野生斑鸠，仍予收购"③"被告人苏某玲从事雀鸟销售多年，熟悉各种鸟类，在明知涉案鹦鹉为国家保护动物的情形下，为赚取高额利润，仍非法收购后出售"④"被告人蔡某武自 2017 年下半年开始，明知系国家重点保护的珍贵、濒危野生动物，仍在未获得野生动物行政主管部门或其授权的单位批准的情况下，利用计算机、手机，并通过聊天软件和电话联系等方式，向他人购进非洲灰鹦鹉、和尚鹦鹉、红脚陆龟、庙龟等野生动物……被告人刘某辉明知系国家重点保护的珍贵、濒危野生动物，仍在未获得野生动物行政主管部门或其授权的单位批准的情况

---

① 贾宇主编：《刑法学》，中国政法大学出版社 2017 年版，第 481 页。
② 杨某非法收购、运输、出售珍贵、濒危野生动物，珍贵、濒危野生动物制品罪，（2016）粤 5103 刑初 88 号刑事判决书。
③ 胡某某、贾某某非法狩猎罪，（2018）豫 1423 刑初 195 号刑事判决书。
④ 苏某玲非法收购、运输、出售珍贵、濒危野生动物，珍贵、濒危野生动物制品罪，（2018）粤 2072 刑初 2624 号刑事判决书。

下，在车站向一同案人购买了一只非洲灰鹦鹉，后饲养于其租住的出租屋内"① 等内容。也就是说，不论是立法条文还是司法实践，都对这类罪名有着认定"明知"的要求。

然而，这一要求在现实办案中却经常遭遇难题，往往会出现犯罪嫌疑人初到案时会承认自己知晓涉案动物是珍贵、濒危野生动物，但在犯罪嫌疑人取保候审等之后再进行讯问时就会矢口否认自己知晓涉案动物是珍贵、濒危野生动物。众所周知，法律中所说的"明知"是指已经知道或应该知道。从理论上来说，可以通过客观行为来论证主观心态，也就是说，除了犯罪嫌疑人的讯问笔录以外，可以通过收集其他证据来证明犯罪嫌疑人明知涉案动物是珍贵、濒危野生动物，例如，搜寻到犯罪嫌疑人线上交易过程中的某些文字、搜寻到犯罪嫌疑人在网络中搜索过涉案动物的相关网络痕迹。只是，这样的证据并不是在所有案件中都客观存在的，也不是在所有案件中都能搜寻到并成为案件证据的，因此，如何认定犯罪嫌疑人明知涉案动物是珍贵、濒危野生动物的这一"明知"认定难题就成了危害珍贵、濒危野生动物罪侦办工作中的主要困难之一。

二、"明知"认定困境的法学缘由

上文论述的这三种困境，既有受现有科学水平限制所带来的客观困难，也有法条设置所带来的司法困难，我国对任何犯罪的打击与制裁工作都不是以案件越多越好的态度来展开的，而是以实事求是、依法办案的原则展开相关工作的。因此，要剖析法条背后的立法目的与立法技术。

（一）"明知"规定的立法溯源

1. 危害珍贵、濒危野生动物罪为何要规定"明知"

显而易见，危害珍贵、濒危野生动物罪的"明知"要求来自我国《刑法》条文。《刑法》第 341 条第 1 款虽未将"明知涉案动物是珍贵、濒危野生

动物"直接写入法条原文，但显然这是个故意犯罪，而根据《刑法》第 14 条第 1 款规定："明知自己的行为会发生危害社会的结果，并且希望或者放任这种结果发生，因而构成犯罪的，是故意犯罪。"危害珍贵、濒危野生动物罪的前提就是犯罪对象是珍贵、濒危野生动物，因此，"明知涉案动物是珍贵、濒危野生动物"也就被囊括进危害珍贵、濒危野生动物罪的"故意犯罪"的内涵之中。

虽然我国《刑法》几经修改，但修改内容中关于危害珍贵、濒危野生动物罪所涉及的部分一直未涉及"明知"的相关内容，也就是说，"明知"要求是《刑法》对危害珍贵、濒危野生动物罪的从一而终的要求。除此之外也会发现，《最高人民检察院、公安部关于公安机关管辖的刑事案件立案追诉标准的规定（一）》等相关司法解释都未明确涉及危害珍贵、濒危野生动物罪的"明知"问题，即一直未将"明知"规定得更为直白明显，虽然"明知"要求早已成为案件侦办机关等司法实践环节所履行的要求；同时也未细化"明知"要求、未明确哪些情况可以被认为符合"明知"要求、未明确哪些情况被认为不符合"明知"要求。

那么，《刑法》第 341 条第 1 款为何要如此规定呢？为何要设置"明知"的要求？对这一问题的理解，笔者认为，可能性更大的原因是意图通过立法技术来控制危害珍贵、濒危野生动物罪的入罪门槛。《野生动物保护法》与《刑法》第 341 条都是对野生动物的保护，但对比就能发现这两部法律的法益侧重点是明显不同的，《野生动物保护法》第 1 条 "为了保护野生动物，拯救珍贵、濒危野生动物，维护生物多样性和生态平衡，推进生态文明建设，促进人与自然和谐共生，制定本法"开宗明义地表明了这部法律更侧重的是对野生动物的生态环境整体功能性与生态安全的保护，可以说，其保护的是生态法益，生态法益是依据宪法或一般人权保护准则确立的人在生态环境领域所享有的包括呼吸清洁空气、饮用清洁水源，在安宁、洁净的环境中生活，并可合理享有与利用自然环境或自然资源的权利或利益。[1] 而《刑法》对野生动物的保护更侧重的是对其资源法益与秩序法益的保护，危害珍贵、濒危

---

[1]　焦艳鹏：《生态文明保障的刑法机制》，载《中国社会科学》2017 年第 11 期。

野生动物罪被规定在了《刑法》第六章第六节中，其章、节名称分别是"第六章 妨害社会管理秩序罪"与"第六节 破坏环境资源保护罪"，这也再次凸显了《刑法》对野生动物保护的侧重点。

《刑法》这样的选择是无可厚非的，甚至是有必要的，这也更符合刑法谦抑性的要求。刑法的谦抑性，是指刑法应依据一定的规则控制处罚范围与处罚程度，即凡是其他法律足以抑制某种违法行为、足以保护合法权益时，就不要将其规定为犯罪；凡是适用较轻的制裁方法足以抑制某种犯罪行为、足以保护合法权益时，就不要规定较重的制裁方法。[①] 正是"明知"规定限制了危害珍贵、濒危野生动物罪的构罪范围，提高了危害珍贵、濒危野生动物罪的入罪门槛，结合其他犯罪构成要件实质上就是将与野生动物相关的违法行为分为两个层次，对一般的违法行为采用更为轻缓的民事法律责任与行政法律责任来进行处罚与教育，对较为严重的违法行为则采用相对严肃的刑事法律责任来制裁与教育。

2. 危害珍贵、濒危野生动物罪的犯罪对象为何包括驯养繁殖的动物

如前所述，《最高人民检察院、公安部关于公安机关管辖的刑事案件立案追诉标准的规定（一）》和《最高人民法院关于审理破坏野生动物资源刑事案件具体应用法律若干问题的解释》都明确规定了"刑法第三百四十一条第一款规定的'珍贵、濒危野生动物'，包括……野生动物以及驯养繁殖的上述物种"。如果说，"明知"规定更多的是出于谦抑性的考虑而限制、缩小了危害珍贵、濒危野生动物罪的构罪范围，那么，危害珍贵、濒危野生动物罪又将驯养繁殖的动物纳入了该罪的犯罪对象之中仿佛就显得不够谦抑了，实则不然，这当然也是经过了一系列审慎考虑而做的决定。

珍贵、濒危野生动物也包括驯养繁殖的动物，可能超出了一般公众的朴素认知，甚至这也成为司法实践中很多辩护人的辩护要点之一，但珍贵、濒危野生动物包括驯养繁殖动物是否超出了生物科学的意义或者说是否超出了生态功能的意义呢？答案是否定的。第一，生物学和法学对人工驯养和野生动物的定义本来就不完全一致，甚至说生物学本身对野生动物的定义也有着

---

① 张明楷：《论刑法的谦抑性》，载《法商研究》1995 年第 4 期。

不同的见解。第二，从基因的角度和司法鉴定的角度来说，现有技术无法甄别出某只具体动物属于野生还是驯养繁殖的，如果将驯养繁殖动物这一类型完全从危害珍贵、濒危野生动物罪中排除，那之后的这类案件可能都会遇到当事人以人工驯养为托词，毕竟技术手段也无法完整鉴定出来。第三，由于现有科学水平的限制，某些物种对于野生与驯养繁殖的界限是有待商榷的，例如，某些龟类的物种所说的驯养繁殖的类型，其实也只是对野生龟蛋进行人工孵化，并不是绝对意义上的人工驯养繁殖。第四，珍贵、濒危野生动物中是否应包括驯养繁殖动物的判断标准还应考虑这类罪名所保护的法益到底为何，如果法益主要是资源与秩序，那么危害珍贵、濒危野生动物罪当然应包括驯养繁殖动物，正如我国现行刑法所规定的；如果法益主要是生态法益，那么珍贵、濒危野生动物的范畴是否应包括驯养繁殖动物就要看某一具体物种的人工驯养繁殖的具体发展情况了。如果说这一物种已经通过人工驯养与繁殖摆脱了"濒危"等局面，那么这一物种的"珍贵、濒危野生动物"的范畴中就不该包括人工驯养繁殖的动物，当然这也需要野生动物名录的更新或者其他较为合法合理的方式作为司法依据；如果人工驯养与繁殖还未改变某一物种的"濒危"或"珍贵"地位，那么，这一物种的"珍贵、濒危野生动物"的范畴就应该包括人工驯养繁殖的动物。2006 年 3 月的《最高人民法院研究室关于收购、运输、出售部分人工驯养繁殖技术成熟的野生动物适用法律问题的复函》也如此认为："……彻底解决当前困境的办法，或者是尽快启动国家重点保护野生动物名录的修订工作，将一些实际已不再处于濒危状态的动物从名录中及时调整出去，同时将有的已处于濒危状态的动物增列进来；或者是在修订后司法解释中明确，对某些经人工驯养繁殖、数量已大大增多的野生动物，附表所列的定罪量刑数量标准，仅适用于真正意义上的野生动物，而不包括驯养繁殖的。"并且，2021 年 2 月 5 日所公布的调整后的《国家重点保护野生动物名录》也调整了 68 种野生动物的级别，在原名录所有物种均予以保留的基础上，将豺、长江江豚等 65 种由国家二级保护野生动物调整为国家一级；熊猴、北山羊、蟒蛇 3 种野生动物因种群稳定、分布较广，由国家一级保护野生动物调整为国家二级。第五，不论我国《刑法》中危害珍贵、濒危野生动物罪所保护的法益是资源与秩序还是生态，也不论犯罪嫌人或被告人是否有盈利的目的、是否有恶意，都不意味着买卖驯养繁殖的濒危、珍贵野生动物等行为是有利无害的。因为，这类行为既侵害了我国对野生动物资源的保护，也侵害了市场秩序，还可能会造成生态环境的功能性损害。

(二)"明知"规定的法理溯源

所谓的法理溯源，要解决的是"明知"规定的合理性问题，危害珍贵、濒危野生动物罪的"明知"规定是合理的。法谚有云："不知者不免责"，但危害珍贵、濒危野生动物罪的"明知"规定并不是对这一法谚或基本原则的违背。这是因为，一方面，"不知者不免责"本身就不是刑法的一项绝对原则，其准确的表述应当是，虽不知法律，但能知法律的不免责。[①] 也就是说，不是所有的"不知"都免责，不是所有的"不知"都能成为逃避法律责任的遮羞布。另一方面，"不知者不免责"其实是有逻辑前提的，那就是知法推定的前提，"不知者不免责"是以默认绝大多数人是知晓法律或应该知晓法律的，然而，这样的前提遭到了法律的复杂化与专业化以及法律数量的迅猛增长的考验，可以说这样的前提在某种程度上已经土崩瓦解了。

"明知"规定属于刑法中的违法性认识的问题，这也是刑法的理论难题之一。刑法中对生产、销售有毒、有害食品罪[②]与非法持有宣扬恐怖主义、极端主义物品罪[③]等犯罪行为的构成要件都规定了"明知"的要求，它们也有着相似的原因与正当性所在，其中，"明知"规定在危害珍贵、濒危野生动物罪乃至环境犯罪中都有着更为明显、更为强烈的必要性。这当然不是因为"不知者不罪"的古语，因为"不知者不罪"所针对的不是法律上的"知或不知"，也不是法律上的"罪或非罪"，其针对的是古时的礼节。之所以说，"明知"规定在危害珍贵、濒危野生动物罪乃至环境犯罪中都有着更为明显、更为强烈的必要性，主要是因为环境问题的特殊性。环境污染行为或生态破坏行为有时是不可避免的，甚至还会在客观上导致有益的结果，被认为具有

---

① 张明楷：《刑法格言的展开》，北京大学出版社 2013 年版，第 143 页。
② 《刑法》第 140 条。
③ 《刑法》第 120 条之六。

某种程度上的社会正当性，或是有被容许的危险。① 换句话说，环境污染行为或生态破坏行为具有一定的非难性甚至正当性，这也体现了环境犯罪的法定犯或行政犯属性。既然"不知法"不存在道德上的不正当性和道义上的非难可能性，又如何具有刑法这一"不得已的恶"发动的可能性和正当性？所以，"不知法"当然应予刑法上的免责处理。② 因此，面对危害珍贵、濒危野生动物罪乃至所有环境犯罪的法定犯或行政犯特性时，必须发挥"明知"规定的出罪功能，对危害珍贵、濒危野生动物罪的构成要件进行较为严格完整的规定，将"不知法"的情况排除出承担刑事法律责任的范畴，不构成故意仅成立过失，不构成刑事法律责任仅承担民事法律责任或行政法律责任即可，否则就失去了刑法的正当性，这也是刑法谦抑性之所在。

三、"明知"认定困境的法律调试

虽然前文已经论述了"明知"规定在危害珍贵、濒危野生动物罪中的合法性与合理性，但这并不代表在司法实践中可以放纵任何犯罪嫌疑人、被告人或其辩护人以此为逃脱法律责任的借口，仍需借助立法手段、司法手段、宣传手段等方式来完善"明知"规定的落实细节，从而避免本应受到法律制裁的犯罪嫌疑人或被告人以此为借口逃脱法律责任。

（一）立法手段

良好的法律执行必然以完整明晰的法律条文为前提。虽然我国现行《刑法》已经对危害珍贵、濒危野生动物罪进行了完整、明晰的规定，但由于"明知"属于主观方面的内容、相较客观事实更难以证明的情况，司法实践中更多的是依靠常识与其他证据来进行推定与推论。刑事推定犹如一条时光隧道，为司法人员认识发生在过去的案件事实，尤其是违法性认识等主观事实，提供了有效的证明方法。③ 因此，这就需要更为细节的司法解释来辅佐，笔者认为可以通过司法解释等来肯定刑事推定在危害珍贵、濒危野生动物罪的

---

① 刘琳：《环境法律责任承担方式的新发展》，中国社会科学出版社 2019 年版，第 186 页。
② 田宏杰：《走向现代刑法：违法性认识的规范展开》，载《政法论坛》2021 年第 1 期。
③ 田宏杰：《走向现代刑法：违法性认识的规范展开》，载《政法论坛》2021 年第 1 期。

"明知"认定过程中的应用，例如，1998 年公布实施的《最高人民法院、最高人民检察院、公安部、国家工商行政管理局关于依法查处盗窃、抢劫机动车案件的规定》第 17 条；2007 年公布实施的《最高人民法院、最高人民检察院关于办理与盗窃、抢劫、诈骗、抢夺机动车相关刑事案件具体应用法律若干问题的解释》第 6 条；2009 年公布实施的《最高人民法院关于审理洗钱等刑事案件具体应用法律若干问题的解释》第 1 条。

笔者认为，可以在危害珍贵、濒危野生动物罪相关司法解释中规定以下内容："具有下列情形之一的，可以认定被告人明知涉案物品系濒危、珍贵野生动物及其制品，但有证据证明确实不知道或确属被蒙骗的除外：（一）运输濒危、珍贵野生动物及其制品，没有正当理由收取明显高于市场的'运输费'的；（二）没有正当理由，通过非法途径运输或者买卖濒危、珍贵野生动物及其制品的；（三）没有合法有效的来历凭证；（四）从事相关动物买卖等职业六个月以上的；（五）被告人加入相关群组、贴吧等线上社交组织一年以上的；（六）其他可以认定行为人明知的情形。"

仍需强调的是，对于"明知"这样的主观心态方面的证明确实需要法官的论证与说理，更多的是通过裁判说理来实现对"明知"的认定。2018 年引起社会广泛讨论的"鹦鹉案"对"明知"的认定亦是如此。2016 年，王某向别人出售了 6 只自己饲养的鹦鹉，其中两只是受国际公约和法律保护的小金太阳鹦鹉。一审法院认定王某犯非法出售珍贵、濒危野生动物罪，判处其有期徒刑 5 年，王某不服提起上诉。2018 年 3 月 30 日下午，法院作出终审宣判，判处王某有期徒刑 2 年，并处罚金 3000 元。法院在认定"明知"时就考虑到了被告人王某不但具有自己孵化鹦鹉的能力，还经常与网友交流喂养心得，还有 45 只鹦鹉待售，显然知晓一定的鹦鹉相关知识，不可能不知道所养鹦鹉是国家保护动物。① "鹦鹉案"中被告人的情况其实也反映了实践中的这一类情况，很多经常饲养这类动物的人是有自己的社交圈的，社交圈中的人非常清楚法律的规定与执法的宽严，社交圈以外的人反而很少会知晓这类动物，更不会购买、饲养这类动物。因此，推定在认定危害珍贵、濒危野生动

---

① 参见广东省深圳市中级人民法院（2017）粤 03 刑终 1098 号刑事判决书。

物罪的"明知"中非常有必要,也很有实践意义。

(二)司法手段

考虑到危害珍贵、濒危野生动物罪"明知"规定的目的与功能,司法实践中既要重视犯罪嫌疑人或被告人供述的合理应用,加强认罪认罚从宽制度在危害珍贵、濒危野生动物罪案件中的应用,也应加强生态修复责任承担方式的应用,以认罪认罚从宽制度、生态修复责任承担方式等多种司法制度为依据,尽可能地减轻犯罪嫌疑人或被告人的顾虑,从而达到合理应用犯罪嫌疑人、被告人供述,解决"明知"认定困境。

第一,加强重视犯罪嫌疑人或被告人第一次询问笔录的真实性。行为人供述是判定"明知"的重要根据。如果行为人作出"明知"供述,并且其供述与相关证据在逻辑上具有自洽性,那么可以判定行为人在主观上系明知。即使行为人当庭翻供并以"不知"为由提出上诉,但不能出示证明自己确实"不知"的相关证据的,应当维持对"明知"的判定结论。①

第二,加强认罪认罚从宽制度在危害珍贵、濒危野生动物罪中的应用。2018年10月26日第十三届全国人民代表大会常务委员会第六次会议通过了《关于修改〈中华人民共和国刑事诉讼法〉的决定》,《刑事诉讼法》第15条明确规定了认罪认罚从宽制度,2019年10月24日,《最高人民法院、最高人民检察院、公安部、国家安全部、司法部关于适用认罪认罚从宽制度的指导意见》进一步规范了认罪认罚从宽制度。近两年来,这一制度已经开始发挥其作用与功能,但在环境犯罪中运用的效果有待提高,应将认罪认罚从宽制度继续贯穿于环境犯罪刑事诉讼的侦查、起诉、审判的各个阶段与全过程,这既有利于案件侦办的展开,也有利于实现环境教育的功能,更有利于保护生态环境与维护生态安全。

第三,加强生态修复责任在危害珍贵、濒危野生动物罪中的应用。危害珍贵、濒危野生动物罪乃至所有环境犯罪的司法实践中都离不开法律责任的承担,除了传统上已被熟知的有期徒刑、罚金等责任承担方式以外,还可以

---

① 姚树举:《刑法中"明知"的判定方法》,载《检察日报》2018年10月24日。

采用一些已被我国环境司法接纳的承担方式或者境外采用的某些较为合理的承担方式，例如，补植复绿、增殖放流、无害化处理土壤、治理污染、制订生态修复计划、整改违法行为、学习环境科学、学习环境法律知识、义务宣传等。这样的责任承担方式对于危害珍贵、濒危野生动物罪案件乃至环境犯罪案件来说更具有针对性，在执行上也更易完成，减轻犯罪嫌疑人、被告人的顾虑，还能够在制裁被告人的同时，更好地发挥出预防其再次违法犯罪的可能性，真正达到修复生态环境的目的。前文论及的"鹦鹉案"中，一审法院判决了王某五年的有期徒刑，二审法院考虑到比起通常的非法出售珍贵、濒危野生动物罪，基于被告人王某自养动物、出售数量较少，且是为家人治病而出售自养的鹦鹉等酌定情节，判处王某有期徒刑两年，并处罚金3000元。这样的判决也更易被接受，其体现了法官的人文关怀与智慧，如果此时还能辅以环境知识宣传等方式，相信能更好地达到刑事教育的功能。

（三）宣传手段

我国一向重视关于野生动物保护的宣传教育，"没有买卖就没有杀戮"的深入人心就是我国野生动物保护宣传的结果之一。在一定程度上，野生动物保护的宣传教育也能够对危害珍贵、濒危野生动物罪中的"明知"认定起到帮助作用。试想如果某个区域的宣传教育达到了一定的密度与强度，其实就可以推论长期工作、生活在此区域的公民没有不知道某种/类动物是濒危、珍贵野生动物的理由。听起来这似乎只是一种理想状态，但实则仍是具有较强的可能性的。举例来说，司法实践中极少遇到买卖、猎捕大熊猫及其制品的司法案件，不仅因为大熊猫本身极度稀缺、几乎无法对其实施犯罪行为，也是因为全国公众不论老幼都知晓大熊猫的稀缺性，都知晓大熊猫是濒危、珍贵野生动物，都知晓大熊猫及其制品是不能买卖、不能猎捕的。虽然，现代物流已经极大地缩短了商品与买方的距离，但野生动物类犯罪活动中的野生动物仍具有明显的区域性，也就是说，每个区域高发的濒危、珍贵野生动物物种是比较集中的。因此，可以通过法院公告、传媒广告、司法案例、新闻传播等方式，在某一时期对某一种或几种濒危、珍贵野生动物进行宣传教育，杜绝公众不知晓其是濒危、珍贵野生动物的可能性的发生。

危害珍贵、濒危野生动物案件的裁判特征研究

韩仁洁*

（中国人民公安大学法学院）

摘　要： 近年来，在保护珍贵、濒危野生动物方面，我国逐渐形成了行政保护、刑事保护、公益保护"三管齐下"的保护模式。通过对危害珍贵、濒危野生动物案件裁判文书样本进行分析后可以发现，此类案件呈现出一审量刑争议突出、附带民事公益部分诉讼请求单一、涉案野生动物评估标准不统一、二审启动条件和复核驳回原因集中等特点。在证据适用上，物证适用率低，笔录证据、鉴定意见适用率高是其显著特点。另外，此类案件待证事实较为明确。整体而言，危害珍贵、濒危野生动物案件司法认定过程中的难点主要集中于涉案野生动物认定难、量刑实质化程度存疑、程序规范化要求高三方面，未来需要通过改造量刑裁判程序、明确评估意见的鉴定意见属性、加强执法人员规范化培训回应相关问题。

关键词： 危害珍贵、濒危野生动物案件；野生动物价值评估；鉴定意见；量刑

保护和持久使用生物多样性一直是全球治理的重要命题。珍贵、濒危野生动物作为人类生存环境和生态系统的重要组成部分，对于维护生物多样性具有重要价值。而经验表明，人为因素是导致物种灭绝的主要原因。因此，有效预防和打击危害珍贵、濒危野生动物犯罪对于保护生态系统，维系人类生存和发展基础具有深远意义。

近年来，我国治理危害珍贵、濒危野生动物犯罪手段进一步强化、细化。

---

* 韩仁洁，女，中国人民公安大学法学院讲师。

首先，在综合治理方面，进一步强调政府责任。2022 年 12 月 30 日，十三届全国人大常委会第三十八次会议表决通过修订《野生动物保护法》，其中第 7 条第 2 款明确升级由县级以上地方人民政府对本行政区域内野生动物保护工作负责；第 8 条对各级人民政府野生动物保护具体工作事项进行扩充，增加了组织开展对相关从业人员法律法规和专业知识培训、依法公开野生动物保护和管理信息等工作内容。同时，一些社会企业也开始寻求与政府合作，尝试通过科技创新回应野生动物保护相关难题。其次，在行为定性方面，2021 年 3 月 1 日开始施行的《刑法修正案（十一）》在《刑法》第 341 条中增加第 3 款，明确对以食用为目的非法猎捕、收购、运输、出售在野外自然环境自然生长繁殖野生动物行为的打击要求。同时，由最高法、最高检联合发布、与《刑法修正案（十一）》同时开始施行的《关于执行〈中华人民共和国刑法〉确定罪名的补充规定（七）》正式确立危害珍贵、濒危野生动物罪，取消原相关罪名。2022 年 4 月 6 日，最高法、最高检联合发布《关于办理破坏野生动物资源刑事案件适用法律若干问题的解释》（以下简称《新解释》），以进一步回应实践需求。再次，在诉讼方式方面，伴随着环境公益诉讼的兴起，环境民事公益诉讼、环境行政公益诉讼、环境刑事附带民事公益诉讼都开始积极拓展在珍贵、濒危野生动物保护领域的应用，环境保护组织、检察机关等主体主动履行社会责任，积极参与野生动物保护过程，收效甚丰。最后，在预防和发现违法行为方面，新型科学技术逐渐成为野生动物保护工作的重要依托。例如，人工智能技术开始应用于追踪偷猎者；又如，网络技术发展不断丰富针对野生动物犯罪的取证手段；等等。整体而言，新时代背景下，珍贵、濒危野生动物保护工作的规范性不断增强，细化程度逐渐拓深，技术赋能导向明显，一方面，打击危害珍贵、濒危野生动物犯罪过程中的传统问题，可以期待出现新的解决方案；另一方面，变化过程中面临的新风险、新问题，也应当予以重视和回应。

一、危害珍贵、濒危野生动物案件实践考察

（一）治理方案：野生动物资源保护的法律手段

我国建立的是由行政机关与刑事司法机关共同开展野生动物资源保护的

二元保护体系，并辅之以一系列配套法规。① 野生动物资源保护主要依托于行政保护、刑事保护和公益保护三种手段。

野生动物资源行政保护的立法现状可总结为"一个核心，多维补充"，其中"一个核心"是指《野生动物保护法》，"多维补充"则是指根据《野生动物保护法》规定而制定的《陆生野生动物保护实施条例》和《水生野生动物保护实施条例》。② 从实践来看，2020 年，公安部、农业农村部、海关总署、市场监管总局、林草局等部门开展打击野生动物违规交易等专项执法行动，出动执法人员约 290 万人次、车辆约 35 万车次，办理野生动物违法案件 3792 起，收缴盗猎工具 6207 件，收缴野生动物约 12 万只（条、头）、野生动物制品约 5063 公斤，有力遏制了违法犯罪势头。③

野生动物资源刑事保护则主要依托刑法、相关司法解释等法律文件。如前所述，近年来，危害珍贵、濒危野生动物的行为范畴为刑法所调整，相应的罪名也有所变更，这一发展导向最早体现在 2020 年全国人大常委会制定公布的《关于全面禁止非法野生动物交易、革除滥食野生动物陋习、切实保障人民群众生命健康安全的决定》中（以下简称《决定》）。检察机关公布数据显示，《决定》发布当年，前三季度检察机关起诉破坏野生动物资源犯罪增长趋势明显：2020 年 1 月至 9 月，全国检察机关共起诉破坏野生动物资源犯罪 15154 人，同比上升 66.2%。其中，非法狩猎罪 3769 人，非法收购、运输、出售珍贵、濒危野生动物及珍贵、濒危野生动物制品罪 3007 人，非法猎捕、杀害珍贵、濒危野生动物罪 1131 人，走私珍贵动物、珍贵动物制品罪 273 人。④

野生动物资源公益保护则主要借力环境公益诉讼的拓展与深入。目前以公益诉讼方式探索保护野生动物资源主要立足于三点：一是在追究涉罪人员刑事责任时可以提起附带民事公益诉讼；二是针对没有构成犯罪的破坏野生

① 北京市朝阳区人民检察院课题组：《破坏野生动物资源犯罪实务问题研究》，载《中国检察官》2022 年第 7 期。

② 参见刘凯：《野生动物资源刑事保护研究》，载《行政与法》2020 年第 6 期。

③ 参见国务院《关于研究处理〈全国人民代表大会常务委员会关于全面禁止非法野生动物交易、革除滥食野生动物陋习、切实保障人民群众生命健康安全的决定〉和〈中华人民共和国野生动物保护法〉执法检查报告及审议意见情况的报告》。

④ 参见闫晶晶：《最高检发布前三季度检察机关起诉破坏野生动物资源犯罪数据》，载正义网，http：//news.jcrb.com/jsxw/2020/202011/t20201110_2222047.html，2023 年 9 月 26 日访问。

动物资源行为单独提起民事公益诉讼；三是依据前述行政法规，对承担野生动物保护具体工作或监管职责的行政机关提起行政公益诉讼。对此，司法实践已积累了十分丰富的经验：2020 年 2 月 28 日最高检发布 6 起检察机关野生动物保护公益诉讼典型案例，其中包括 3 起刑事附带民事公益诉讼案件、3 起行政公益诉讼案件；2021 年 10 月 9 日，最高检发布 14 起生物多样性保护公益诉讼典型案例，其中包括涉野生动物资源保护民事公益诉讼案件 2 例、刑事附带民事公益诉讼案件 2 例、行政公益诉讼案件 2 例；2022 年 12 月 5 日，最高法发布 15 起生物多样性司法保护专题典型案例，其中包括涉野生动物资源民事公益诉讼案件 2 例。

（二）实践考察：危害珍贵、濒危野生动物案件的样本分析

为对危害珍贵、濒危野生动物案件处理情况形成更为深入的认识与了解，笔者通过中国裁判文书网，以"危害珍贵、濒危野生动物"为关键词进行检索，共收集到 2022 年 1 月 1 日至 2022 年 11 月 30 日的文书 104 份（包括 70 份判决书、21 份裁定书、10 份通知书、2 份决定书和 1 份调解书），剔除无效样本①后，共筛选出有效样本 86 份。样本文书包括 50 份刑事判决书、19 份刑事裁定书、14 份刑事附带民事判决书、2 份民事判决书、1 份刑事附带民事裁定书。在本文研究过程中，主要将刑事案件作为研究对象，部分参考民事案件样本。

通过对样本信息进行整理，可以发现，样本期间危害珍贵、濒危野生动物案件主要分布在 17 个省级地区，审理此类案件最多的省份是湖南省和辽宁省，各分别审理 14 起案件。从审级来看，样本案件包括一审案件 80 起，二审案件 4 起，在法定刑以下量刑提交法院复核案件 2 起。

1. 危害珍贵、濒危野生动物案件样本中的裁判要点。

（1）一审刑事部分。

样本中共有一般刑事案件 69 起、刑事附带民事公益诉讼案件 15 起。样

---

① 包括无法为本项研究提供有用信息的 1 份调解书，2 份指定管辖决定书，10 份通知书，4 份虽出现"危害珍贵、濒危野生动物"字眼但实际内容与此类案件无关的判决书，1 份减刑变更裁定书。

本案件信息显示，在危害珍贵、濒危野生动物案件刑事部分，检察机关主要通过提交案件相关证据材料，提请法院以危害珍贵、濒危野生动物罪罪名对被告人定罪，同时对具体量刑情节分别向法院作出说明，出具量刑建议的方式发表起诉意见。这一部分的裁判要点主要集中于控辩双方的争议部分，大多体现在辩护意见方面。样本中有 21 份文书对辩护意见内容进行了记载，且裁判理由部分对辩护意见做出了回应。

21 个案件中辩护人发表意见均涉及量刑问题，其中，14 个案件中的量刑辩护意见被法官查明属实后全部采纳，3 个案件中的量刑辩护意见被法官否定，4 个案件中的量刑辩护意见被法官部分采纳。法官全部或部分拒绝采纳量刑辩护意见的原因可以划分为以下三点：一是辩方对案件事实存在错误认识。例如，对于被告人是否构罪[①]、是否应当予以追究刑事责任[②]，辩方存在不同认识；又如，辩方认为应当将犯罪定性为共同犯罪，并在此基础上确定被告人从犯身份，而法官综合全案证据后予以否定；[③] 再如，辩方认为被告人同一行为触犯两个罪名，构成想象竞合犯，应择一罪从重处罚，而法官判决数罪并罚。[④] 二是辩方对其他量刑情节把握不当。例如，辩方向法庭提交用以证明被告人家庭困难、品行端正等方面的证据，以期获得量刑上的优待，法官则认为前述证据与案件无关联，不予采信；[⑤] 但类似的辩护意见在另一起案件中被支持；[⑥] 又如，对坦白、立功等量刑情节认识错误。在孙某危害珍贵、濒危野生动物案件中，辩护人就曾提出被追诉人存在"如实供述犯罪事实"和"劝说同监室人员交代同案犯"的行为，但法官在查明事实后指出，"孙某到案后仅如实供述了向魏某贩卖犀牛角制品的事实，未能及时如实供述指控的主要犯罪事实，不构成坦白"，"现有证据不能证实孙某有劝说同监室人员交

---

① 参见湖南省湘乡市人民法院（2022）湘 0381 刑初 303 号刑事判决书。

② 参见北京市昌平区人民法院（2021）京 0114 刑初 1770 号刑事判决书、辽宁省沈阳市浑南区人民法院（2021）辽 0112 刑初 772 号刑事判决书。

③ 参见四川省盐边县人民法院（2022）川 0422 刑初 110 号刑事判决书、四川省盐边县人民法院（2022）川 0422 刑初 102 号刑事判决书。

④ 参见甘肃省白银市平川区人民法院（2022）甘 0403 刑初 3 号刑事判决书。

⑤ 参见四川省盐边县人民法院（2022）川 0422 刑初 84 号刑事附带民事判决书、湖南省湘乡市人民法院（2022）湘 0381 刑初 303 号刑事判决书。

⑥ 参见辽宁省沈阳市浑南区人民法院（2022）辽 0112 刑初 18 号刑事判决书。

代同案犯的行为，而且根据法律规定，劝说同监室人员如实供述其自己同案犯的行为亦不属于法律规定的立功行为"，故相关辩护意见法院不予支持。① 三是辩方指出的证据瑕疵为控方所补正。② 样本案件中被法官采纳的辩护意见大多集中于量刑方面，但在马某危害珍贵、濒危野生动物案中，针对辩方提出的有关交易金额认定方面的异议，该案法官在审查后认定涉案金额相关证据不足，并在此基础上作出有利于被告人的判决。③

（2）一审附带民事公益部分。

在危害珍贵、濒危野生动物案附带民事公益部分，裁判要点主要在于对附带民事公益诉讼请求的审查。通过对 14 份刑事附带民事公益诉讼判决书④相关信息进行梳理（见表 1），可以发现，尽管对于生态环保类案件，目前我国确定了包括停止侵害、排除妨碍、消除危险、修复生态环境、赔偿损失、赔礼道歉等民事责任承担形式，但司法实践中针对危害珍贵、濒危野生动物类犯罪主要集中于两种附带民事公益诉讼请求：一是诉请法院判决被告人承担生态损害赔偿责任，14 个样本案件均存在此类诉讼请求；二是诉请法院判令被告人就危害珍贵、濒危野生动物行为进行公开道歉，10 个样本案件均存在此类诉讼请求。

危害珍贵、濒危野生动物案中的赔偿责任履行主要通过支付赔偿金的方式予以实现。从样本案件来看，赔偿金给付过程中主要涉及赔偿金额范围的确定以及赔偿金额评估两个关键问题。

《最高人民法院关于审理环境民事公益诉讼案件适用法律若干问题的解释》第 20～24 条对赔偿范围进行规定，明确原告方可诉请赔偿范围包括生态环境修复费用，生态环境损失（包括受损至修复期功能丧失导致的损失和生态环境功能永久性损害造成的损失），生态环境损害调查、鉴定评估等费用，清除污染以及防止损害的发生和扩大所支出的合理费用，合理的律师费以及为诉讼支出的其他合理费用。但从样本情况来看，危害珍贵、濒危野生动物

---

① 参见北京市昌平区人民法院（2021）京 0114 刑初 1440 号刑事判决书。
② 参见湖南省湘乡市人民法院（2022）湘 0381 刑初 303 号刑事判决书。
③ 参见山东省烟台市莱山区人民法院（2022）鲁 0613 刑初 24 号刑事判决书。
④ 样本中有 15 份刑事附带民事公益诉讼裁判文书，但其中一份为"准许撤回起诉、撤回附带民事公益诉讼"裁定书，与此部分研究无关，故未计算入内。

案件中刑事附带民事公益诉讼原告人请求赔偿范围具有一定的局限性：14 个样本中，请求判令赔偿生态环境损失样本 11 个，请求判令支付生态环保修复费用样本 4 个，请求判令承担鉴定评估费用样本仅 1 个。

样本案件暴露出在赔偿金额评估方面存在两方面突出问题，一是评估标准不一，主要集中于是否将野生动物活体纳入赔偿考虑范围。如样本中有两起在禁猎区、禁猎期采用诱捕方法（禁用工具、方法）捕猎画眉鸟的案件，均由湖南管辖法院审理。在一起案件中，查明被告人共非法猎捕受保护鸟类14 只，其中 6 只画眉鸟死亡。此案根据《野生动物及其制品价值评估办法》第 4 条第 1 项"国家二级保护野生动物，按照所列野生动物基准价值的五倍核算"之规定，确定被告人非法狩猎行为造成野生动物 6 只画眉鸟死亡的动物资源损失 30000 元（画眉基准价值为 1000 元/只，6×1000×5），并以此作为诉请赔偿标准，另外 4 只画眉鸟活体和 4 只省重点保护野生动物棕头鸦雀活体并未纳入损害考虑范围。① 但在另一起案件中，被告人非法狩猎 3 只画眉鸟，此案鉴定主体湖南省野生动物专家评估认为，被告人行为虽然没有造成画眉鸟死亡，但猎捕行为已造成画眉鸟离开猎捕地，对生态环境造成了一定的损失，建议损失的价值按照画眉价值的 10%计算，即 1500 元（3×1000×5×10%），以此划定生态环境建议修复/替代修复费用标准。② 由此可见，在同一省级管辖地区，尽管案情相似，但在评估赔偿金额时，野生动物活体是否被考虑在内，各地做法不一。样本中大量案件均未对野生动物活体主张赔偿，主张赔偿的案件有些以"生态环境修复费用"的名目提出③，有些按照活体经济价值以"生态环境损害"的名目提出④，有些则按照低于活体经济价值的价格以"生态环境损害"的名目提出。⑤ 二是赔偿费用细化程度不够。部分样本案件裁判文书显示，赔偿费用如何确定说理不清。例如，在前述 6 只画眉鸟死亡案件中，尽管评估认为动物资源损失 30000 元，但最终刑事附带民事公益诉讼原告人请求被告人承担"损失费和修复费 30000 元"，对于修复

---

① 参见湖南省郴州市苏仙区人民法院（2022）湘 1003 刑初 91 号刑事附带民事判决书。
② 参见湖南省长沙市岳麓区人民法院（2022）湘 0104 刑初 280 号刑事附带民事判决书。
③ 参见江西省金溪县人民法院（2022）赣 1027 刑初 37 号刑事附带民事判决书。
④ 参见湖南省新邵县人民法院（2021）湘 0522 刑初 523 号刑事附带民事判决书。
⑤ 参见北京市朝阳区人民法院（2022）京 0105 刑初 298 号刑事附带民事判决书。

费和损失费各自占比多少、修复费对应修复方案、修复具体方式均未释明。①

样本案件中"赔礼道歉"责任承担的具体形式也存在较大差异，主要体现在道歉的公开性方面。这里的 14 个样本案件均为基层人民法院审理案件，但判令公开赔礼道歉的 10 个样本中，有 1 个案件要求被告人在县级以上新闻媒体向公众赔礼道歉，有 4 个案件要求被告人在市级以上新闻媒体公开道歉（其中有 1 个案件明确限制区域为攀枝花市级媒体），有 5 个案件要求被告人在省级以上新闻媒体公开道歉。

此外，如表 1 所示，大量案件在进入庭审阶段前，附带民事公益诉讼请求部分就已得到被告人确认和履行；在庭审过程中，附带民事诉讼请求都能够获得法庭支持。由此，不得不让人产生疑问，在庭审环节，法官对于附带民事公益诉讼部分究竟是进行实质审理还是仅作形式确认呢？被告人提前履行附带民事公益诉讼请求中确定的赔偿、修复、道歉义务是否会对其刑事部分的定罪量刑产生影响呢？

表 1　刑事附带民事公益诉讼请求信息汇总表

序号	案件编号	案情摘要	附带民事公益诉讼请求	判决前是否履行	判决是否支持	刑事责任是否追究
1	（2021）湘 0522 刑初 523 号	非法捕捉 3 只虎纹蛙（国家二级保护水生野生动物）、9 只黑斑蛙（国家"三有"保护水生野生动物物种）、18 只沼蛙（国家"三有"② 保护两栖类野生动物）	赔偿生态环境损失 4200 元	已履行	是	是
2	（2021）粤 0783 刑初 647 号	为饲养目的收购 2 条蜥蜴，后因饲养不当，2 条蜥蜴相继死亡。2 条蜥蜴均被列入《濒危野生动植物种国际贸易公约》（CITES）附录二	赔偿野生动物资源及生态损害 3000 元	已履行	是	是

① 参见湖南省郴州市苏仙区人民法院（2022）湘 1003 刑初 91 号刑事附带民事判决书。
② 有益、有重要经济价值、有科学研究价值。

续表

序号	案件编号	案情摘要	附带民事公益诉讼请求	判决前是否履行	判决是否支持	刑事责任是否追究
3	（2022）湘0991刑初12号	非法猎捕1只短耳鸮（国家二级保护陆生野生动物）、4只有绿翅鸭（湖南省重点保护陆生野生动物）、2只朱颈斑鸠（湖南省重点保护陆生野生动物）、1只黄腹鼬（湖南省重点保护陆生野生动物）、1只大麻鳽；有绿翅鸭、朱颈斑鸠、黄腹鼬、大麻鳽属于国家"三有"陆生野生动物；1只大麻鳽、1只黄腹鼬为死体	1. 承担危害珍贵、濒危野生动物和非法狩猎对野生动物资源造成的损害1300元；2. 在市级新闻媒体上就野生动物资源保护一事公开赔礼道歉	未履行	是	是
4	（2022）湘1223刑初70号	非法收购、出售1只雀鹰（国家重点二级保护动物）	1. 连带支付生态损害修复费用25000元；2. 在县级以上新闻媒体向社会公众赔礼道歉	未履行	是	是
5	（2022）湘1003刑初91号	在禁猎期、禁猎区猎捕了10只画眉鸟（国家二级保护野生动物）、4只棕头鸦雀（湖南省重点保护野生动物），其中导致6只画眉鸟死亡	连带承担赔偿因非法猎捕野生动物侵权行为造成国家野生动物资源损失费和修复费30000元	已履行	是	是

续表

序号	案件编号	案情摘要	附带民事公益诉讼请求	判决前是否履行	判决是否支持	刑事责任是否追究
6	（2022）湘0104刑初280号	在禁猎区、禁猎期使用禁用的工具狩猎4只画眉鸟（国家二级重点保护野生动物）	1. 连带承担生态环境修复费1500元；2. 连带承担鉴定评估费用3000元；3. 在市级以上媒体公开赔礼道歉	1.2. 已履行；3. 未履行	是	是
7	（2022）京0105刑初294号	非法猎捕2只雀形目鸫科蓝喉歌鸲（活体1只，死体1只），3只雀形目鸫科红喉歌鸲（活体2只，死体1只），均系国家二级重点保护野生动物；2只雀形目燕雀科燕雀（均为死体），3只雀形目柳莺科极北柳莺（活体1只，死体2只），2只雀形目鹀科小鹀（活体1只，死体1只），2只雀形目鹀科栗耳鹀（均为活体），1只雀形目鹀科栗鹀（活体），均系国家"三有"保护动物；1只雀形目鹡鸰科黄腹鹨（死体），1只雀形目扇尾莺科棕扇尾莺（活体），均无保护级别	1. 承担野生动物资源损失4500元；2. 在省级以上新闻媒体对其破坏生物多样性和生态环境的行为公开赔礼道歉	未履行	是	是

续表

序号	案件编号	案情摘要	附带民事公益诉讼请求	判决前是否履行	判决是否支持	刑事责任是否追究
8	（2022）京 0105 刑初 298 号	非法出售 1 只鹟科红喉歌鸲（国家二级重点保护野生动物）	1. 赔偿国家野生动物生态资源损失 500 元； 2. 在省级以上新闻媒体对其危害珍贵、濒危野生动物的行为公开赔礼道歉	未履行	是	是
9	（2022）辽 0112 刑初 350 号	非法出售 2 袋穿山甲鳞片（国家一级重点保护野生动物）；2017 只海马干制品（国家二级重点保护水生野生动物）	1. 赔偿因非法收购珍贵、濒危野生动物制品导致野生动物资源损失 141384 元； 2. 在省级以上媒体就非法收购珍贵、濒危野生动物制品行为向公众赔礼道歉	已履行	是	是
10	（2022）辽 0112 刑初 46 号	非法收购象牙制品（国家重点保护的珍贵、濒危野生动物制品）	1. 赔偿因非法收购珍贵、濒危野生动物制品导致野生动物资源损失 1041 元； 2. 在省级以上媒体就非法收购珍贵、濒危野生动物制品行为向公众赔礼道歉	已履行	是	是

序号	案件编号	案情摘要	附带民事公益诉讼请求	判决前是否履行	判决是否支持	刑事责任是否追究
11	（2022）辽0112刑初45号	非法收购象牙制品（国家重点保护的珍贵、濒危野生动物制品）	1. 赔偿因非法收购珍贵、濒危野生动物制品导致野生动物资源损失1582元；2. 在省级以上媒体就非法收购珍贵、濒危野生动物制品行为向公众赔礼道歉	已履行	是	是
12	（2022）粤0705刑初25号	为饲养目的非法收购2只苏卡达陆龟［被列入《濒危野生动植物种国际贸易公约》（CITES）附录二］，其中1只在饲养过程中死亡	1. 支付侵权赔偿款2500元；2. 在市级以上媒体公开赔礼道歉	未履行	是	是
13	（2022）赣1027刑初37号	非法出售、收购5只雕鸮（国家二级保护野生动物）	赔偿生态修复金75000元	已履行	是	
14	（2022）川0422刑初84号	非法猎捕4只缅甸斑羚（国家二级重点保护野生动物），并将其中3只予以出售	1. 赔偿其非法猎捕的4只斑羚经济价值共200000元；2. 在攀枝花市市级媒体公开赔礼道歉	1. 已履行	是	是

（3）二审/复核部分。

样本包括上诉案件4件和在法定刑以下量刑提交法院复核案件2件。如表2所示，4个上诉案件中，除1起案件上诉原因不详外，另外3个案件二审启动理由均与上诉人对原审量刑不服相关；2个在法定刑以下量刑提交法院复核案件的驳回理由均为原审量刑不当。由此可见，在危害珍贵、濒危野生动物案件审理过程中，量刑的适当性问题是容易引发各方争议的重要问题。

表2 二审/复核案件信息表

序号	上诉原因	裁判结果
1	原审量刑过重	裁定驳回上诉，维持原判
2	1. 原审量刑过重 2. 关键证据缺失、存疑，无法形成证据链 3. 认罪认罚过程中存在诱导行为	裁定撤销原判，发回重审
3	1. 原审量刑过重 2. 调解书达成调解金额过高	裁定准许撤回上诉
4	不详	裁定准许撤回上诉
序号	复核认定	裁判结果
1	原审量刑不当	裁定撤销原判，发回重审
2	原审量刑不当	裁定撤销原判，发回重审

2. 危害珍贵、濒危野生动物案件样本中的证据特点。

样本案件中仅有49个案件的裁判文书详细列明法院据以裁判的证据内容。

（1）证据种类统计。

在对样本案件裁判文书中标注的证据名称进行简单的同一化处理后可发现，危害珍贵、濒危野生动物案件相关证据类型多达百种，其中，过程证据涉及类型最多且最为复杂。

样本案件中物证的适用率极低。法院将物证直接作为定案依据的仅有6件，其中，1个样本案件明确标注涉案物证为作案工具，2个样本案件明确标注涉案物证为野生动物死体/制品。使用物证照片认定案件事实的样本案件也仅有6件。对破坏野生动物资源事实进行证明更多地依赖于笔录证据的制作和使用。

样本案件中言词证据的适用率极高。据以定案的证据涉及被告人供述的案件有49件，涉及被告人辩解的案件有27件，涉及证人证言的案件有42件。言词证据对于还原案件事实具有重大作用。

样本案件中鉴定意见证据的适用率为 95.92%，即有 47 个样本案件明确将鉴定意见作为定案根据，另外 2 个样本案件虽然定案证据中未提及鉴定意见，但包括"野生动物认定意见"这一证据类型，与鉴定意见具有一定的相似性。前述 47 个案件样本中也存在类似的证据类型，例如，9 个样本案件出现"涉案野生动物价值评估情况说明"类证据；[①] 又如，1 个样本案件存在"渔获物种类认定意见"类证据；等等。少许样本还将用以证明鉴定程序合法的证据材料一并提交、使用，例如，5 个样本案件将"鉴定意见通知书"列入证据材料范围，4 个样本案件将"司法鉴定委托书"列入证据材料范围。

样本案件中书证证据的适用具有一定的特殊性，主要反映在对官方文件的使用方面。样本中有 9 个案件明确将特定官方文件作为证据材料予以使用，主要证明被追诉人存在违反禁渔期、禁渔区等禁止猎捕野生动物相关规定行为的案件事实。

样本案件中电子数据收集与适用目的主要集中于，通过获取聊天记录、转账记录、交易记录、订单等信息，还原被追诉人非法收购、出售野生动物的事实，因此此类证据大多出现在涉及以上危害珍贵、濒危野生动物行为案件中。样本中有 26 个案件将电子数据作为证据材料予以使用。

样本案件中笔录证据的适用十分复杂，其中较为特殊的是，其一，出于对涉案野生动物的保护考虑，此类案件中物证证据往往难以直接运用，因此，更为依赖笔录证据发挥印证作用；其二，47 个样本案件将"到案经过"类证据[②]作为证据材料之一予以使用；其三，11 个样本案件信息显示，涉案野生动物的处理过程是此类案件中一个较为特殊的待证事实，用以证明相关过程的证据包括：野生动物移送清单、野生动物接收证明、放生野生动物说明、野生动物放生记录、野生动物救助情况说明等。

总体而言，受及时、最大限度地保护野生动物资源公益目的的影响，危害珍贵、濒危野生动物案件中不同证据种类的适用情况较之其他案件，存在明显差异，主要体现在物证的低适用率和鉴定意见、笔录证据的高适用率方

[①]　类似名称包括送检制品价值情况说明、价格认定说明、野生动物价值评估情况说明等。

[②]　包括出警情况说明、接处警登记表、接报案及到案经过、报案登记表、破案经过、抓获经过、案件来源材料、受案登记表、归案情况说明等证据材料。

面。同时，电子数据的适用场景往往也具有较为明确的指向性，即大多适用于非法出售、购买珍贵、濒危野生动物案件中。因此，有必要综合考虑此类案件的裁判要点和待证事实，明确此类案件证据裁判的重点，分析此类案件证据适用的难点。

（2）待证事实分析。

危害珍贵、濒危野生动物案件的主要待证事实可以从定罪事项、量刑事项、程序事项三个角度予以考察。通过对样本案件进行分析后，可以发现，在定罪方面，此类案件的裁判难点在于对涉案野生动物的认定判断方面，其中包括：野生动物的种属、价值、数量、生命体征等方面，这些事项均需专业人士出具意见予以认定。除此以外，对于破坏野生动物资源行为的认定还需要结合其他关联事项进行综合判断，例如，对禁渔区、禁渔期、禁渔工具、禁渔方法等事项的判定；又如，行为人是否经官方许可，具备从事饲养、繁育野生动物工作的资质，在李某某危害珍贵、濒危野生动物案件中，西乡行政审批服务局专门出函证明被告人李某某未办理《中华人民共和国水生野生动物人工繁育许可证》，不具备饲养国家二级重点保护动物大鲵的资质。① 在量刑方面，此类案件的裁判难点在于对被告人诸多减轻、从轻量刑情节以及部分从重量刑情节的综合判断方面。危害珍贵、濒危野生动物案件中较为常见的量刑情节包括初犯、自首、坦白、自愿认罪认罚、有悔罪表现（如主动退缴赃款赃物、主动承担生态环境修复责任）等情节，许多案件还会结合社区调查评估意见判断能否对被告人适用社区矫正。在程序方面，危害珍贵、濒危野生动物案件对于执法、司法的规范化程度应当给予更高的关注。一方面，大多数破坏野生动物资源的犯罪行为一般由行政机关在日常工作中发现，由此导致行刑衔接成为危害珍贵、濒危野生动物案件处理过程中无法回避的一个重要环节，行刑衔接过程的规范化程度对于执法证据、笔录证据是否具备合法性、能否被法庭采纳具有重要影响，而如前所述，笔录证据在此类案件审理过程中又往往占据重要地位。另一方面，与一般案件不同，危害珍贵、濒危野生动物案件常常会以环境民事公益诉讼的形式追究破坏野生动物资源

---

① 参见陕西省镇巴县人民法院（2022）陕 0728 刑初 22 号刑事判决书。

主体的责任，在此过程中，检察机关并非天然地具备民事公益诉讼原告人的身份，其只有在完成必要的公告程序后，才能够成为适格主体启动相关程序，在法庭上，检察机关也需要向法庭提供相应证据证明其已履行公告职责，但样本显示，并非所有案件裁判文书均强调检察机关提供相关证据的必要性。

二、危害珍贵、濒危野生动物案件司法认定的难点

（一）事实层面：涉案野生动物认定难

过去，危害珍贵、濒危野生动物犯罪的定罪标准采用"数量标准"，即涉及多个犯罪对象的行为人必须同时符合两个条件：危害的野生动物在两种以上且有两种以上均达到附表所列标准的二分之一以上，才能达到本罪情节严重的标准，否则只能按照本罪一般情节予以认定。这种机械地以数量标准来衡量犯罪情节的做法，导致司法实践中罪责刑并不一致。[①] 为此，刑法将本罪定罪标准由"数量标准"变更为"价值标准"。但是，在涉案野生动物价值评估方面仍然存在诸多难点。

其一，野生动物及其制品价值标准难以确定。有学者在研究走私珍贵动物制品的价值认定标准时就曾指出，我国珍贵动物制品的价值认定存在三个问题：一是相关部门规章过于繁杂且政出多门，导致野生动物价值认定方法复杂多样、司法适用十分不便；二是珍贵动物制品价值认定标准不尽合理；三是部分制品如象牙及其制品的价值认定标准过高。[②] 原林业部发布的《关于在野生动物案件中如何确定国家重点保护野生动物及其产品价值标准的通知》（以下简称《通知》）对野生动物及其制品价值计算方法作出规定，其中要求"国家重点保护陆生野生动物具有特殊利用价值或者导致野生动物死亡的主要部分，其价值标准按照该种动物价值标准的80%予以折算；其他部分，其价值按照该种动物价值标准的20%予以折算"，对此，何谓"特殊利用价值

---

① 参见北京市朝阳区人民检察院课题组：《破坏野生动物资源犯罪实务问题》，载《中国检察官》2022年第7期。

② 参见曹坚、樊彦敏：《走私珍贵动物及其制品犯罪案件司法实践问题研究——以上海市近年来司法机关查办相关案件为样本》，载《政治与法律》2012年第7期。

或者导致野生动物死亡的主要部分"常存在认识上的分歧,但《通知》将如何界定相关定义的权力交由各省级陆生野生动物行政主管部门行使,这种做法极易导致因为人们在认识上存在分歧进而在价值计算上出现差异。①

其二,如前述样本显示,在司法实践中,是否应当以野生动物活体为对象计算生态环保损失,并在此基础上主张被告人承担生态赔偿责任,不同法院存在不同做法。事实上,实务界对于野生动物死体的认定也存在两种分歧观点:一种观点根据动物外在形态作为判断标准。如果野生动物死体是完整的,则应当归属于野生动物。如果死体是部分,则应当认定为制品。另一种观点根据用途作为判断标准。行为人将野生动物死体出于食用目的,则应当认定为野生动物范畴。如果以提取有价值的器官进行加工利用,则应当认定为制品。②

其三,有学者指出,《新解释》公布实施后,非国家重点保护野生动物价值计算方式不一致也带来了新问题。《新解释》在涉案野生动物及其制品价值计算上采用了"双重标准"。即国家重点保护野生动物及其制品按照国务院野生动物保护主管部门制定的价值评估标准和方法核算;其他野生动物及其制品依次按照销赃数额认定、市场价格核算,必要时参照有关评估标准和方法核算。由此导致林草部门在行政执法中,对涉案非国家重点保护野生动物及其制品的价值,往往需要进行双重计算。③

其四,野生动物价值评估意见属于何种证据种类需要统一定位。如前所述,在样本案件中,有关野生动物价值评估意见的证据名称包括"认定意见""鉴定意见""认定说明""情况说明"等。导致这一现象产生的原因主要包括两点:一是野生动物价值评估是否属于司法鉴定范围需要做进一步探讨;二是提供野生动物价值评估意见的主体大多不具有鉴定资质,因此难以将此项评估意见认定为鉴定意见。那么,由此衍生出一个新的问题:按照新确立的"价值标准"对于本罪定罪如此重要的价值评估意见缺乏合法的证据资格,

① 参见彭文华:《破坏野生动物资源犯罪疑难问题研究》,载《法商研究》2015 年第 3 期。
② 参见史运伟:《破坏野生动物资源犯罪司法适用研究》,载《重庆理工大学学报(社会科学版)》2021 年第 12 期。
③ 参见汶哲:《从两法衔接视角看新野生动物刑事司法解释》,载《中国绿色时报》2022 年 4 月 28 日。

如何据此定罪量刑呢？

危害珍贵、濒危野生动物案件审理过程中，对涉案野生动物价值进行评估只是确定定罪事实的一个环节，野生动物认定还包括对野生动物种属、数量、生命体征等方面的认定、鉴定。然而，在司法实践中，野生动物司法鉴定在鉴定范围、鉴定机构、鉴定标准方面存在一系列问题[1]，司法鉴定体系不健全也是阻碍合法、合理还原案件事实的一大障碍。以样本案件为例，通过对鉴定主体进行考察，可以发现，样本案件中有 19 个案件载明具体鉴定主体信息，鉴定主体主要包括三类：一是官方设立的鉴定机构；二是省级以上司法行政部门核准许可登记的司法鉴定中心；三是野生动物专家。以上主体，尤其是"野生动物专家"是否具备鉴定资质难以通过字面意思进行判断，但相关裁判文书并未作出具体说明，却直接将其出具的意见作为"鉴定意见"予以认定。

（二）量刑层面：实质化程度存疑

如前所述，样本案件显示，在一审刑事部分，控辩双方的争议焦点主要集中于量刑部分，辩方大多从量刑情节的适用出发提出辩护意见；在二审部分，对量刑结果不满意是导致上诉人提起上诉的主要原因；在复核部分，在法定刑以下量刑可能会涉及量刑不当问题，进而导致案件被裁定撤销原判，发回重审，大大降低司法效率。由此可见，解决好危害珍贵、濒危野生动物案件审理过程中的量刑问题有望大幅提高此类案件的审判效率。

事实上，样本还显示出危害珍贵、濒危野生动物案件存在量刑建议适用率高的现象。在 64 个作出刑事（附带民事）判决的案件样本中，有 53 个案件检察机关提供的量刑建议被法院采纳，4 个案件量刑建议被部分采纳，2 个案件量刑建议未被采纳，量刑建议的完全采纳率高达 82.81%。其中，只有 3 个案件的检察官以幅度刑为标准提供量刑建议（均为完全被采纳案件），其他 61 个案件检察官均提供确定刑量刑建议。"量刑建议作为检察机关提出的量刑申请书，所包含的量刑事实和量刑情节是法院制作量刑裁决的事实依据之

① 参见侯森林、唐绍涵：《野生动物司法鉴定中存在的问题及建议》，载《辽宁警察学院学报》2021 年第 1 期，第 20—23 页。

一，所提出的量刑种类和量刑幅度也是法院形成最终裁决的根据，但是，这些代表公诉方量刑观点的事实、情节、证据、种类和幅度，都对法院不具有预先的约束力。"① 然而，样本案件裁判文书显示，大量样本的"说理"部分都建立在公诉机关主张事实和提供证据基础之上，甚至文书内容连字句都未作修改。在此情况下，量刑建议的高采纳率与量刑的争议聚焦现象之间形成的对比，使得量刑裁判是否实质展开令人生疑。

此外，如前所述，刑事附带民事公益诉讼样本案件显示，多数案件存在判决作出前，附带民事诉讼被告人即已履行相应赔偿责任的情况，即"先执行后审判"。大量案件信息显示，在刑事部分审理过程中，被告人主动承担生态环境损害赔偿责任/修复责任的行为可以作为酌定从轻处罚情节予以考虑。例如，在廖某某危害珍贵、濒危野生动物案中，法院认为其"积极缴纳生态环境损害赔偿金，可酌情从轻处罚"；② 又如，在周某民危害珍贵、濒危野生动物案中，法官综合考虑被告人坦白、认罪认罚、"自愿印刷环境资源保护宣传材料并自愿进行环保宣传"的情节，认定依法对其从轻处罚，并适用缓刑。③ 在庭审前，生态环境民事赔偿责任形式仅由检察机关确定，被告人却据此履行赔偿义务，这意味着对于民事赔偿部分的裁判权实质上由检察机关代为行使，在庭前即已完成，法院在庭上的裁判行为仅是行使确认权力的体现。同时，刑事部分再将此部分赔偿/修复行为作为酌定量刑情节予以考虑，更加大了检察机关对于量刑的影响，一定程度上影响了法官在量刑方面的自由裁量权。

（三）程序层面：规范化要求高

在危害珍贵、濒危野生动物案件处理过程中，行刑衔接是首当其冲的重要问题，其突出表现在违法行为定性和证据转换两方面。前者是定罪标准由"数量标准"转变为"价值标准"的附随问题，其核心仍然在于前述如何确定涉案野生动物价值问题，在此不加赘述。后者是行刑衔接的重中之重。野

① 参见陈瑞华：《论量刑建议》，载《政法论坛》2011 年第 2 期。
② 参见湖南省宜章县人民法院（2022）湘 1022 刑初 2 号刑事判决书。
③ 参见陕西省洛南县人民法院（2022）陕 1021 刑初 1 号刑事判决书。

生动物保护工作日常由地方政府或野生动物保护主管部门承担,由此导致案件发生后大多由行政机关第一时间介入调查,收集、固定案件相关证据,查封、扣押涉案财物,对涉案当事人进行管控、处理,对案件进行初步定性,在此之后,再将涉及刑事犯罪的案件移送侦查机关予以调查。这也与样本案件显示的此类案件审理对过程证据高度依赖的特征相吻合。对此,2022 年《野生动物保护法》修改过程中新增第 36 条,进一步明确县级以上人民政府野生动物保护主管部门和其他负有野生动物保护职责的部门享有现场检查、调查,对野生动物进行检验、检测、抽样取证,查封、复制有关文件、资料,封存可能被转移、销毁、隐匿或者篡改的文件、资料,查封、扣押等权力。

行政执法权力的扩张意味着对于行政执法权行使的规范性要求也应当进一步提升。在实践中本身即存在因执法人员法律意识和证据意识薄弱,取证能力有限等客观条件限制,导致证据收集、储存、移送环节中出现遗漏、丢失、污染证据等现象。而在危害珍贵、濒危野生动物案件中,一方面,执法人员往往是案件的第一发现人,是第一时间对案件现场进行调查、处理、记录的主体;另一方面,由于野生动物保护工作的特殊性,野生动物本身往往难以随案移送,案件进入审判阶段,甚至早在侦查阶段,即无法以物证形式直接证明案件主要事实,而需要通过笔录类证据印证相关事实,因此,执法工作的规范化程度对于案件诉讼过程能否有效推进、案件事实能否得以还原具有重大意义。

针对环境执法领域本身即存在"两法衔接"不畅的问题,也有学者研究后指出,移送监督失灵是导致这一问题发生的核心症结。一方面,环境犯罪从行政执法向刑事司法移送难;另一方面,环境犯罪进入刑事司法程序后顺利追诉也同样难。因此,有学者也主张通过构建有效监督机制来解决这一问题。①

三、危害珍贵、濒危野生动物案件司法认定的解题对策

结合前述对危害珍贵、濒危野生动物案件裁判实务的分析,笔者认为针对此类破坏野生动物资源案件,应首当其冲解决的核心问题包括:其一,对

---

① 参见赵旭光:《"两法衔接"中的有效监督机制——从环境行政执法与刑事司法切入》,载《政法论坛》2015 年第 6 期。

量刑程序进行改造，减少因量刑问题引起的争议；其二，明确将评估意见定性为鉴定意见，同时规范有关涉案野生动物价值评估的鉴定程序，以提升法庭对评估意见进行实质化审理的可能性。

（一）核心工程一：量刑改造

考虑到检察机关量刑建议对于案件裁判结果具有较大影响，且实务界认为确定刑量刑建议更符合量刑建议制度的发展趋势①，为回应量刑建议相关问题，首先，应当研究出更为精细、规范的量刑方法和量刑标准，增强量刑过程的精准化和透明度。② 其次，应当增强检察官的量刑建议能力和经验。由于长期形成的"重定罪、轻量刑"的观念和司法惯性，检察官缺乏量刑建议的经验，对量刑的规律把握不够，对量刑的方法掌握不准③，需要加强对检察官量刑建议能力的培养，尤其在破坏野生动物资源案件审理过程中，多涉及在法定刑以下量刑的情况，对此更要帮助提升检察官对具体量刑情节的把握。再次，在危害珍贵、濒危野生动物案件审理过程中，应当加强法官与控辩双方就量刑问题的沟通与交流，法官在作出裁判结果时，应当对量刑建议和辩护意见中的量刑部分作出充分回应，释明不予采纳的具体原因。最后，对于与生态损害赔偿/修复行为相关的量刑情节，法官必须在定罪后对相关事实优先进行实质审查，并在此基础上审查量刑建议，形成量刑裁判。

在具体的量刑裁判过程中，必须就量刑证明进行科学设计。从危害珍贵、濒危野生动物的实践情况来看，单从此类案件而言，就量刑证据与定罪证据进行区分具有一定的可行性。这是因为，此类案件无论是定罪证据还是量刑证据，证据类型都具有一定的规律性。量刑证据主要与被追诉人客观情况、到案后表现相关，前者如被追诉人有无前科证明、社会调查报告、是否初犯、是否累犯等，后者如被追诉人有否坦白、认罪认罚表现，是否主动承担损害赔偿/修复义务，等等。当然，在这里首先还应当确立社会调查报告等材料的

① 陈国庆：《量刑建议的若干问题》，载《中国刑事法杂志》2019 年第 5 期。
② 参见李刚：《检察官视角下确定刑量刑建议实务问题探析》，载《中国刑事法杂志》2020 年第 1 期。
③ 参见陈国庆：《量刑建议的若干问题》，载《中国刑事法杂志》2019 年第 5 期。

证据属性。

目前，在智慧司法发展背景下，智慧量刑系统也被广泛开发应用于刑事司法的各个领域。在危害珍贵、濒危野生动物案件处理过程中，也应当开始积极探索智慧司法的应用场域和应用模式。一方面，智慧检务和智慧审判都应当立足量刑视角，结合危害珍贵、濒危野生动物案件待证事实明确，量刑争议突出，量刑情节规律，笔录证据、鉴定意见适用率高，物证适用率低等特点，开发智慧量刑工具；另一方面，还应当加强智慧检务和智慧审判的信息联动，确保量刑准确度、精细化在同一标准下实现。

（二）核心工程二：评估意见定性鉴定意见

相较于数量标准，价值标准判断需要更强的专业支撑，无论是对控辩双方而言，还是对法官而言，这一事实判断都是一项新的挑战。从前述样本分析来看，"评估意见"并非规范用语，且在实践中存在诸多不同的说法，有必要对其进行统一适用。"评估意见"并非特定的证据种类，相较于"鉴定意见"而言，它缺乏系统的规范性要求，如鉴定主体的资质要求、鉴定程序和鉴定方法的确定性要求、鉴定文书的形式要件要求等，由此导致"评估意见"的可靠性存疑，且极大可能被排除于法庭之外。但如前所述，对涉案野生动物价值的评估判断是决定被追诉人行为是否纳入刑法约束范围的重要依据，价值标准是本罪构罪的基本门槛。一旦"评估意见"自身被排除风险加大，就意味着案件主要证据缺失，难以实现刑罚目的。"评估意见"无法被任意排除于法庭之外，也意味着针对此项证据进行实质化审查的概率加大，结合其重要性进行分析，可以发现，这对还原案件事实具有重大意义。

就"评估意见"的出具主体而言，必须赋予较为广泛的鉴定机构以鉴定资质。在野生动物资源价值评估方面，需要注意的是，我国大量的野生动物资源处于偏远地区、经济欠发达地区，因此，必须注重对此类区域的资源倾斜，保证此类案件发生后，能够及时联系有关鉴定机构开展相关鉴定活动；同时，目前我国已经建立了相对统一的价格评估标准，包括对于野生动物死体、（非）野生动物制品的价格认定等都进行了较为细致的规定，在司法实践中，应当进一步保证细化规定落实到位，确保价值评估适用标准的一致性。

此外，还应当明确对不具备相关鉴定资质的人员出具的"评估意见"适用鉴定意见相应规则。

（三）配套工程：执法人员规范化培训

执法人员规范化培训，一方面指通过定期或不定期的培训方式统一提升环境执法人员的法律意识和执法水平，使其能够最大范围地收集案件相关证据材料，保护案件现场的同时，确保涉嫌刑事犯罪案件的证据材料能够及时、有效地移送公安机关，据此顺利启动刑事司法程序。另一方面指在人工智能技术全方位发展的背景下，智能监测手段被广泛运用于环境保护方面，如前所述，越来越多的企业开始探索运用智能手段实现对野生动物资源的保护，在此过程中智能监控记录下的连续性画面对于确定案件主要事实，如涉案野生动物种属、数量，被追诉人违法行为方式等具有重要意义。为了以此为依据发现更多的案件线索，固定案件相关证据，有关执法部门应当积极探索野生动物监测方面的政企合作方式，广泛运用如无人机等智慧警务技术手段参与野生动物资源保护工作，同时，培养专门人才从事相关技术应用工作。

四、结语

野生动物资源保护对于维护生态多样性具有重要意义。随着新技术在各个领域的不断发展与应用，野生动物资源保护方式被不断创新，野生动物资源保护的社会参与性也大幅提升，世界各国都在不断探索野生动物保护的智慧模式。同样，中国智慧警务、智慧检务和智慧审判技术在此背景下也迎来了新的发展契机。近年来，相关技术在司法应用方面已经积累了十分丰富的经验，但美中不足的是，实务中鲜有探索智慧手段在危害珍贵、濒危野生动物等生态环保类案件司法领域的应用方案。进入人工智能提速发展的时代，野生动物保护司法路径中的量刑争议突出、鉴定规范性欠缺、行刑衔接难等问题也许可以期待通过技术赋能交出新答卷。

在线民事诉讼中缺席审判制度的应用困境与出路

——以缺席方的过错为探讨视角

张 润* 朱宏哲**

摘 要： 本文对于在线民事诉讼中缺席审判制度论述的出发点主要是契合民事审判工作的实践需要。充分肯定缺席审判是维护民事诉讼效率和公正的有效制度，并明确提出现有规定对在线民事诉讼中缺席审判制度的设定因缺乏针对在线民事诉讼当事人程序选择权更大的特征导致可操作性明显不足。在此基础上，从维护诉讼效率和诉讼公正的角度出发，并针对在线民事诉讼的特征，以遵循民事诉讼的诚实信用原则、禁止权利滥用原则、当事人自我责任原理为理论支撑，提出完善的建议：其一是以当事人的过错对在线民事诉讼中当事人的程序选择权进行合理限制；其二是增加以当事人有无过错作为判定"正当理由"是否成立的法律依据。核心观点是以缺席方存在过错为在线民事诉讼中缺席审判制度适用的依据，力图通过双管齐下来走出在线民事诉讼中缺席审判制度应用的困境，以期为在线民事诉讼制度作用之发挥提供些许助力。

关键词： 在线诉讼；缺席审判；自我责任；诚信原则

《人民法院在线诉讼规则》（以下简称《在线诉讼规则》）颁行后，在线诉讼这一新型的诉讼模式正式有了明确的规范依据。2022 年修订的《民事诉讼法》第 16 条第 2 款规定："民事诉讼活动通过信息网络平台在线进行的，与线下诉讼活动具有同等法律效力。"《民事诉讼法》这一条款明确了在线民

---

* 张润，男，中国人民公安大学法学院讲师，硕士生导师，中国人民公安大学纠纷解决智能化研究中心副主任。

** 朱宏哲，男，法学硕士，北京市第三中级人民法院法官助理。

事诉讼本质上是民事诉讼程序，是为了适应新情况、新变化而对传统的线下民事诉讼程序进行的在线化改造，因此在线民事诉讼的基本程序要求和规范理应与传统的线下民事诉讼保持一致并突出体现其"线上"的特点。受各种因素影响，自 2020 年以来在法院的民事审判工作中应用在线诉讼模式的数量激增，而在线民事诉讼相较于传统民事诉讼有着更多的规则空白点需要弥补，本文特针对在线民事诉讼中的缺席审判制度提出一些观点以供探讨。

一、在线民事诉讼中缺席审判制度的应用现状与困境

《在线诉讼规则》第 6 条规定，当事人已同意适用在线诉讼，但无正当理由不参与在线诉讼活动或者不作出相应诉讼行为，也未在合理期限内申请提出转为线下进行的，应当依照法律和司法解释的相关规定承担相应法律后果。第 25 条第 2 款规定，除确属网络故障、设备损坏、电力中断或者不可抗力等原因外，当事人无正当理由不参加在线庭审，视为"拒不到庭"；在庭审中擅自退出，经提示、警告后仍不改正的，视为"中途退庭"，分别按照相关法律和司法解释的规定处理。上述两个条文虽未明文规定在线诉讼可以适用缺席审判制度，但其规范的是"当事人无正当理由不参与在线诉讼活动或者不作出相应诉讼行为"的后果，且"拒不到庭""中途退庭"均是《民事诉讼法》中明确的缺席审判适用的条件[①]，故可以将上述《在线诉讼规则》的两个条文视为在线民事诉讼中缺席审判制度的法律依据。

（一）法律条文解读及应用现状

《在线诉讼规则》第 6 条设置了在线民事诉讼可以适用缺席审判的三个条件，即"当事人已同意适用在线诉讼""无正当理由不参与在线诉讼活动或者

---

① 《民事诉讼法》第 146 条规定，原告经传票传唤，无正当理由拒不到庭的，或者未经法庭许可中途退庭的，可以按撤诉处理；被告反诉的，可以缺席判决。第 147 条规定，被告经传票传唤，无正当理由拒不到庭的，或者未经法庭许可中途退庭的，可以缺席判决。第 148 条规定，宣判前，原告申请撤诉的，是否准许，由人民法院裁定。人民法院裁定不准许撤诉的，原告经传票传唤，无正当理由拒不到庭的，可以缺席判决。上述三个条文是《民事诉讼法》中关于缺席审判的规定，相应的《最高人民法院关于适用〈中华人民共和国民事诉讼法〉的解释》中对此并无扩展性的规定，只是细化了实践中的操作规范。

不作出相应诉讼行为""未在合理期限内申请提出转为线下进行"。第一个条件和第三个条件可以归纳为一条，即"当事人同意"，这一同意从正反两方面进行理解，从正向来看，是同意"适用在线诉讼"，从反向来看，也没有"在合理期限内申请提出转为线下进行"。第二个条件为"不参与或者不作出"时"无正当理由"，《在线诉讼规则》第25条第2款对"正当理由"进行了细化，即"确属网络故障、设备损坏、电力中断或者不可抗力等原因"。

现有的法律条文对于在线民事诉讼缺席审判制度进行了规定，但从民事审判工作实际出发，在线民事诉讼的司法实务中极少适用缺席审判。即便出现了满足上述所有条件的情况，为稳妥起见，法院最终多采取的是将在线诉讼转为线下诉讼后再进行缺席审判。据作者调研，2021年全年在北京市某中院以在线诉讼方式进行的民事二审案件中，适用缺席审判的案件所占比例只有0.5%。

（二）在线民事诉讼中缺席审判制度的应用困境

在线民事诉讼的司法实务中极少适用缺席审判是因为相关的既有规定缺乏针对在线诉讼特征的可操作性，难以回应司法实务的需要。

在线民事诉讼相较于传统民事诉讼具备特殊性，这体现为在线民事诉讼中当事人的程序选择权更大，法院对于民事诉讼程序的控制权受限更多。在线诉讼需以"当事人同意"为适用的前提，而且当事人有随时反悔的权利，以及当事人可以主张的未到庭的"正当理由"更多、更难认定。在传统民事诉讼中，只需要当事人未在传票确定的时间出现在法庭，法院就可以适用缺席审判，如果事后当事人主张自己有正当理由，该正当理由仅是当事人的行为自由受到客观限制才可被认定。客观因素的举证证明和法院认定均较易操作，因此在传统民事诉讼中，如果要适用缺席审判，法院需要做的就是事前通知以及相对简单的事后判定。在线民事诉讼如果要适用缺席审判，事前不仅要征得当事人对适用在线诉讼的同意，还要做好当事人随时提出反悔的准备，事后对于缺席方主张的正当理由的判定难度也更大，所以当事人配合进行在线诉讼则无妨，如果当事人不配合，那么直接适用缺席审判的"后患"较多。

在线民事诉讼相较于传统民事诉讼具备当事人程序选择权更大的特殊性，

但现有的《在线诉讼规则》对于缺席审判制度的规定基本上是照搬了《民事诉讼法》中的既有规定，对于在线民事诉讼相较于传统民事诉讼的特殊性没有充分考量并给出针对性的回应，所以在线民事诉讼中的审判人员在面对是否适用缺席审判制度时会认为既有规定缺乏可操作性，如果适用缺席审判，可能面临程序瑕疵乃至错误的"后患"，因此目前在线民事诉讼中缺席审判制度的应用存在一定的困境。

二、在线民事诉讼中缺席审判制度应用困境的成因

综观整个在线民事诉讼中的缺席审判制度，以民事诉讼程序为核心，即庭审进行划分，可以分为庭审前拟适用缺席审判以及庭审时适用缺席审判两个阶段。前者是指在庭审开始前，一方当事人已经明示或者用自己的行为默示将不参与在线诉讼活动或者不作出相应诉讼行为且无正当理由，或者同意在线诉讼后又反悔但未获得准许，此时如果在线民事诉讼按期举行，且该方当事人果然不参与在线诉讼活动，则法庭将径行适用缺席审判。后者是指在庭审开始时当事人均按期上线参加庭审，庭审中一方当事人无正当理由"中途退庭"（表现为中途下线），法庭即时决定适用缺席审判。上述两个阶段中缺席审判制度应用所面临的困境并不完全一致，下文将逐一进行分析。

（一）庭审前拟适用时受"当事人同意"的约束

《在线诉讼规则》第 2 条第 2 项，确定了在线诉讼应当遵循合法自愿原则。即尊重和保障当事人及其他诉讼参与人对诉讼方式的选择权，未经当事人及其他诉讼参与人同意，人民法院不得强制或者变相强制适用在线诉讼。这一条款树立了民事诉讼中适用在线诉讼应以当事人同意为前提的原则。

关于"当事人同意"的方式，从正向解释来看，《在线诉讼规则》未作具体规定，"实践中至少可以包括：主动作出在线诉讼行为、口头同意、在诉讼平台确认同意、线下书面同意，等等。只要是当事人的真实意思表示，并可以留痕追溯，均是作出同意的有效方式"[①]。从反向解释来看，《在线诉讼

[①] 刘峥、何帆、李承运：《〈人民法院在线诉讼规则〉的理解与适用》，载《人民司法》2021 年第 19 期。

规则》对"当事人同意"后又反悔并未禁止,只是明确当事人同意适用在线诉讼后又反悔需满足的条件:在开展相应诉讼活动前的合理期限内提出,申请提出转为线下进行并经法院同意,不存在故意拖延诉讼等不当情形。根据条文规范可知,现行法律规范对于民事诉讼适用在线诉讼明确要求应以当事人的同意为前提,且这一同意还可以通过一定的方式予以追回。

既有的在线诉讼程序设定的初衷是充分保障当事人的程序选择权,体现民事诉讼程序中当事人的主体地位。只是这样的程序设定才使得当事人可以通过程序选择权的行使实现对在线民事诉讼程序的运行近乎完全的控制,如是否适用、是否暂停、是否终止等,只要是处于在线诉讼的模式中,法院和对方当事人只能去配合。在这样的情形下,法院面对一方当事人存在缺席之可能时,如果仍旧采用在线诉讼,会存在缺席方事后主张"法院未获得其关于适用在线诉讼的同意"之可能,而否定缺席方事后的这一主张的理由及相关的操作规范在现行法律司法解释中没有明确规定,这就使得法院对于在线民事诉讼中适用缺席审判存在顾虑,最终导致这一制度难免被束之高阁。

(二) 法院适用后受"正当理由"判定的回溯审查

出于对当事人权利的保护,《民事诉讼法》赋予了缺席方在法院适用缺席审判后可申请以"正当理由"否定缺席审判效力的权利,所以法院在适用缺席审判后还要了解缺席方是否存在正当理由,并判定这一正当理由是否成立,以此来审查之前的缺席审判是否适当。因此,"正当理由"的内容及对其的判定将直接影响缺席审判制度是否能发挥预设之功能。

《在线诉讼规则》第 21 条对拒绝在线诉讼的正当理由列举如下:各方当事人均明确表示不同意,或者一方当事人表示不同意且有正当理由的;不具备参与在线庭审的技术条件和能力;需要通过庭审现场查明身份、核对原件、查验实物;案件疑难复杂、证据繁多,适用在线庭审不利于查明事实和适用法律的;案件涉及国家安全、国家秘密的;案件具有重大社会影响,受到广泛关注的。第 25 条对拒绝在线诉讼的正当理由列举如下:确属网络故障、设备损坏、电力中断、不可抗力。上述两条均设置兜底性条款。总结《在线诉讼规则》对于拒绝在线诉讼的正当理由的规定,除兜底性条款外,不适用在线诉讼的情形可以分为三类:"当事人主观不愿""当事人客观不能""案件性质不宜"。"当事人主观不愿"可对应前文分析的"当事人同意",在此不做赘述。"当事人客观不能"是指:不具备参与在线庭审的技术条件和能力、确属网络故障、设备损坏、电力中断、不可抗力。"案件性质不宜"是指:需要通过庭审现场查明身份、核对原件、查验实物;案件疑难复杂、证据繁多,适用在线庭审不利于查明事实和适用法律的;案件涉及国家安全、国家秘密的;案件具有重大社会影响,受到广泛关注的。从案件性质角度出发,是否适用在线诉讼需由法院认定,因只有四种情形且条文描述清晰,适用情况不多且较易判定,本文不再论述。故,存在探讨意义的就是"当事人主观不愿"和"当事人客观不能"这两类"正当理由"。

对应于"当事人同意"的适用前提条件,"当事人主观不愿"即缺席方主张其不再同意适用在线诉讼。缺席方如果在庭审前提出不同意在线诉讼,相应情况在前文已经有所论述,在此不再赘述。那么如果庭审前同意,但在庭审中乃至庭审后主张不同意适用在线诉讼,此种情况如何处理?法律未作规定。"当事人客观不能"所涵盖的情况是缺席当事人一方的自身障碍,但这些缺席方自身障碍的存在受缺席方控制的可能性较大,那么如何判定缺席方主张的"客观不能"是否真正具备客观性?法律也未作规定。在法律无明确规定的情况下,审判人员如果判定缺席方事后提出的"正当理由"不成立,那么这一判定被推翻的风险也较大,面对此种情形,为避免不必要之风险,审判人员对于在线民事诉讼中缺席审判制度的弃而不用也就不足为怪。

三、对在线民事诉讼中缺席审判制度应用出路的探索

近年来在线诉讼的适用数量和频率大幅度上升,尤其是各地互联网法院的相继成立,以及受 2020 年以来的各种因素影响,在线诉讼已经成为部分区域法院民事审判工作中的主要诉讼模式。据统计,全国法院网上立案 136 万件,开庭 25 万次,调解 59 万次,电子送达 446 万次,网络查控 266 万件,司法网拍成交额 639 亿元,执行到位金额 2045 亿元。[①] 北京法院 2022 年 2 月 3

[①] 陈甦、田禾等:《法治蓝皮书:中国法院信息化发展报告 No. 5(2021)》,社会科学文献出版社 2021 年版,第 21、26 页。

日至 5 月 7 日，网上开庭 839615 次，涉及案件 964183 件。[1] 从某种意义上说，在线民事诉讼已经成为民事诉讼程序当下主要的运行模式。而且随着司法改革的推进，人民法院的信息化建设已经成为大趋势。这样一来，如何将在线民事诉讼制度更加完善自然成为当下实务界所需要关注的主要问题。在线民事诉讼是对标传统线下民事诉讼进行构建的，因此重点就是如何将传统线下民事诉讼中已经成熟运用并行之有效的制度移植到在线民事诉讼中去。

结合本文主题，缺席审判制度是民事诉讼为维护诉讼效率和诉讼公正而设立的，并充分体现了民事诉讼的诚实信用原则和禁止权利滥用原则，也是当事人主义之下的当事人自我责任原理的要求，该制度由来已久并且在民事诉讼的有效运行中发挥着重要作用，那么使其在在线民事诉讼中发挥应有作用也是题中应有之义。依上文论述，在线民事诉讼中庭审前拟适用缺席审判时受"当事人同意"的约束，庭审时决定适用缺席审判后受"正当理由"判定的回溯审查，而《在线诉讼规则》对在线民事诉讼缺席审判设置的两个条件（即"当事人同意"和"无正当理由"）的条文规定却缺乏针对在线民事诉讼当事人程序选择权更大特征的可操作性，所以导致在线民事诉讼中缺席审判制度不能发挥应有作用。诉讼程序的设置应该从司法实践出发，并为司法实践服务，因此面对既有在线民事诉讼中缺席审判制度相应条文规范的不完善之处，应该从实务需要的角度出发，进行妥善修正。

（一）完善在线民事诉讼中缺席审判制度的必要性

1. 维护诉讼效率。

在民事诉讼中设立缺席审判制度主要考虑的是诉讼效率问题。对于诉讼效率的判定主要是通过对诉讼成本和诉讼收益的对比衡量。所谓诉讼成本，是指各民事诉讼主体在诉讼程序运行中所消耗的各类诉讼资源的总和。具体可以分为人力资源、物力资源、财力资源、时间资源，前述四类诉讼资源的消耗同时发生，如果诉讼程序的开展中发生拖延、浪费等情形，则必然导致

---

[1]　2022 年 5 月 7 日统计数据，载北京法院网，https：//www.bjcourt.gov.cn/，2023 年 8 月 26 日访问。

人力、物力、财力、时间资源的非必要支出，由此可以认为是诉讼成本的增加。诉讼收益可以理解为民事诉讼程序的运行带来的结果，包括案件事实的审查、法律适用的确定，换句话说，诉讼收益的直接表现就是裁判结果的产生。诉讼收益在诉讼程序中是相对固定的，因此诉讼效率的高低取决于诉讼成本的多少，呈反相关的构成，即诉讼成本越少则诉讼效率越高。

为提高民事诉讼效率便需要控制诉讼成本，即非必要的诉讼资源不再消耗。诉讼资源的使用是非常宽泛的概念，限于本文主题和字数，作者只从与缺席审判制度密切相关的因素出发进行探讨。民事诉讼程序的常态是两造对峙，裁判者居中。为保障这一模式的正常运行，法院工作人员会通知当事人等诉讼参与人在确定的时间出现在确定的地点，三方齐备后开展诉讼程序。如果在约定的时间和地点，部分诉讼参与人未能到场，且无正当理由时，因此时为保证诉讼程序的开展，已经消耗了大量人力、物力、财力、时间资源，诉讼成本的主要部分已经产生，所以为保障诉讼效率，需要将诉讼程序继续推进下去，由此缺席审判制度的必要性便凸显出来。缺席审判制度可以通过减少诉讼参与人和法院工作人员的非必要诉讼成本的支出来提高诉讼效率。

2. 维护诉讼公正。

在民事诉讼中设立缺席审判制度也是对诉讼公正的遵循。诉讼公正可以分为程序公正和实体公正，"程序公正的价值并不仅是为了实现实体公正，其除了具有服务于实体公正的工具性价值之外，自身还具有其独立的价值"①。如果诉讼程序仅以案件的客观事实为唯一目标，则需要支出巨量的诉讼成本，而且在现有科学技术条件下，事后完全还原客观事实的可能性也非常低，因此在查明法律事实的基础上作出相对公正的裁判就成为设立现今诉讼程序的目标。在这样的诉讼运行中，公正的程序可以为法院在查明法律事实和适用法律时提供保障，由此，通过公正的程序所作出的裁判结果也更容易被接受。

程序公正的含义在理论界尚有多种解释，从本文主题出发，作者认为程序公正应该体现出诉讼地位的平等。诉讼地位的平等既表现在诉讼法律设定中的双方当事人诉讼权利和义务的平等，也表现在法院在诉讼中的中立性、

---

① 王利明：《司法改革研究》，法律出版社 2001 年版，第 61 页。

对双方当事人的平等对待，法院应要求双方当事人均依法行使诉讼权利、履行诉讼义务、遵守诉讼秩序。在一方当事人无正当理由未按时参加民事诉讼程序的情况下，如果无条件地宽容缺席方，也就等同于恶意消耗了遵守秩序方的诉讼成本，在此情形下适用缺席审判才能体现诉讼程序的公正性。另外，裁判者的立场和态度应当具有中立性，如果一方当事人既不提交任何诉讼材料也不出庭或者虽然提交诉讼材料但不出庭或中途擅自退庭，在此情形下出庭方可能会因缺席方的缺席而无法进行诉讼攻击和防御，此时裁判者既要保持中立、不代表缺席方作出诉讼行为，也要依法对案件作出裁判，这就需要缺席审判制度来为实现公正审判提供制度保障。

（二）完善在线民事诉讼中缺席审判制度的理论支撑

我国法律司法解释对当事人参与在线民事诉讼时赋予其较大的程序选择权，这种较大的程序选择权如果不受限制难免会造成权利的滥用。"作为人类特定实践的诉讼无论在客观上还是在冲突主体以及统治者的主观认识中都是一项能够产生一定效果同时又需要支付一定代价的行为。"① 司法资源有限以及"案多人少"矛盾突出是司法实践中存在已久的困扰，当事人如滥用在线诉讼程序选择权，必然会浪费司法资源，背离诉讼效率的要求，同时也会损害其他诉讼参加人的诉讼权利，有违诉讼公正的要求。而且滥用在线诉讼程序选择权的行为违背了民事诉讼的程序规范，扰乱了民事诉讼的秩序，如果放任在线诉讼程序选择权的滥用，甚至要求守秩序方和法院一起迁就滥用程序选择权的一方，必然会破坏司法公信力。因此需要对在线诉讼程序选择权进行合理限制，这就要求在线民事诉讼中缺席审判制度落到实处，这不仅是司法实践的需要，也是民事诉讼的诚实信用原则和禁止权利滥用原则的要求，同时也符合当事人主义之下的当事人自我责任原理。

1. 民事诉讼的诚实信用原则。

诚实信用原则被誉为民事法律的"帝王原则"，也是民事诉讼法的基本原则之一。有学者指出："在诉讼过程中人民法院、当事人及其他诉讼参与人应

---

① 柴发邦等：《体制改革与完善诉讼制度》，中国人民公安大学出版社 1991 年版，第 72 页。

当诚实、善意，不得滥用审判权，不得滥用诉讼权利。"① 民事诉讼中的诚实信用原则一般可以理解为在民事诉讼主体进行民事诉讼活动时应诚信、善意。这一原则包含主客观两个方面：主观的诚实信用即指"善意"，是民事诉讼法律关系主体的一种"善意的心理态度"，一种"确信自己未侵害他人权利的心理状态"，可以称为"确信的诚信"；客观的诚实信用是指民事诉讼法律关系主体本着善意诚信的主观心理实施诉讼行为，承担诉讼义务，即民事诉讼法律关系主体"以诚信、善意和诚实行事"，其实施的是"在正直和善意的观念指导下的正当行为"，"除了为保护自己的合法利益的必要外不得损害他人之利益"，它是民事诉讼法律关系主体的行为义务。②

在民事诉讼中，诚实信用原则的目的在于，想要通过对民事诉讼中法律关系的主体各自诉讼行为的约束，从而对各诉讼主体间的权利义务或诉讼利益关系进行调整。③ 诚实信用原则构筑了民事诉讼的理论根基，因此，民事诉讼中的一切诉讼行为和诉讼程序都应该建立在遵循诚实信用原则的基础之上，各诉讼参加人均应当诚信、善意，而在线民事诉讼中程序选择权的滥用是对诚实信用原则的违背，因此必然要对在线民事诉讼中程序选择权进行合理限制。

2. 禁止权利滥用原则。

法律赋予了民事诉讼当事人各项权利，但"凡权利皆有界限"，任何权利只能是在规定的范围之内行使，而不能滥用。"滥用诉讼权利行为者违反法律，滥用法律赋予的权利用以损害相对方的合法利益，严重违背了信义，是不正当之行为。"④ 诉讼权利的行使，不仅是权利人的自身事务，也会影响他人利益及社会公共利益。"如果权利的行使对对方当事人是不公平的，或者会在社会公众中给司法招致不名誉的后果，这就是对程序的滥用。"⑤ 诉讼权利

---

① 江伟等：《民事诉讼法典专家修改建议稿及立法理由》，法律出版社 2008 年版，第 11 页。

② 陈娴灵：《论民事诉讼诚实信用原则的适用》，载《湖北社会科学》2013 年第 12 期。

③ 张海滨：《滥用诉权及其法律规制研究》，载《厦门大学法律评论》2005 年第 1 期。

④ ［日］兼子一、竹下守夫：《民事诉讼法》，白绿铉译，法律出版社 1995 年版，第 81 页。

⑤ 杜丹：《诉讼诚信论：民事诉讼诚实信用原则之理论及制度构建》，法律出版社 2010 年版，第 166—167 页。

的滥用浪费了司法资源，损害了其他诉讼参加人的诉讼权利，违背了民事诉讼的程序规范，扰乱了民事诉讼的秩序，挑战了司法公信力，并进一步影响到全社会对司法的信赖。因此对于当事人而言，诉讼权利行使的自由不是绝对的，包括在线诉讼中的程序选择权在内的诉讼权利一旦滥用便意味着该权利行使自由的终结，所以限制权利与保护权利是同一问题的正反两面，诉讼权利是当事人进行民事诉讼所必须享有的权能，须通过诉讼行为来行使，而诉讼行为只有是否生效的问题，假若认为违法时，则必然是逾越了权利的范围，而属于无权利的行为。这意味着，权利滥用伊始，即同时失去其权利的性质。

在线民事诉讼中的程序选择权需要遵循禁止权利滥用原则的要求，"应当以是否专门损害他人的实体权利和诉讼权利为衡量标准，如果是，则构成诉讼权利的滥用"①。为回应禁止权利滥用原则的要求，有效避免在线民事诉讼中的程序选择权的滥用，需要从条文规范的角度对当事人的程序选择权进行合理限制。

3. 当事人自我责任原理。

我国民事诉讼程序的制度演进与体制改革的大趋势是逐步确立"当事人主义"，使当事人在民事诉讼中享有包括程序选择权在内的程序主导权，实现民事诉讼程序的整体运行受当事人行为的直接控制。但作为程序主导者，当事人享有主导性的权利之后自然也要承担因此带来的相应责任，这就是当事人自我责任。简言之，"当事人的自我责任是指民事诉讼的当事人须对其在诉讼中作出的积极行为和消极行为所引起的法律后果承担责任"②。我国民事诉讼制度赋予当事人众多诉讼权利，使得作为民事诉讼程序主体的当事人享有充分的程序自由，当事人可以根据其自身需要作出符合其利益最大化的抉择。同时，民事诉讼程序是当事人与法院等各方主体的"合作行为"，当事人的行为并非孤立，一方当事人采取的行为会通过既定程序传导至他方当事人及法院，并直接影响到其他诉讼主体的判断与行为，所以当事人诉讼权利的行使直接关系到他方当事人的诉讼利益及法院所代表的公共利益。因此制度设定

---

① 王猛：《民事诉讼程序滥用规制研究》，上海交通大学 2016 年博士学位论文。

② 李浩：《民事诉讼当事人的自我责任》，载《法学研究》2010 年第 3 期。

时，一方面要尊重当事人的程序主导权，另一方面要引导当事人审慎地进行诉讼，这种制度设定是通过对于当事人课以责任实现的，课以责任的目的则在于使他们的行动比他们在不负有责任的情况下更具有理性。

为了使在线民事诉讼程序的运行更加符合诉讼效率与诉讼公正的要求，在线民事诉讼的制度设定就需要在当事人主义模式的大背景下，依据当事人自我责任原理对当事人的诉讼行为予以引导，引导当事人诚实守信地进行诉讼行为，避免因为权利滥用给自身及其他诉讼主体带来不利益。具体至本文主题，这种引导体现在对在线民事诉讼中当事人的程序选择权进行合理限制。

（三）以当事人存在过错对程序选择权进行合理限制

从诉讼公正的角度出发，民事诉讼程序中当事人双方应该得到一样的待遇，在尊重当事人主体地位和程序选择权的同时，也要考虑到面对一方缺席时另一方到庭参诉当事人的权利。任何民事诉讼主体参与民事诉讼都要支出诉讼成本，这些主体既包括当事人等诉讼参与人，也包括法院，如果民事诉讼程序未能按其事先确定的方式进行，必然导致诉讼成本的增加，假使这种诉讼成本的增加是因缺席方的过错，由此给包括对方当事人在内的其他诉讼主体带来不利益，那么可以认为这种行为就是对诉讼权利的滥用，并且违背了诚实信用原则，因此在这种情况下应当依据当事人自我责任原理对这种诉讼权利滥用行为带来的不利益进行弥补，以恢复诉讼的公正性。所以在线民事诉讼中当事人的程序选择权不应该是绝对的，这种程序选择权的行使应当在不损害其他诉讼主体利益的范围内，这就意味着应当对在线民事诉讼中当事人的程序选择权进行合理限制。具体而言，就是应当由法院以当事人存在过错对在线民事诉讼中当事人的程序选择权进行合理限制，此种设定的最终目的是为缺席审判制度的适用剪除事前阻碍。

1. 对程序选择权进行合理限制的法律依据。

对在线民事诉讼中当事人的程序选择权进行合理限制的依据除前文论述的诉讼效率、诉讼公正、诚实信用原则、禁止权利滥用原则、当事人自我责任原理等理论依据，还有直接的法律依据，体现为《在线诉讼规则》中的第

2 条。① 公正高效和便民利民意味着法院可以根据案情选择诉讼成本最低的且当事人均能接受的诉讼模式，权利保障意味着如果一方当事人存在恶意拖延等过错行为时对另一方的权利应该及时给予保障性的处理。

　　这里有个问题，这种限制是否违背了合法自愿原则呢？《在线诉讼规则》第 5 条第 2 款规定："当事人已同意对相应诉讼环节适用在线诉讼，但诉讼过程中又反悔的，应当在开展相应诉讼活动前的合理期限内提出。经审查，人民法院认为不存在故意拖延诉讼等不当情形的，相应诉讼环节可以转为线下进行。"这是对当事人反悔权利的规定，这一条款可以理解为当事人的反悔应该以无过错为基础。也就是说如果法院可以判定当事人存在故意拖延诉讼、在不合理期限内提出申请等有过错的情形，那么法院可以拒绝当事人提出转为线下进行的请求。综合考量《在线诉讼规则》第 5 条第 2 款确立的当事人对在线诉讼反悔以无过错为基础的规定，同时依据民事诉讼中的诚实信用原则、禁止权利滥用原则、当事人自我责任原理，尊重当事人的程序选择权也要以其无过错为前提，如果缺席方存在过错，那么其再以自愿原则为理由而要求法院和其他诉讼参加人配合其意愿进行诉讼行为就不应该被准许。

　　2. 对程序选择权进行合理限制之操作规范的探讨。

　　对在线民事诉讼中当事人的程序选择权进行合理限制直接影响当事人的诉讼权利，故此种限制只能由作为裁判者的法院去行使。为保证此种限制的合理合法，需要在对应的法律、司法解释中规定此种限制以当事人有过错为条件，这样一来既能充分保证当事人的诉讼权利，又能确保各级各地法院裁量的统一。具体而言，判定在线民事诉讼中当事人是否有过错的标准应当为

---

　　① 《在线诉讼规则》第 2 条规定："人民法院开展在线诉讼应当遵循以下原则：（一）公正高效原则。严格依法开展在线诉讼活动，完善审判流程，健全工作机制，加强技术保障，提高司法效率，保障司法公正。（二）合法自愿原则。尊重和保障当事人及其他诉讼参与人对诉讼方式的选择权，未经当事人及其他诉讼参与人同意，人民法院不得强制或者变相强制适用在线诉讼。（三）权利保障原则。充分保障当事人各项诉讼权利，强化提示、说明、告知义务，不得随意减少诉讼环节和减损当事人诉讼权益。（四）便民利民原则。优化在线诉讼服务，完善诉讼平台功能，加强信息技术应用，降低当事人诉讼成本，提升纠纷解决效率。统筹兼顾不同群体司法需求，对未成年人、老年人、残障人士等特殊群体加强诉讼引导，提供相应司法便利。（五）安全可靠原则。依法维护国家安全，保护国家秘密、商业秘密、个人隐私和个人信息，有效保障在线诉讼数据信息安全。规范技术应用，确保技术中立和平台中立。"

其是否存在故意拖延的恶意。

依据《在线诉讼规则》第 5 条、第 6 条、第 25 条的列举，当事人如果同意在线诉讼后又反悔，那么其存在恶意的表现形式就是"故意拖延""在不合理期限内提出申请""不存在不可抗力"，第 5 条、第 6 条列举的情况是在线诉讼庭审等诉讼活动进行之前，第 25 条列举的情况是在线诉讼庭审等诉讼活动进行之后。对上述三个条文所涵盖的规范精神的解读不可以仅限于"当事人同意后的反悔"这一种情形，在法院初始征求当事人是否同意适用在线民事诉讼之时，就应以其是否有故意拖延的恶意判定其是否有过错。在线民事诉讼进行之前如果当事人能证明自身存在不能使用在线诉讼的不可抗力，那么自然不是故意拖延；如果当事人在合理期限内提出不同意在线诉讼的申请，也不应当属于故意拖延。因此在线民事诉讼的适用中，当事人是否具有恶意的判定标准仅有是否存在"故意拖延"的因素。从根本上说，缺席审判制度的适用针对的是缺席方存在故意拖延的恶意，所以判断是否应当适用缺席审判的标准也应是缺席方有无故意拖延的恶意。

3. 对程序反悔权进行合理限制的探讨。

《在线诉讼规则》赋予了当事人在同意适用在线民事诉讼后反悔的权利，也规定了这一反悔的提出应该在合理期限内，但对于这一合理期限《在线诉讼规则》未作规定，作者建议在民事诉讼程序的运作范畴内，这一期限应该限定为至少三个工作日。

《民事诉讼法》第 139 条规定，人民法院审理民事案件，应当在开庭三日前通知当事人和其他诉讼参与人。现行民事诉讼法律对庭审的通知时间设定了三日的下限，考虑到司法实务中为进行线下民事诉讼需要做的准备，当事人如果反悔并拒绝适用在线民事诉讼，那么其应当保证至少提前三个工作日将自己拒绝的意思表示以书面形式送达审判工作人员，此处的三个工作日不应当计算在途时间，同时需要说明的是此处的三个工作日不含本数，如 2022 年 5 月 27 日为预定的在线庭审日期，那么当事人的拒绝通知送达的日期至晚在 2022 年 5 月 24 日。如果在线民事诉讼活动开始的三个工作日之前审判工作人员未收到当事人拒绝的书面意思表示，那么可以认定该当事人仍旧同意适用在线诉讼，在这一时间点后如果当事人提出反悔的意思表示则可以视为该当事人存在故意拖延的恶意，在此情形下适用缺席审判应当是合法的。此处扩展谈一下，既然给当事人限定了反悔申请的提出时间，那么在线民事诉讼庭审等诉讼活动的通知时间应当相应延长，给当事人留出调试设备等准备时间，以便当事人判断自己是否有能力进行在线民事诉讼或在线民事诉讼的形式能否实现其诉讼目的，所以作者建议将对在线民事诉讼庭审的通知时间在现有规定的基础之上再延长三日。

（四）以有无过错判定"正当理由"是否成立

我国民事诉讼程序有审限的要求，对于提起民事诉讼的一方当事人来说，民事诉讼的审理时长对其自身利益的影响更直接也更大。因此，为保证民事诉讼的效率和公正，应当保证法院在处理每个民事案件时有充分的时间来查清案件事实、确定法律适用，所以民事诉讼程序的开展应该避免一切不必要的拖延。考虑到当事人参诉的便利程度，在线民事诉讼相较于线下民事诉讼更能保证诉讼效率，且法律也明确规定在线民事诉讼和线下民事诉讼具有同等效力。从上述角度出发，法院可以主动要求当事人配合进行在线诉讼。在法院决定适用在线民事诉讼之后，出于对当事人程序选择权的保障和主体地位的尊重，当事人可以拒绝适用在线民事诉讼，但这一拒绝应该以不影响诉讼效率为前提，并不得违背民事诉讼的诚实信用原则和禁止权利滥用原则，且要满足当事人自我责任原理的要求，也就表现为提出拒绝在线诉讼需具备"正当理由"并愿意积极配合进行线下民事诉讼。从司法实务的角度出发，就需要增加以当事人有无过错作为判定"正当理由"是否成立的法律依据，以此为在线民事诉讼中缺席审判制度的适用免除后顾之忧。

依上文论述，"正当理由"包括"当事人主观不愿""当事人客观不能""案件性质不宜"，因"案件性质不宜"只有四种情形且条文描述清晰，适用情况不多且较易判定，故下文将对"当事人主观不愿"和"当事人客观不能"的审核与判定展开阐述。

1. "当事人主观不愿"应当满足无过错的要求。

为保证在线民事诉讼的公正和效率，并遵循民事诉讼的诚实信用原则、禁止权利滥用原则和当事人自我责任原理，如果当事人不能提出拒绝在线民事诉讼的客观理由或者所提出的理由不成立，那么其主观不愿应当以无过错为前提。这一无过错表现为不存在恶意拖延的表现，具体情形如下：如果当事人主观不愿参加在线民事诉讼，但是愿意并可以参加线下民事诉讼，那么法院可以采取线上、线下同时进行的诉讼模式来推进审理；如果当事人主观不愿参加在线民事诉讼，且客观不能参加线下民事诉讼，那么法院可以采取依法延期审理等方式进行处理；如果当事人主观不愿参加在线民事诉讼，也主观不愿参加线下民事诉讼，那么可以判定该当事人存在恶意拖延的过错，依上文所述，法院此时可以对当事人的程序选择权进行合理限制，在此情形下适用缺席审判应当是合法的。

2. "当事人客观不能"应当满足无主观过错的要求。

"当事人主观不愿"是纯主观的意志表达，提出这一主张不需要以任何的客观依据为支撑，因此如果当事人可以依据主观不愿来实现拒绝在线诉讼之目的时，客观不能的理由无论是否提出法院均没有审核的必要。需要当事人提出客观不能进行在线诉讼的正当理由并需要法院进行审核的，只有当事人主张其主观愿意进行在线诉讼但是受限于客观因素不能时。因缺席审判制度的适用针对的是缺席方存在故意拖延的恶意，判断是否应当适用缺席审判的依据也应是缺席方有无故意拖延的恶意。所以考量缺席方主张的"客观不能"是否属于"正当理由"时也需要审核缺席方的主观因素，只有这种"不能"可以彻底排除缺席方的全部主观因素，缺席方才能被认定不存在主观恶意拖延的过错，"当事人客观不能"才真正具备客观性，缺席方也才能被判定为其存在拒绝适用在线民事诉讼的"正当理由"。

具体而言，如果缺席方在之前的民事诉讼程序中使用了在线诉讼，但是现在又主张其"不具备参与在线庭审的技术条件和能力"，那么可以当然判定这一客观理由不成立；"电力中断""网络故障"如果是因为缺席方自己未按时缴纳相应费用导致，则可以判定客观不能的理由不成立；"电力中断""网络故障""设备损坏"如果是因为缺席方故意或者过失破坏在线诉讼的设备，则也可以判定客观不能的理由不成立。需要说明的是，"不可抗力"本身的概念已经排除了缺席方的主观因素，故"不可抗力"理由的成立可以视为缺席方无过错。

3. 对判定"正当理由"是否成立的审核程序之探讨。

当事人主张其主观不愿进行在线诉讼后法院之处理在前文已经论述，在此不再赘述。如果当事人主张其客观不能，该主张是否成立应该由法院根据提出主张的一方当事人的举证进行判断。对这一举证应该设置一定的规范要求，从形式上，提出主张的一方应该以书面方式提交；从时间上，提出主张的一方应该在其客观不能的理由发生时提交。这里有一个问题，如果当事人主张自己存在客观不能进行在线诉讼的情形，但其无法举证或者其举证经法院审核后认定不能支持其理由，那么其可否再次主张自己主观不愿？作者认为不可。因为依据民事诉讼的诚实信用原则、禁止权利滥用原则和当事人自我责任原理，民事诉讼对当事人有"禁反言"之要求，这一要求意味着当事人在诉讼中的陈述应前后保持一致，因此如果缺席方以自己存在客观不能进行在线诉讼情形为理由拒绝或终止在线民事诉讼程序，而事后其主张又无法被证实，则可以认定其存在妨害民事诉讼的情形，法院可以依法采取强制措施进行处理。同理，"禁反言"还要求当事人在诉讼中的诉讼行为，包括对诉讼权利的处分也前后一致，所以如果缺席方在庭审前同意在线民事诉讼，但在庭审中乃至庭审后又主张不同意适用在线诉讼且没有属于"当事人客观不能"或"案件性质不宜"的"正当理由"，则同属于对"禁反言"要求的违背，法院也可以认定其存在妨害民事诉讼的情形并依法采取强制措施进行处理。

生物安全刑法修法问题研究

张　拓*

（中国人民公安大学法学院）

摘　要： 生物安全面临着传统威胁与非传统威胁并存的严峻形势。《刑法修正案（十一）》针对生物安全保护问题做出了修改完善、贯彻了刑事政策的基本要求、解决了司法实践的突出问题且顺应了罪刑结构的调整趋向。生物安全刑法保护在内容上应当遵循修法之系统性与谦抑性，在形式上应当保持修法之稳定性与统一性。此次生物安全刑法修法存在保护范围与介入强度之不足。对于生物安全刑法的进一步完善，应当以前置性法律规范为基础扩大保护范围并且以相似性罪刑规定为参考提高介入强度。从法治实践的现实状况及未来面向来看，应当提倡生物安全法益。

关键词： 生物安全；刑法修法；保护范围；介入强度；生物安全法益

一、问题的提出

在现代社会中，生物安全已经成为影响人类生存的重要议题。国际社会高度重视生物安全问题，世界各国纷纷做出宏观战略布局。欧盟科研框架计划（FP）、欧盟"地平线2020"计划（Horizon 2020）以及欧洲创新药物计划（IMI）对生物安全问题做出了回应。[①] 近年来，我国也进行了积极部署。党的十八大以来，党中央高度重视生物安全保护工作。2020年《中共中央关于制定国民经济和社会发展第十四个五年规划和二〇三五年远景目标的建议》

---

* 张拓，男，中国人民公安大学法学院刑法教研室主任、讲师、硕士生导师。

① 参见中国科学院武汉文献情报中心、中国科学院科技战略咨询研究院生物安全研究中心编著：《生物安全发展报告2020》，科学出版社2020年版，第10—37页。

中出现了诸如"实施生物多样性保护重大工程""强化生物安全保护,提高食品药品等关系人民健康产品和服务的安全保障水平"的相关要求。针对生物安全威胁的现实危害与潜藏危险,我国已经完成了生物安全专项立法工作,《生物安全法》已于2020年10月17日由第十三届全国人民代表大会常务委员会第二十二次会议通过,自2021年4月15日起施行。2020年12月26日,第十三届全国人民代表大会常务委员会第二十四次会议通过了《刑法修正案(十一)》,强化了对生物安全的刑法保护,优化了与《生物安全法》的责任衔接。此次刑法修法针对性回应了司法实践中的诸多现实难题,为惩治危害生物安全的犯罪行为提供了有效的规范支撑。然而,在生物安全风险变幻莫测的形势下,刑法立法依然亟须进一步完善。

二、生物安全威胁与刑法最新修正

(一) 生物安全威胁的形势与挑战

生物安全 (biological safety 或者 biological security,biosafety 或者 biosecurity) 有狭义与广义之分。狭义概念的出现时间较早,"仅指由生物技术研发的转基因生物对于生态和健康带来的安全性问题,即影响环境和生物多样性的生态安全和影响人类身体健康的公共卫生安全两种风险类型"[1]。随着现实问题的凸显,生物安全具有更加广泛的含义,生物武器、外来物种入侵、重大传染病疫情等人为或自然的生物安全威胁均被纳入生物安全的基本范畴,形成广义概念。"广义的'生物安全',是指人的生命和健康、生物的正常生存以及生态系统的正常状态不受致病有害生物、外来入侵生物以及现代生物技术研发应用活动侵害的状态。"[2]有学者还将生物安全保护纳入基本概念,认为"广义的生物安全等于生物安全问题加上保持安全的状态、维护安全的能力三个层面的含义"[3]。还有学者从主体上做出了宽泛的界定,认为生物安全不仅

---

① 秦天宝:《〈生物安全法〉的立法定位及其展开》,载《社会科学辑刊》2020年第3期。
② 于文轩:《生物安全法的基本原则》,载《中国生态文明》2020年第1期。
③ 罗亚文:《总体国家安全观视域下生物安全概念及思考》,载《重庆社会科学》2020年第7期。

包括人类自身安全，还涉及有益生物（排除病虫、病原物、杂草等有害生物）的安全，具体表现为人类的生命健康权、生存与发展，以及有益生物（包括动物、植物与微生物）正常地生存繁衍与发挥作用。① 为了契合生物安全的时代特征以及更加全面地实施保护，采用广义概念更为适宜。生物安全有别于普通人身权益或动物权益，具有如下特征：（1）根本性。生物安全与种族的存续紧密相连，关乎人类与有益生物生存与发展的可持续性。（2）综合性。生物安全并非局限于个别领域，只要涉及生物的根本利益，均为生物安全的题中应有之义。（3）整体性。生物安全重点关注宏观生命健康，不受限于个体。（4）开放性。生物安全内涵会随着时代变化而不断扩充，表现为具有包容性的概念系统。②从基本内涵可以看出，生物安全对于国家稳定与社会发展意义重大，一旦遭受严重破坏，国家与社会的发展根基将会被动摇。生物安全形势不容乐观，传统威胁与非传统威胁并存的现实状况给生物安全刑法保护带来了巨大挑战。

1. 生物安全的传统威胁。

（1）生物战与生物武器。

生物武器具有成本低、范围广且传染性强的特点，我国历史上也曾受到生物武器的侵害。虽然生物武器因为具有严重的反人类性而被国际社会所禁止，但是威胁依然存在。虽然《禁止生物武器公约》设置了相关义务，但是并未形成实质性的履约核查制度，因此该公约难以发挥出实效。

（2）重大新发突发传染病和动植物疫情。

目前，全球表现出新发传染病和传统传染病交替并存的格局，仅2017年至2018年，世界各国暴发或持续暴发了多种疫情，主要有埃博拉、塞卡、登革热、中东呼吸综合征、霍乱、黄热病以及鼠疫、沙拉热、尼帕病毒等。③动植物疫病传播风险也不容小觑，不仅能够导致动植物的病死，还危害人类的身体健康。例如，H7N9的人感染病例与分离率自2018年以来均有所下降，

---

① 参见谭万忠、彭于发主编：《生物安全学导论》，科学出版社2015年版，第1页。
② 王会：《总体国家安全观视域下的生物安全》，载《卫生职业教育》2020年第13期。
③ 参见王磊、张宏、王华主编：《全球生物安全发展报告（2017—2018年度）》，科学出版社2019年版，第3页。

但是相关疫情仍然表现出散发程度高、分布地区广、病例增多等特征，对我国养禽业以及公民身体健康造成了严重威胁。[1]

（3）转基因技术。

转基因技术能够实现对生物遗传特性的定向改造，通过外源基因在受体生物中的整合，获得符合需求的生物性状。转基因技术的出现意义非凡，给生物科学的进步带来了无限可能。但是，"转基因生物安全问题涉及方法论意义上科学不确定性的多种情形"[2]，人们在憧憬美好未来的同时，也产生了对转基因生物安全性的担忧。转基因生物可能损害非目标生物，诱发害虫、野草的抗性，对生物多样性和生态环境产生影响，并且对人体健康造成威胁。[3]

（4）外来物种入侵。

无害的物种引进对于生物多样性的保持以及生物资源的扩充具有积极意义，但是有害物种存在掠夺生长资源、造成物种危机的风险。随着国际交流的日益频繁，动物、植物以及微生物物种通过人为传带进入境内的可能性越来越高，尤其表现在对物种的有意引进。外来物种入侵的负面影响表现为生物多样性减少、自然灾害频繁爆发、影响人类健康以及破坏生态平衡。[4] 我国外来物种入侵的形势不容乐观，截至 2020 年，全国已发现 660 多种外来入侵物种，其中，71 种对自然生态系统已造成或具有潜在威胁并被列入《中国外来入侵物种名单》，219 种外来入侵物种已入侵国家级自然保护区，其中 48 种外来入侵物种被列入《中国外来入侵物种名单》。[5]

（5）物种资源流失。

我国丰富的物种资源的流失状况在新中国成立后形势一度十分严峻。之后，随着出入境管控力度的不断加大，我国物种资源的流失状况得到了明显

① 参见梅雨婷、刘芳、何忠伟：《中国 H7N9 动物疫情防控现状及对策》，载《农业展望》2019 年第 8 期。
② 王明远、金峰：《科学不确定性背景下的环境正义——基于转基因生物安全问题的讨论》，载《中国社会科学》2017 年第 1 期。
③ 参见王加连：《转基因生物与生物安全》，载《生态学杂志》2006 年第 3 期。
④ 参见王丰年：《外来物种入侵的历史、影响及对策研究》，载《自然辩证法研究》2005 年第 1 期。
⑤ 参见《2020 年中国生态环境状况公报》，载中华人民共和国生态环境部网站，https://www.mee.gov.cn/hjzl/sthjzk/zghjzkgb/202105/P020210526572756184785.pdf，2023 年 8 月 26 日访问。

改善。然而，我国物种资源流失的风险依然较高，从 2008 年到 2013 年，各直属检验检疫局共上报物种资源出入境记录 111936 个，其中，物种资源出境截获记录 87387 个（动物 29185 个，植物 57415 个，微生物 787 个），涉及物种种类 4026 个（动物 350 个，植物 3587 个，微生物 89 个），物种流向 148 个国家和地区。①

2. 生物安全的非传统威胁。

（1）生物恐怖。

生物恐怖袭击所使用的病原体不仅具有较高毒性，对人员伤亡率高，而且有极高的传染性，常为气溶状态的吸入性传播，可在人与人之间直接传播，还具有较强的对外环境抵抗力。② 具有便捷性与高效性的生物战剂，有被用来发动恐怖袭击的风险。国际生物恐怖形势较为严峻。对于我国，生物恐怖可能来源于国内外多个方面。"在我国境内，短期内生物恐怖活动还未成气候，但随着恐怖主义的国际性流动，生物恐怖防御的难度正在增大。"③

（2）实验室生物泄漏。

在进行生物实验的过程中，诸如病毒、细菌等病原微生物材料将会被长期或暂时地存放在实验室中。如果在进出实验室时没有做到有效的防护或者实验室欠缺密闭性，则可能会导致致命性的病原体从实验室中泄漏出来，造成严重后果。一般来看，实验室发生生物泄漏的原因主要为物品管理不善、操作不当、器皿消毒不严、生物灭活失度，等等。④ 随着我国生物科技的迅速发展，生物实验场所将会逐渐增多，但是实验室生物风险防范中存在诸多风险，主要表现为实验人员不规范操作风险、实验动物管理存在隐患风险、感染性材料处置存在风险以及实验室人员生物安全防范意识有待提高。⑤

---

① 宋云、许瑾、赵竹等：《我国进出口贸易中生物物种资源调查分析》，载《植物检疫》2015 年第 5 期。

② 参见姜庆五：《生物恐怖的威胁及其对策》，载《疾病控制杂志》2003 年第 1 期。

③ 参见中国科学院武汉文献情报中心、中国科学院科技战略咨询研究院生物安全研究中心编著：《生物安全发展报告 2020》，科学出版社 2020 年版，第 8 页。

④ 董立：《生物实验室生物泄露的主要原因及其对策》，载《山西医药杂志》2006 年第 11 期。

⑤ 参见秦天宝：《论实验室生物安全法律规制之完善》，载《甘肃政法学院学报》2020 年第 3 期。

（3）生物技术误用谬用。

现代生物技术并非初级的转基因技术，极为复杂与精细的基因编辑技术已经逐渐发展起来，制造合成生物也不再遥不可及。基因编辑技术最初表现为依赖细胞自然发生的同源重组，而当前已经产生了跨越式的发展，几乎可以实现任意位点的靶向切割，操作的简易性与高效性使得物种遗传改造得到了大幅度发展。① 此外，合成生物问题也值得警惕，主要表现在：①合成生物的人工生物元件可能对人类或其他生物和生态环境的安全性产生潜在威胁；②合成生物的代谢产物可能存在生物安全隐患；③合成生物体可能对环境产生潜在生物安全威胁；④合成生物还可能被利用于制造生物武器。②

（4）耐药微生物。

耐药微生物是指对抗生素等药物具有抵抗力的微生物，主要指"多重耐药性细菌"，俗称超级细菌（superbug）。耐药微生物的产生与抗生素的滥用密切相关。抗生素耐药性（即内在抗性）是环境微生物的固有特性，然而，由于大量使用而导致的抗性基因的扩散与传播广泛存在，并且已经成为世界性的健康威胁。③

（5）人类遗传资源流失。

人类遗传资源一旦被不法分子掌握，如被用于制造具有针对性的基因武器，可能会造成严重后果。研究人员从公开的人类基因组数据库以及科学文献数据库中获取相关数据后可以探究并确定特定人群基因组特征与病毒感染之间的关系，从而制造出能够增加特定人群感染风险的病毒。④ 我国科学技术部已经对 6 家单位违反人类遗传资源保护的行为作出了处罚。⑤

---

① 参见卢俊南、褚鑫、潘燕平等：《基因编辑技术：进展与挑战》，载《中国科学院院刊》2018 年第 11 期。

② 参见王磊、张宏、王华主编：《全球生物安全发展报告（2017—2018 年度）》，科学出版社 2019 年版，第 127 页。

③ 参见朱永官、欧阳纬莹、吴楠等：《抗生素耐药性的来源与控制对策》，载《中国科学院院刊》2015 年第 4 期。

④ 参见石锦浩、黎爱军：《人类遗传资源管理与生物安全现状》，载《解放军医院管理杂志》2019 年第 8 期。

⑤ 参见国科罚〔2018〕1 号、国科罚〔2018〕2 号、国科罚〔2018〕3 号、国科罚〔2016〕1 号、国科罚〔2015〕1 号以及国科罚〔2015〕2 号。

（二）《刑法修正案（十一）》的应对与修改

1. 《刑法修正案（十一）》对生物安全的修法内容。

基于广义概念的考量，生物安全具有根本性、综合性、整体性与开放性，因此生物安全刑法的容体现在诸如食品药品安全、生态环境安全等具体方面，而此次刑法修法对于各相关领域做出了广泛修改。

（1）关于食品药品安全。

对于食品药品安全，《刑法修正案（十一）》修改了3个现有罪名，增设了1个新罪名。其一，修改第141条生产、销售假药罪，删除原条文第2款关于假药的界定，在第2款增设提供假药的行为类型[①]，罪名相应调整为生产、销售、提供假药罪；其二，修改第142条生产、销售劣药罪，将原条文第1款中的倍比罚金刑修改为一般罚金刑，删除原条文第2款关于劣药的界定，在第2款增设提供劣药的行为类型[②]，罪名相应调整为生产、销售、提供劣药罪；其三，修改第408条之一食品监管渎职罪，将负有药品安全监督管理职责的国家机关工作人员纳入规制范围，并不再绝对以实害结果为入罪标准，加入情节要素[③]，罪名相应调整为食品、药品监管渎职罪；其四，增设第142

---

① 参见《刑法修正案（十一）》第5条："将刑法第一百四十一条修改为：生产、销售假药的，处三年以下有期徒刑或者拘役，并处罚金；对人体健康造成严重危害或者有其他严重情节的，处三年以上十年以下有期徒刑，并处罚金；致人死亡或者有其他特别严重情节的，处十年以上有期徒刑、无期徒刑或者死刑，并处罚金或者没收财产。药品使用单位的人员明知是假药而提供给他人使用的，依照前款的规定处罚。'"

② 参见《刑法修正案（十一）》第6条："将刑法第一百四十二条修改为：'生产、销售劣药，对人体健康造成严重危害的，处三年以上十年以下有期徒刑，并处罚金；后果特别严重的，处十年以上有期徒刑或者无期徒刑，并处罚金或者没收财产。药品使用单位的人员明知是劣药而提供给他人使用的，依照前款的规定处罚。'"

③ 参见《刑法修正案（十一）》第45条："将刑法第四百零八条之一第一款修改为：'负有食品药品安全监督管理职责的国家机关工作人员，滥用职权或者玩忽职守，有下列情形之一，造成严重后果或者有其他严重情节的，处五年以下有期徒刑或者拘役；造成特别严重后果或者有其他特别严重情节的，处五年以上十年以下有期徒刑：（一）瞒报、谎报食品安全事故、药品安全事件的；（二）对发现的严重食品药品安全违法行为未按规定查处的；（三）在药品和特殊食品审批审评过程中，对不符合条件的申请准予许可的；（四）依法应当移交司法机关追究刑事责任不移交的；（五）有其他滥用职权或者玩忽职守行为的。'"

条之一妨害药品管理罪，将四种严重妨害药品管理的行为纳入刑法典予以规制。①

（2）关于人类遗传资源安全。

对于人类遗传资源安全，《刑法修正案（十一）》增设了2个新罪名。其一，增设第334条之一非法采集人类遗传资源、走私人类遗传资源材料罪，将非法采集我国人类遗传资源以及非法运送、邮寄、携带我国人类遗传资源材料出境，危害公众健康或者社会公共利益且情节严重的行为，规定为犯罪。② 其二，增设第336条之一非法植入基因编辑、克隆胚胎罪，对于将基因编辑、克隆的人类胚胎植入人体或者动物体内，或者将基因编辑、克隆的动物胚胎植入人体内且情节严重的行为，予以犯罪化。③

（3）关于物种资源安全。

对于物种资源安全，《刑法修正案（十一）》增设了3个新罪名。其一，增设第341条第3款非法猎捕、收购、运输、出售陆生野生动物罪，将违反野生动物保护管理法规，以食用为目的非法猎捕、收购、运输、出售除珍贵、濒危野生动物以外的在野外环境自然生长繁殖的陆生野生动物且情节严重的

---

① 参见《刑法修正案（十一）》第7条："在刑法第一百四十二条后增加一条，作为第一百四十二条之一：'违反药品管理法规，有下列情形之一，足以严重危害人体健康的，处三年以下有期徒刑或者拘役，并处或者单处罚金；对人体健康造成严重危害或者有其他严重情节的，处三年以上七年以下有期徒刑，并处罚金：（一）生产、销售国务院药品监督管理部门禁止使用的药品的；（二）未取得药品相关批准证明文件生产、进口药品或者明知是上述药品而销售的；（三）药品申请注册中提供虚假的证明、数据、资料、样品或者采取其他欺骗手段的；（四）编造生产、检验记录的。有前款行为，同时又构成本法第一百四十一条、第一百四十二条规定之罪或者其他犯罪的，依照处罚较重的规定定罪处罚。'"

② 参见《刑法修正案（十一）》第38条："在刑法第三百三十四条后增加一条，作为第三百三十四条之一：'违反国家有关规定，非法采集我国人类遗传资源或者非法运送、邮寄、携带我国人类遗传资源材料出境，危害公众健康或者社会公共利益，情节严重的，处三年以下有期徒刑、拘役或者管制，并处或者单处罚金；情节特别严重的，处三年以上七年以下有期徒刑，并处罚金。'"

③ 参见《刑法修正案（十一）》第39条："在刑法第三百三十六条后增加一条，作为第三百三十六条之一：'将基因编辑、克隆的人类胚胎植入人体或者动物体内，或者将基因编辑、克隆的动物胚胎植入人体内，情节严重的，处三年以下有期徒刑或者拘役，并处罚金；情节特别严重的，处三年以上七年以下有期徒刑，并处罚金。'"

行为，规定为犯罪。① 其二，增设第 342 条之一破坏自然保护地罪，将违反自然保护地管理法规，在国家公园、国家级自然保护区进行开垦、开发活动或者修建建筑物且造成严重后果或者有其他恶劣情节的行为，予以犯罪化。② 其三，增设第 344 条之一非法引进、释放、丢弃外来入侵物种罪，将违反国家规定，非法引进、释放或者丢弃外来入侵物种且情节严重的行为，规定为犯罪。③

（4）关于生态环境安全。

对于生态环境安全，《刑法修正案（十一）》修改了 2 个现有罪名。其一，修改第 338 条污染环境罪，进一步将结果规制调整为情节规制，并且调高法定刑，增加"七年以上有期徒刑，并处罚金"的加重量刑幅度。④ 其二，修改第 229 条提供虚假证明文件罪，将承担环境影响评价、环境监测职责的中介组织的人员故意提供虚假证明文件且情节严重的行为规定为犯罪，同时

---

① 参见《刑法修正案（十一）》第 41 条："在刑法第三百四十一条中增加一款作为第三款：'违反野生动物保护管理法规，以食用为目的非法猎捕、收购、运输、出售第一款规定以外的在野外环境自然生长繁殖的陆生野生动物，情节严重的，依照前款的规定处罚。'"

② 参见《刑法修正案（十一）》第 42 条："在刑法第三百四十二条后增加一条，作为第三百四十二条之一：'违反自然保护地管理法规，在国家公园、国家级自然保护区进行开垦、开发活动或者修建建筑物，造成严重后果或者有其他恶劣情节的，处五年以下有期徒刑或者拘役，并处或者单处罚金。有前款行为，同时构成其他犯罪的，依照处罚较重的规定定罪处罚。'"

③ 参见《刑法修正案（十一）》第 43 条："在刑法第三百四十四条后增加一条，作为第三百四十四条之一：'违反国家规定，非法引进、释放或者丢弃外来入侵物种，情节严重的，处三年以下有期徒刑或者拘役，并处或者单处罚金。'"

④ 参见《刑法修正案（十一）》第 40 条："将刑法第三百三十八条修改为：'违反国家规定，排放、倾倒或者处置有放射性的废物、含传染病病原体的废物、有毒物质或者其他有害物质，严重污染环境的，处三年以下有期徒刑或者拘役，并处或者单处罚金；情节严重的，处三年以上七年以下有期徒刑，并处罚金；有下列情形之一的，处七年以上有期徒刑，并处罚金：（一）在饮用水水源保护区、自然保护地核心保护区等依法确定的重点保护区域排放、倾倒、处置有放射性的废物、含传染病病原体的废物、有毒物质，情节特别严重的；（二）向国家确定的重要江河、湖泊水域排放、倾倒、处置有放射性的废物、含传染病病原体的废物、有毒物质，情节特别严重的；（三）致使大量永久基本农田基本功能丧失或者遭受永久性破坏的；（四）致使多人重伤、严重疾病，或者致人严重残疾、死亡的。有前款行为，同时构成其他犯罪的，依照处罚较重的规定定罪处罚。'"

增加"五年以上十年以下有期徒刑，并处罚金"的加重量刑档次。①

（5）关于公共卫生安全。

对于公共卫生安全，《刑法修正案（十一）》修改了第330条妨害传染病防治罪，涉及四个方面的变化：其一，将入罪条件由"引起甲类传染病传播或者有传播严重危险的"修改为"引起甲类传染病以及依法确定采取甲类传染病预防、控制措施的传染病传播或者有传播严重危险的"。其二，将行为类型中"拒绝按照卫生防疫机构提出的卫生要求"以及"拒绝执行卫生防疫机构依照传染病防治法提出的预防、控制措施的"分别修改为"拒绝按照疾病预防控制机构提出的卫生要求"以及"拒绝执行县级以上人民政府、疾病预防控制机构依照传染病防治法提出的预防、控制措施的"。其三，将未按照要求进行消毒处理的对象由"污水、污物、粪便"修改为"污水、污物、场所和物品"。其四，增加"出售、运输疫区中被传染病病原体污染或者可能被传染病病原体污染的物品，未进行消毒处理的"行为类型。②

2.《刑法修正案（十一）》对生物安全的修法特征。

（1）贯彻刑事政策的基本要求。

---

① 参见《刑法修正案（十一）》第25条："将刑法第二百二十九条修改为：'承担资产评估、验资、验证、会计、审计、法律服务、保荐、安全评价、环境影响评价、环境监测等职责的中介组织的人员故意提供虚假证明文件，情节严重的，处五年以下有期徒刑或者拘役，并处罚金；有下列情形之一的，处五年以上十年以下有期徒刑，并处罚金：（一）提供与证券发行相关的虚假的资产评估、会计、审计、法律服务、保荐等证明文件，情节特别严重的；（二）提供与重大资产交易相关的虚假的资产评估、会计、审计等证明文件，情节特别严重的；（三）在涉及公共安全的重大工程、项目中提供虚假的安全评价、环境影响评价等证明文件，致使公共财产、国家和人民利益遭受特别重大损失的。有前款行为，同时索取他人财物或者非法收受他人财物构成犯罪的，依照处罚较重的规定定罪处罚。第一款规定的人员，严重不负责任，出具的证明文件有重大失实，造成严重后果的，处三年以下有期徒刑或者拘役，并处或者单处罚金。'"

② 参见《刑法修正案（十一）》第37条："将刑法第三百三十条第一款修改为：'违反传染病防治法的规定，有下列情形之一，引起甲类传染病以及依法确定采取甲类传染病预防、控制措施的传染病传播或者有传播严重危险的，处三年以下有期徒刑或者拘役；后果特别严重的，处三年以上七年以下有期徒刑：（一）供水单位供应的饮用水不符合国家规定的卫生标准的；（二）拒绝按照疾病预防控制机构提出的卫生要求，对传染病病原体污染的污水、污物、场所和物品进行消毒处理的；（三）准许或者纵容传染病病人、病原携带者和疑似传染病病人从事国务院卫生行政部门规定禁止从事的易使该传染病扩散的工作的；（四）出售、运输疫区中被传染病病原体污染或者可能被传染病病原体污染的物品，未进行消毒处理的；（五）拒绝执行县级以上人民政府、疾病预防控制机构依照传染病防治法提出的预防、控制措施的。'"

对于生物安全保护，刑事政策的刑法化是此次刑法修正的显著特征。刑事政策作用于犯罪形势与刑事法治之间，其功能表现为根据犯罪形势的变化指导刑事立法以及刑事司法。如果刑事政策的基本要求没有在刑事法律规范中得到及时贯彻，犯罪治理的成效将会大打折扣。或者由于没有落脚于具体的罪刑规定而致使本身具有宏观性的刑事政策要求被虚置，成为形式上的口号，或者因为突破刑事规范的有效控制而直接影响具体案件的办理，产生放纵犯罪或侵犯人权的刑事风险。因此，刑事政策的适当与适时刑法化对于合理应对犯罪形势的变化具有重要作用。当犯罪形势表现出极为严峻的发展态势时，刑事法治的介入程度应当更加全面与深入，这也符合宽严相济刑事政策中"该严则严"的基本要求。保护生物安全的紧迫性是国家制定《生物安全法》的重要原因，立法草案说明明确指出，"当前我国生物安全形势严峻，生物战和以非典、埃博拉病毒、非洲猪瘟等为代表的重大新发突发传染病及动植物疫情等传统生物威胁依然存在，生物恐怖袭击、生物技术误用谬用、实验室生物泄漏等非传统生物威胁凸显"。① 为了有效防范生物安全风险的现实威胁，对于危害生物安全的犯罪行为，确立从严惩治的刑事政策势在必行。"对于那些具有严重社会危害性的行为，如生物武器威胁、生物恐怖活动、非法人体基因编辑、人类遗传资源窃取等应通过刑事责任予以惩罚（如设立'危害生物安全罪'）。"② 事实上，将生物安全纳入国家安全体系鲜明地表现出提高生物安全保护力度的必要性，在刑事领域则直接体现为提高对于危害生物安全犯罪的惩治力度。此次刑法修正全方位、多领域地强化了对生物安全的刑法保护，不仅扩大了惩处范围，而且提高了个别罪名的法定刑，充分贯彻了从严惩治的刑事政策要求。从内容来看，修法涉及食品药品安全、遗传资源安全、物种资源安全、生态环境安全、公共卫生安全等多个领域，基本回应了生物安全威胁的形势变化。从时间上看，2020 年 6 月 28 日，《刑法修正案（十一）（草案）》提请审议与公开征求意见时就对生物安全刑法做

① 参见《关于〈中华人民共和国生物安全法（草案）〉的说明——2019 年 10 月 21 日在第十三届全国人民代表大会常务委员会第十四次会议上》，载《中华人民共和国全国人民代表大会常务委员会公报》2020 年第 5 期。

② 刘旭霞：《〈生物安全法〉应突出生物技术安全防范问题》，载《北京航空航天大学学报（社会科学版）》2019 年第 5 期。

出了大幅度完善。个罪修改对于刑事政策刑法化的体现更加鲜明，例如，2020年2月24日全国人大常委会通过的《关于全面禁止非法野生动物交易、革除滥食野生动物陋习、切实保障人民群众生命健康安全的决定》明确禁止猎捕、交易、运输、食用陆生野生动物，这一要求直接在《刑法修正案（十一）》中以非法猎捕、收购、运输、出售陆生野生动物罪的形式得到了贯彻。

（2）解决司法实践的突出问题。

从具体内容来看，此次刑法修正针对性回应了司法实践中的突出问题。一方面，许多罪名的修改和增设都与近年来发生一些重大或者备受关注的案件存在密切联系。例如，此次修法将此前以假药论的情形以及违反药品生产质量管理规范的行为等单独规定为妨害药品管理罪，是对长春长生疫苗事件等案件经验教训的总结。[①] 案件发生后，检察机关以生产、销售劣药罪对相关犯罪嫌疑人提请逮捕[②]，但是对于案件中存在的记录造假等行为，修法之前的相关罪名无法全面规制，而新增罪名妨害药品管理罪中"编造生产、检验记录"的规定能够对此类行为做出针对性回应。再如，贺某奎等人基因编辑婴儿事件的发生，引发全社会关于伦理的争议，其中所反映出的刑法规制漏洞也在新增设的非法植入基因编辑、克隆胚胎罪中得到了回应。经过依法裁判，贺某奎等人最终以非法行医罪被追究刑事责任[③]，但是对此类行为依然存在刑法适用困难，诸如贺某奎等人的行为是否具有非法行医的典型性、以非法行医罪定罪量刑是否过轻以及若具有医师资格的人实施此类行为如何追责等方面的问题，值得思考，而非法植入基因编辑、克隆胚胎罪的增设可以有效填补这些方面的规制漏洞。另一方面，司法实务中存在的诸多认定难题在此次刑法修法中得到了回应。例如，有些不法分子在未经消毒处理的情况下，将

[①] 参见《关于〈中华人民共和国刑法修正案（十一）草案〉的说明——2020年6月28日在第十三届全国人民代表大会常务委员会第二十次会议上》，载《中华人民共和国全国人民代表大会常务委员会公报》2021年第1期。

[②] 参见《公安机关以涉嫌生产、销售劣药罪对生物科技公司董事长高某芳等18名犯罪嫌疑人提请批准逮捕》，载"长春新区公安"微信公众号，https://mp.weixin.qq.com/s/nV5N-RLGrcn8XMQqIuxOGw，2023年8月26日访问。

[③] 参见张岗、马维华：《"基因编辑婴儿"案一审宣判 贺某奎等三被告人被追究刑事责任》，载央视新闻网，http://m.news.cctv.com/2019/12/30/ARTIt3JhoV7SsTVQK1zw0z8S191230.shtml，2023年8月26日访问。

可能或者已经被传染病病原体污染的物品运出管理区域出售，对于此类行为，在修法之前也没有针对性的罪名予以规制。若适用其他罪名，如生产、销售伪劣商品罪一节的罪名，可能又会受制于诸如造成严重损害结果等个别构成要件要素的限制而难以被定罪处罚。对于这些问题，《刑法修正案（十一）》均通过对妨害传染病防治罪的修改一一做出了回应。再如，对于生态环境的保护，污染环境罪不仅是最为核心也是存在最多实务问题的罪名，其重点表现在因果关系的认定上。对此，2011 年《刑法修正案（八）》作出了调整，将基本犯的入罪条件由实害结果的发生修改为"严重污染环境"，降低了污染行为与污染结果之间因果关系的认定难度。然而，对于加重处罚情节，在此次修法之前依然表现为结果规制，即"后果特别严重"，因果关系的认定难题依然没有被彻底解决。《刑法修正案（十一）》将原条文中的加重处罚条件修改为"情节严重"，进一步降低了司法实践中因果关系的认定难度，体现出刑法立法对于刑事司法问题的回应。

（3）顺应罪刑结构的调整趋向。

从 1997 年刑法典系统修订至今，十一个刑法修正案对刑法条文做出了系统修改，我国刑法典的罪刑结构朝"严而不厉"的形式发生着变化。此次关于生物安全的刑法修改整体上顺应了"严而不厉"的罪刑结构调整趋向。首先，新增设了多个关于生物安全保护的罪名，并且普遍设置了较低的法定刑。妨害药品管理罪、非法采集人类遗传资源、走私人类遗传资源材料罪与非法植入基因编辑、克隆胚胎罪的法定最高刑均为七年有期徒刑，破坏自然保护地罪的法定最高刑为五年有期徒刑，非法猎捕、收购、运输、出售陆生野生动物罪与非法引进、释放、丢弃外来入侵物种罪的法定最高刑均为三年有期徒刑。此外，每一个新增罪名均设置有拘役刑，非法采集人类遗传资源、走私人类遗传资源材料罪与非法猎捕、收购、运输、出售陆生野生动物罪还设置有管制刑。其次，虽然污染环境罪与提供虚假证明文件罪分别增加了七年以上有期徒刑与五年以上十年以下有期徒刑的加重量刑档次，但是对于大多数罪名的修改，《刑法修正案（十一）》都在没有调整法定刑的情况下，扩大了处罚范围。整体来看，提供假药与劣药的行为分别被纳入生产、销售假药罪与生产、销售劣药罪中予以规制，提供虚假证明文件罪与食品监管渎职罪分别将承担环境影响评价、环境监测职责的中介组织的人员与负有药品安全监督管理职责的国家机关工作人员增设为犯罪主体，而妨害传染病防治罪更是从入罪标准、行为类型、行为对象等方面多角度地扩大了惩处范围。这些修改均是在没有改变法定刑的情况下进行的。最后，个别罪名提前了刑法的介入时点，也能够表现出刑法法网的严密趋向。污染环境罪的第二档处罚条件由"后果特别严重"调整为"情节严重"，食品监管渎职罪的入罪条件由"导致发生重大食品安全事故或者造成其他严重后果的"调整为"有下列情形之一，造成严重后果或者有其他严重情节的"，均不再绝对以实害结果的发生作为处罚条件，表明更多的没有造成实际损害的行为将会受到刑事处罚。

三、生物安全保护与刑法修法不足

（一）生物安全刑法保护的路径与方法

1. 内容面向：修法之系统性与谦抑性。

生物安全威胁并非局部性威胁，事关我国人民群众整体的生命健康权益，个别的罪刑调整难以做出有效应对，所以刑事法治应当做出系统性回应。因此，对于生物安全应当进行全方位的刑法保护，既要从横向扩宽刑法立法应对生物安全风险的围度，又要从纵向强化刑法规范保护生物安全的深度，形成立体的生物安全刑法规范体系。

一方面，应当以整体形式划定生物安全的刑法保护范围。如今，生物安全威胁呈现出多元化的表现形式，生物安全风险也在社会生活的各个领域、各个角落逐渐显现出来。忽视生物安全的任何一处风险，都有可能造成系统性灾难。所以，全面性保护在防范生物安全风险的过程中具有重要作用。全面性保护在国际法层面已经有所体现，2000 年 1 月 29 日通过的《生物多样性公约》的卡塔赫纳生物安全议定书中"第 2 条 一般规定"的"2"规定："各缔约方应确保在从事任何改性活生物体的研制、处理、运输、使用、转移和释放时，防止或减少其对生物多样性构成的风险，同时亦应顾及对人类健康所构成的风险。"① 作为生物安全风险防范的重要组成,肩负着最后屏障功能的生物安全刑法立法,也应当遵循全面性保护。对此,编织严密的刑事法网是全面防范生物安全风险的核心要求。严密的刑事法网有利于填补规制漏洞,降低生物安全威胁突破法治防线的可能。越来越多的严重危害生物安全的行为将会被纳入刑法典予以规制。从生物安全风险的表现种类来看,生物安全刑法修法不能脱离生物安全威胁的具体表现,既要注重对非传统威胁的积极回应,又要善于应对传统威胁中新的表现形式。从生物安全风险的管控流程来看,对于防范风险的各个阶段以及重要节点,刑法立法均应当予以回应。此外,从形式来看,刑事法网的严密性在修改旧罪名与增设新罪名上均应当有所体现。

另一方面,应当以积极姿态确定生物安全的刑法介入强度。作为时代产物,生物安全威胁也具有风险性特征,其危及范围已经超出个体,涉及国际社会整体甚至整个人类社会。"对于我国这样一个现代生物技术迅速发展、同时经济社会发展对环境资源的压力越来越大的国家而言,在生物安全领域遵循风险预防原则和谨慎发展原则,是一条必由的法治路径。"② 所以,在防范生物安全风险时,刑法立法也应当秉持预防性的保护原则,积极介入治理。"预防刑法在我国已由碎片化条款转变为类型化立法。"③ 有学者更是直接将生物安全刑法定义为预防性刑法。④ 虽然从广义上看预防性原则也表现在犯罪圈的扩张,但是,预防性原则更为重要的内涵体现在法益保护的前置化上。据此,在设置具体罪名的行为表现时,行为犯、危险犯等非实害结果的表现形式应当被更多地予以考量,入罪门槛也不应当设置得过于苛刻。此外,生物安全保护的刑法介入形式还与法定刑的轻重密切相关。当然,过于严厉的法定刑并不符合现代社会的刑法理念,也存在僭越罪责刑相适应的刑法基本原则。然而,在从严惩治的刑事政策下,较为轻缓的法定刑配置无法体现刑事政策的内在要求。因此,适当配置相对严厉的法定刑才能够实现对危害生

---

① 参见《生物多样性公约》的卡塔赫纳生物安全议定书,载联合国公约与宣言检索系统,https：//www. un. org/zh/documents/treaty/files/cartagenaprotocol. shtml,2023 年 8 月 26 日访问。

② 于文轩：《生物安全保障的法治原则与实现路径》,载《探索与争鸣》2020 年第 4 期。

③ 何荣功：《预防刑法的扩张及其限度》,载《法学研究》2017 年第 4 期。

④ 参见姜涛：《我国生物刑法的困境与出路》,载《现代法学》2021 年第 2 期。

物安全犯罪行为的有效惩治，是刑法介入生物安全保护的应有形式。

在基本方向上，确立从严惩治的刑事政策具有正当性，然而，基于刑法谦抑性的要求，不能过度强调刑法保护的系统性而肆意扩张犯罪圈与提高法定刑。作为最具严厉性的社会治理方式，刑事手段对于权利的限制与剥夺最为严苛，一旦用之不当则可能矫枉过正，适得其反。因此，在全面扩大处罚范围、提高处罚力度的情况下，应当充分保持谦抑的姿态，实现对刑法法益的理性保护。"刑事责任设置需谨慎处理好行为可罚性、刑罚程度，不能过于严苛以致阻碍技术进步。"① 如今，谦抑性原则受到世界各国的普遍认可，已经成为现代刑事法治应当秉承的基本原则，强调刑事手段对于犯罪治理的审慎介入。在强化生物安全刑事立法保护时，也应当秉持谦抑性原则。基于此，在严密刑事法网时，应当充分斟酌修法的必要性，仅对需要进行刑事处罚、非刑事手段无法有效惩治的危害行为予以犯罪化。在生物安全领域，对于许多新发的危害生物安全行为，都是缺乏刑法立法经验的，对于被犯罪化后实际效果的评估可能很难有先例可循，因此，需要对修法的必要性作出进一步强调。此外，宽容性也是谦抑性原则的题中应有之义，是刑罚人道化的重要体现。虽然犯罪分子应当承担刑事责任，但是刑事处罚也需要避免过于残酷与苛刻。从立法层面来看，宽容性原则要求刑罚的设置与罪行的严重性相匹配，不能让犯罪分子承担超出罪责范围的不利后果。对于生物安全刑事立法，在设置与完善法定刑时也应当体现罪刑的均衡，不宜毫无限制地增加刑罚强度。

修法的系统性要求表现出对危害生物安全犯罪行为的严惩，谦抑性要求是对严惩危害生物安全犯罪行为的程度限制，而在合理协调二者关系的基础上，才能够找到生物安全刑法修法的科学路径与方法。从缘起来看，谦抑性原则是在不断对抗封建社会严刑峻法的过程中逐渐形成的，主要在罪刑供给过度时对刑事手段发挥限制作用。对于诸如生物安全等缺乏制度基础的刑事保护问题，谦抑性要求并不表现在对犯罪化与刑罚化的否定上。如果在罪刑供给严重不足的情况下，依然僵化地以谦抑性为借口抑制刑法介入，将会无

---

① 王康：《〈生物安全法〉立法定位及对基因技术的风险控制》，载《北京航空航天大学学报（社会科学版）》2019 年第 5 期。

法发挥刑法保护法益的作用。所以，谦抑性原则在完善生物安全刑事立法中所扮演的角色应当为刑事介入范围与程度的合理控制者，而非否定者与拒绝者。谦抑性原则是以从严建构刑事制度为基础的界限要求，与全面性保护以及预防性保护并不矛盾。从宽严相济刑事政策的视角来看，对于从严惩治做出谦抑性的要求，也体现出"严中有宽"的政策意蕴。

2. 形式面向：修法之稳定性与统一性。

刑法规范的完善不能忽视制度设计的稳定性，尤其诸如生物安全方面等可能需要大量扩充新罪刑规定的刑法立法尤为重要。"确保刑法的稳定性是贯彻落实刑事法治原则的前提和基础。只有确保刑法典的稳定性，才能体现刑事法治原则的'限制国家权力和保障公民权利'之要义。"① 从制度的形成来看，法律规范是社会生活经验的总结与升华，具有特定区域、特定民族乃至特定时间的历史传承性。既成的制度设计形式经过长期的法治实践已经固化在社会生活之中，由此形成了具有不同特征的法律体系。在现有法律规范已经能够契合犯罪治理实践需求的情况下，大幅度地改变表现形式与整体结构将会严重损害法律体系的稳定性，存在完善后的规定难以融入现有法治实践的制度风险。因此，生物安全刑法立法的进一步完善也应当尽可能在形式上承袭传统立法模式，避免贸然地对制度设计的方式做出改变。生物安全刑法立法囊括的内容纷繁复杂，前置性规范涉及的领域种类繁多，因此在修改完善立法时应当对制度设计的稳定性给予特别关注。修法的稳定要求在完善生物安全刑法规范时，尽可能不要突破现有的刑法立法模式。对此，关于采取何种形式进行刑法修法的争论，即刑法修正案、实质性的附属刑法以及单行刑法于刑法修正的应有角色，在生物安全刑法修法的过程中也已经显现。

对于生物安全保护，我国选择的是以刑法修正案为核心、以形式的附属刑法为关联的修法模式，刑法修法具有较高统一性。对此，学界存在不同的观点。例如，有学者认为，以刑法修正案的单一模式来修法，不仅存在过分的延迟滞后性，又导致既有刑法体系的混乱，不利于发挥刑法的规范指引作用，而单行刑法与典型附属刑法对规制生物安全犯罪分别具有灵活性与针对

---

① 姜涛：《谁之修正——对我国刑法修正案制定权的反思与重构》，载《中国刑事法杂志》2011 年第 5 期。

性，更具有优势，这两种形式是实现刑法、生物安全法对接的最佳修法模式。① 有学者认为，由于涉及生物安全的新设罪名较多，刑法典中难以找到可用空间，即使存在，新设罪名的零散分布也会使得刑法典的体系性大打折扣，不仅不利于公众理解，而且对实务人员的能力与素质也提出了空前挑战，而采取附属刑法的立法模式有助于生物安全的全链条多元治理。② 还有学者认为，附属刑法在单一法典化趋势下普遍存在虚置化问题，生物安全立法所采取的概括性刑事责任设置方式难以体现灵活性特点和协调性、补充性作用，为了应对生物安全风险，应当充分发挥体系功能，将附属刑法规范实质化。③

诚然，实质的附属刑法能够塑造出更加完整与统一的生物安全立法体系，但是，由于具体的罪刑规范被分割到不同的文本之中，刑法典的稳定性将会因此遭受到严重破坏。事实上，形式的附属刑法规定也能够将生物安全专门立法与刑法立法关联在一起，刑事规范与非刑事规范之间在内容上的联系不会因为空间位置的不同而产生实质性的差异。在实践中，通过行为表现锁定刑法典分则中的具体罪名，就能够克服操作层面的困难。因此，将所有的罪刑规范都规定在刑法典中能够实现刑法立法与生物安全法的双重统一。对于单行刑法，虽然具有较高的灵活性，但是在刑法典以及《生物安全法》之外以专门性规范的形式对个别条款作出规定，不仅因其过于琐碎而相比实质的附属刑法更为严重地破坏刑法立法的完整与统一，而且也不利于实务人员的适用。实际上，与单行刑法相比，形式的附属刑法可能并不会存在明显较低的灵活性。无论以何种形式对生物安全威胁予以回应，均难以脱离非刑事生物安全法律规范的规定，因为生物安全风险防范是一项体系性工程，前置性行为规则的制定相比刑事责任的设置具有更加重要的先在意义。因此，对于生物安全的刑法保护，单行刑法的规定主要也是对非刑事生物安全法律规范所关注的领域予以回应，内容上不会过于偏离非刑事生物安全法律规范，这

① 参见吴小帅：《论刑法与生物安全法的规范衔接》，载《法学》2020年第12期。
② 参见焦艳鹏：《总体国家安全观下的生物安全刑法治理》，载《人民论坛》2020年第20期。
③ 参见张勇：《生物安全立法中附属刑法规范的反思与重构》，载《社会科学辑刊》2020年第4期。

与在非刑事法律规范中规定的附属刑法条款具有实质的同一性。所以，从内容来看，单行刑法与附属刑法的灵活性不会有较大偏差。从修法沿革来看，刑法修正案的形式也符合我国刑法的立法传统。1979 年刑法典出台后，国家在相关非刑事法律规范中对一些具体犯罪行为进行了规制，并且出台了多个单行刑法，有效弥补了刑法典的缺漏。然而，随着 1997 年刑法典的系统修订，附属刑法的实质性作用随之淡化，一般仅为象征性的指示，通常表现为"构成犯罪的，依法追究刑事责任"，而由于刑法典的统一修订，除《关于惩治骗购外汇、逃汇和非法买卖外汇犯罪的决定》外，单行刑法的修法形式也不再被采用。附属刑法的形式化契合了刑事立法的稳定性要求，因此得以沿用至今。事实上，近年来对于一些严重犯罪问题的规制也没有突破刑法典的核心地位，尚未在附属刑法中作出实质性的处罚规定。例如，自 2009 年后，我国开始系统地构建反恐法律体系，虽然制定了专门规定反恐问题的《反恐怖主义法》，但是关于反恐刑法立法的内容依然是以刑法典的修改为核心。基于此，虽然生物安全问题极为复杂，但是在今后的立法完善中，有必要继续保持刑法立法的统一性，将罪刑规范的实质性修改直接体现在刑法典之中。

在明确刑法修正案的修法模式后，需要考虑如何在刑法典中做出具体布置。对此，是否需要在刑法典中对生物安全问题做出集中回应，还需要探讨。理论界存在独立设置章节的观点，例如，针对基因编辑等生物技术的滥用谬用，有学者认为我国应当尽快增设"基因犯罪"类罪名，以应对人类辅助生殖基因医疗技术的冲击与挑战。[①] 还有学者虽然不赞成独立设置章节，但是依然认为应当集中规制，指出对于危害生物安全犯罪，中心行为应当被集中规定于刑法典分则第二章"危害公共安全罪"中，边缘性行为应当被分散在各章节中。[②] 从刑法修法的稳定性来看，生物安全刑法也不能突破刑法典内部结构的统一性。我国刑法典具有既成的结构表现并且已经对犯罪类型做出了细致的分类，增设全新的章节存在极大的稳定性风险。尤其对于生物安全刑法

[①] 参见于慧玲：《人类辅助生殖基因医疗技术滥用的风险与刑法规制——以"基因编辑婴儿事件"为例》，载《东岳论丛》2019 年第 12 期。

[②] 参见梅传强、盛浩：《论生物安全的刑法保护——兼论〈刑法修正案（十一）〉相关条文的完善》，载《河南社会科学》2021 年第 1 期。

立法，生物安全所对应的刑法法益具有综合性的表现，涉及的领域丰富多样，因此一旦独立成章或独立成节可能会形成更多的不协调之处。事实上，在专门章节规制的情况下，如果没有对关键性问题做出回应，依然无法实现对生物安全的有效保护。

对于在现有章节下集中规制的观点，也值得商榷。危害生物安全的犯罪行为具有多元化与不确定性的特点，生物安全中的各个领域都可能表现出严重风险，需要刑法的及时介入。因此，为了有效防范生物安全风险，很多不同类型的行为都可能成为中心行为，刑法典中很多章节都可能成为修法的重点。从行为被规制的紧迫性来看，中心行为与边缘行为并不存在十分清晰的界限，而且随着生物安全风险形势的变化，二者的范围也会发生改变，因此修法的重点也会不断产生变化。从现有的罪刑规范来看，很难找到能够囊括全部生物安全刑法保护客体的章节。虽然危害公共安全罪一章的保护客体具有较高的容纳性，但是从体系结构来看，该章的保护客体"公共安全"具有特定内涵，无法做到全面规制。一方面，该章中的犯罪对于不特定多数人造成的危害基本上是以显性形式表现出来，并且大多不会造成长远的、根本性的影响，与非法编辑基因等具有隐性危害且影响深远的行为相比，存在一定区别。另一方面，诸如公共卫生安全、生态环境安全等同样可能涉及公共性质的保护客体，已经从危害公共安全罪一章的"公共安全"中分离出来，被单独规定于其他章节，因此，危害公共卫生安全、生态环境安全等特定领域的危害行为被规制于这些专门性章节中更为合理。综上可见，如果将关于生物安全的所有罪刑规定强制性地集中到某一类罪名之下，将会导致体系上的不协调，与专门设置章节的形式并无显著差异。基于此，生物安全刑法修法应当保持刑法典结构的稳定性，分散式的罪名修改与增设才能够维护刑法典的统一性。

(二)《刑法修正案（十一）》关于生物安全的修法不足

从形式来看，关于生物安全的此次修法并没有突破刑法修正案的基本模式，附属刑法依然仅作出衔接规定，也没有在刑法典分则的章节中做出集中规制，因此维护了刑法修法的稳定性与统一性，值得肯定，也需要在未来刑法修法中进一步保持。从内容来看，此次生物安全刑法修法虽然及时贯彻了从严惩治的刑事政策要求，但是贯彻之程度尚显不足，表现为修法的谦抑性有余而系统性不足。

1. 刑法保护范围之不足。

虽然此次刑法修法及时回应了司法实践中的突出现实问题，能够起到规范补强的作用，但是并未回应生物安全中可能存在的全部风险，存在修法的被动性。没有出现备受关注的实际案例以及没有对司法裁判造成严重困扰的问题，刑法立法基本上都没有做出回应。然而，生物安全风险形势变幻莫测，待生物安全威胁已经形成极其显著的现实危害时才予以介入，难免存在疏漏，不利于对生物安全的保障。更何况有些生物安全问题具有共性，虽然没有形成重大案例，但是有些行为与刑法最新纳入规制的犯罪具有同类特征，也存在形成较为严重的社会危害的风险。因此，生物安全刑法修法不能局限于个别问题，散点式的被动回应方式不符合系统性的修法要求。具体来看，我国生物安全刑法法网存在如下不足：

一方面，此次修法所涉及的生物安全问题依然存在疏漏，主要包括：（1）关于食品药品安全。食品药品类的主要罪名（第141条、第142条、第143条、第144条、第145条、第147条）将行为表现限定为"生产"与"销售"行为。此次修法仅对假药与劣药增加了"提供"行为，但是对于其他商品，如有毒、有害食品，难以合理地解释为何不具有严重危害性而不应当得到规制。此外，对于"运输""储存"等经营链条上的相关行为缺乏规制，但是这些行为与生产、销售等行为具有一脉相传关系，危害性同样较为显著。（2）关于人类遗传资源安全。虽然非法采集人类遗传资源、走私人类遗传资源材料罪（第334条之一）对人类遗传资源做出了保护，但是侵犯人类遗传资源的行为并非仅此两类，诸如保藏、买卖等行为均没有被纳入规制范围。虽然非法植入基因编辑、克隆胚胎罪（第336条之一）将非法植入行为纳入刑法典，但是基因编辑、克隆等行为本身对于非法植入具有基础性作用，其危害性可能更为显著，却没有得到刑法的规制。同时，这两个罪名缺乏单位犯罪主体的规定，一些具有主体资格的公司、企业也可能会通过实施侵犯人类遗传资源安全的行为实现获利等非法目的，正如前述因危害我国人类遗传资源保护而受到行政处罚的6家单位。（3）关于物种资源安全。非法收购、运输盗伐、滥伐的林木罪（第345条第3款）所规定的行为类型仅为"收购"与"运输"，缺乏全面性，因为诸如使用盗伐、滥伐的林木制作商品的行为对于盗伐、滥伐林木行为本身也具有奠定后期市场的作用，同样具有较为严重的危害性，却没有得到规制。走私珍贵动物、珍贵动物制品罪（第151条第2款）中的走私行为对象为"珍贵动物及其制品"，缺乏对其他野生动物的保护。在《刑法修正案（十一）》增设非法猎捕、收购、运输、出售陆生野生动物罪，扩宽保护对象的情况下，走私类罪名行为对象却依然保持不变，属于刑法规制的疏漏。此外，对于畜禽遗传资源流失缺乏针对性的刑事防范。

另一方面，此次修法尚未涉及一些重要的生物安全问题，主要包括：（1）关于生物安全保护职责。生物安全刑法保护的关键不仅在于惩治直接危害生物安全的行为，还涉及对职责类生物安全风险的防范。在实践中，失职、渎职等行为将会给予生物安全威胁可乘之机，间接危害生物安全，但是并未在此次刑法修法中得到强化。例如，违法发放林木采伐许可证罪（第407条）禁止违法发放林木采伐许可证，但是采伐林木的过程不仅需要林木采伐许可证，还需要其他证件，该罪名却并没有做出规制。再如，食品、药品监管渎职罪（第408条之一）将主体限定为"负有食品安全监督管理职责的国家机关工作人员"，但是没有包括一些具有同样重要作用的非行政主体，如食品检验机构、食品安全风险监测、评估机构。再如，传染病防治失职罪（第409条）将主体限定为"从事传染病防治的政府卫生行政部门的工作人员"，但是在传染病防治的过程中，地方人民政府及其有关部门、疾病预防控制机构、医疗机构、采血机构等相关单位同样负有重要责任，相关人员一旦失职，可能造成严重后果。又如，环境监管失职罪（第408条）主体为"负有环境保护监督管理职责的国家机关工作人员"，但是没有包括如环境影响评价机构、环境监测机构等负有监管责任的主体。（2）关于公共安全中的生物恐怖。我国刑法典围绕"传染病病原体"设置了相关罪名（第114条、第115条第1款、第115条第2款、第125条第2款、第127条第1款、第127条第2款），但是一些生物材料也具有较高危险性，如含有传染病病原体的细胞、组织、血清等生物材料，没有被纳入进去。此外，非法携带枪支、弹药、管制刀具、危险物品危及公共安全罪（第130条）的携带行为对象没有传染病病原体及相关生物材料。（3）关于实验室生物安全。随着生物实验的不断开展，实验室生物安全保护的重要性将更加凸显，但是我国刑法典中的针对性罪名，即传染病菌种、毒种扩散罪（第331条），自1997年刑法典出台至今未曾改变，存在较大的滞后性。首先，该罪名的主体为具有相关资质的人员，但是无相关资质的行为人也可能私自实施提供、保藏传染病菌种、毒种等行为，却没有得到规制。其次，该罪名对行为主体做出了职责上的限定，即"从事实验、保藏、携带、运输传染病菌种、毒种的人员"，但是没有对实施诸如单纯使用等其他行为以及以传染病菌种、毒种的相关样本材料为行为对象的人做出规制。最后，该罪名也没有对单位犯罪作出规定。

2. 刑法介入强度之不足。

《刑法修正案（十一）》提前了污染环境罪与食品、药品监管渎职罪的介入时点，对于保护生态环境以及食品药品安全具有重要作用。但是，与横向处罚范围的大幅度扩张相比，此次刑法纵向保护的强化在一定程度上表现出更加明显的不足。无论从旧罪名的修改还是从新罪名的增设抑或从数量与幅度来看，刑事处罚范围的扩张程度均远超介入时点的提前。与全面性相同，预防性保护也是系统强化生物安全保护的必然要求。面对生物安全风险的严峻形势，即使已经设置了极其严密的刑事法网，将全部的严重危害生物安全的行为均纳入刑法典予以规制，但是如果犯罪的成立条件过于苛刻或者均以严重的实害结果发生为惩处条件，则这些罪刑规定将形同虚设，难免沦为"僵尸条款"。因此，基于预防性保护的要求，法益保护的前置也应当被积极贯彻到生物安全刑法修法之中。从整体来看，我国刑法对于生物安全的保护依然迟滞。一方面，许多罪名仍然以实害结果的发生为追责条件。例如，涉及擅自进口固体废物罪（第339条第2款）中的"造成重大环境污染事故，致使公私财产遭受重大损失或者严重危害人体健康的"、环境监管失职罪（第408条）中的"导致发生重大环境污染事故，致使公私财产遭受重大损失或者造成人身伤亡的严重后果"、生产、销售、提供劣药罪（第142条第1款）中的"对人体健康造成严重危害的"。对于这些罪名，如果没有实际损害结果的发生，将难以追究刑事责任，而危害一旦发生，即使判处重刑可能也无法有效弥补损失。另一方面，还有一些罪名设置了较高的入罪门槛，主要体现在对物种资源保护方面。非法捕捞水产品罪（第340条）与非法狩猎罪（第341条第2款）分别设置了"在禁渔区、禁渔期或者使用禁用的工具、方法捕捞水产品"以及"违反狩猎法规，在禁猎区、禁猎期或者使用禁用的工具、方法进行狩猎"的入罪条件。这两个罪名对犯罪成立条件做出了时间、空间或者手段的限制，入罪标准较高，难以实现对生物安全的预防性保护。在植物资源保护方面，盗伐林木罪（第345条第1款）与滥伐林木罪（第345条第2款）均以数量为入罪标准。然而，单一数量标准由于缺乏全面性，在刑法典分则中较为少见，并且近年来有些罪名已经逐渐弃置了绝对数量或者数额的规制方式，如贪污罪与受贿罪的定罪处罚标准在刑法立法上已经不再绝对以数额为标准。可见，这两个罪名的数量标准严重限制了刑法的惩处力度。

此外，虽然我国刑法结构表现出"严而不厉"的变化趋势，但是不能由此彻底否定法定刑的提高。在大量犯罪行为被纳入刑法典予以规制的情况下，适当提高个别犯罪的法定刑不会改变"严而不厉"的罪刑结构变化。在从严惩治的刑事政策要求下，尤其在相似的个别罪名已经提高法定刑的情况下，我国刑法典对于部分危害生物安全行为设置的法定刑略显轻缓。例如，妨害国境卫生检疫罪（第332条），妨害动植物防疫、检疫罪（第337条）、非法捕捞水产品罪（第340条）、非法狩猎罪（第341条第2款），非法猎捕、收购、运输、出售陆生野生动物罪（第341条第3款）、环境监管失职罪（第408条）、传染病防治失职罪（第409条）、动植物检疫失职罪（第413条第2款）的法定最高刑为"三年以下有期徒刑"，均属于轻罪。再如，滥伐林木罪（第345条第2款）在一般情况下法定最高刑为三年有期徒刑，在情节严重或数量巨大的情况下也仅能判处"七年以下有期徒刑"（第345条）。

四、生物安全刑法的立法完善

针对我国生物安全刑法存在的不足，未来刑法修法应当进一步扩大处罚范围与提高介入强度。在不断强化刑法对生物安全保护力度的形势下，修法谦抑性要求的重要性将愈加凸显。因此，如何确定具体的标准与形式，进而在保证严惩力度的情况下做到合理控制，是完善生物安全刑法的关键所在。对此，可以从犯罪治理的体系整体与刑法规范的内部结构找到答案。

（一）以前置性法律规范为基础扩大生物安全刑法的保护范围

我国采用的是行政违法与刑事犯罪二元界分的治理模式，刑法典中的许多犯罪行为都能够找到对应的前置性规范基础。基于此，前置性规范是否做出了相关规制，对于罪与非罪的界限划分意义重大。"没有前置法中的调整性法益和第一保护性法益，不会有刑法上的第二保护性法益即刑法法益；没有前置法上的不法行为，不会有必须前置法与刑事法之双重违法性兼具方能成立的刑法上的犯罪行为；没有前置法中的调整性规则和第一保护性规则，不会有刑法这一第二保护性规则或者说终极性保障法规则。"① 生物安全刑事立法具有很强的行政从属性，许多罪名都以违反相关法规为前置条件，因此可以将前置性规范是否作出了规定以及规定的具体形式作为处罚界限的重点判断依据。如果非刑事法律规范没有对危害生物安全的行为做出规制，则一般不能对其犯罪化，例如，虐待动物的情况屡有发生，也有学者曾提出运用刑法予以规制，但是因为前置性规范没有作出规定，不宜犯罪化。如果前置性法律规范已经做出规制，尤其在规定了附属刑法与规制范围发生变化时，则刑事法律规范也可以做出相应调整，例如，《传染病防治法》对导致传染病菌种、毒种扩散的失职行为进行了多次修改，其行为表现已经发生了重大变化，因此刑法典对相应罪名，即传染病菌种、毒种扩散罪（第331条）也可以做出调整。据此，对于生物安全刑法处罚范围的规制漏洞，建议做如下修改：

一方面，对于此次修法所涉及的生物安全领域进一步扩大处罚范围：（1）关于食品药品安全。《食品安全法》第2条将包括贮存与运输在内的6种行为纳入规制范围，其第九章也普遍将违法行为规定为"生产经营"，而《药品管理法》虽然在第十一章中重点规制了"生产、销售"行为，但是在第129条规定了"运输"与"储存"行为的罚则。因此，扩大食品药品相关犯罪的行为类型，将食品药品类的主要罪名（第141条、第142条、第143条、第144

---

① 田宏杰：《立法扩张与司法限缩：刑法谦抑性的展开》，载《中国法学》2020年第1期。

条、第 145 条、第 147 条）中的"生产、销售"以及"生产、销售、提供"均修改为"生产经营"。（2）关于人类遗传资源安全。《生物安全法》第 79 条、第 80 条对"保藏""利用"等行为规定了法律责任，而《人类遗传资源管理条例》第五章也对采集、保藏、利用、提供、走私以及买卖等多种行为规定了相关法律责任，因此修改非法采集人类遗传资源、走私人类遗传资源材料罪（第 334 条之一），将情节较为严重的保藏、使用与买卖行为纳入规制范围。《生物安全法》第 74 条对于"从事国家禁止的生物技术研究、开发与应用活动"的行为设置了处罚规定，第 75 条对于"从事生物技术研究、开发活动未遵守国家生物技术研究开发安全管理规范"的行为设置了处罚规定，而《基因工程安全管理办法》第五章也对相关法律责任作出了更为细致的规定，并且特别强调了刑事责任。因此，为了有效防止基因工程异化产生的危害，综合《基因工程安全管理办法》第 26 条与第 28 条的规定，修改非法植入基因编辑、克隆胚胎罪（第 336 条之一），将直接从事基因工程的行为纳入刑法典之中。此外，《生物安全法》第 80 条明确将"境外组织、个人及其设立或者实际控制的机构"规定为受处罚的主体，借鉴此规定，对于侵犯人类遗传资源的上述两个罪名，增设单位犯罪。（3）关于物种资源安全。《森林法》第 78 条对"收购、加工、运输"盗伐、滥伐林木的行为进行了规制，因此将"加工"行为纳入非法收购、运输盗伐、滥伐林木罪（第 345 条第 3 款）之中。《野生动物保护法》第 40 条强调了对野生动物及其制品的相关走私行为实施严厉打击与防范，据此，将走私珍贵动物、珍贵动物制品罪（第 151 条第 2 款）的对象扩大为"野生动物及其制品"。此外，《野生动物保护法》第 58 条对侵犯野生动物遗传资源的行为设置了法律责任，且有附属刑法的规定，而《畜牧法》第 59 条、第 60 条针对畜禽遗传资源也设置了相关法律责任，据此，增设侵犯动物遗传资源的专门罪名。

另一方面，针对此次刑法修法尚未涉及的问题，扩大处罚范围：（1）关于生物安全保护职责。《森林法实施条例》第 3 条明确了森林、林木和林地的登记发证制度、第 35~37 条特别规定了木材运输证的核发制度，因此扩大了违法发放林木采伐许可证罪（第 407 条）行为对象，加入其他相关许可证，罪名也可以考虑做出相应调整。《食品安全法》第 137 条、第 138 条对食品安全风险监测、评估机构提供虚假监测、评估信息与食品检验机构、食品检验人员出具虚假检验报告的行为进行了规制，因此删除食品、药品监管渎职罪（第408条之一）中的"国家机关"。《传染病防治法》第67条、第68条、第69条与第70条分别规定了地方人民政府及其有关部门、疾病预防控制机构、医疗机构、采血机构的法律责任，并有"构成犯罪的，依法追究刑事责任"的表述，因此删除传染病防治失职罪（第409条）主体中"政府卫生行政部门"的限定。《环境保护法》第65条规定了环境影响评价机构、环境监测机构以及从事环境监测设备和防治污染设施维护、运营的机构的相关责任，因此删除环境监管失职罪（第408条）中"国家机关"的主体限定条件。（2）关于公共安全。《生物两用品及相关设备和技术出口管制条例》对可能用于生物武器的生物材料及设备做出了严格管制，而根据《生物两用品及相关设备和技术出口管制清单》的规定，这些生物材料包括菌、毒种及各类活培养物，以及含有此类病原体的各种生物材料（如细胞、组织、血清、带菌动物等），因此将相关罪名（第114条、第115条第1款、第115条第2款、第125条第2款、第127条第1款、第127条第2款）中的"传染病病原体"修改为"危险生物材料"，并且将"危险生物材料"纳入非法携带枪支、弹药、管制刀具、危险物品危及公共安全罪（第130条）予以规制。（3）关于实验室生物安全。《传染病防治法》第74条第2项对于相关单位和个人"违反国家有关规定，采集、保藏、携带、运输和使用传染病菌种、毒种和传染病检测样本"的行为设置了法律责任，而国务院《病原微生物实验室生物安全管理条例》第2条第3款、第62条、第68条分别规定了实验、运输、保藏行为，且均将行为对象规定为病原微生物及其样本，因此将"使用"与"样本"纳入该罪的主体限定条件中，并且增设单位犯罪主体。此外，《生物安全法》第76条对"未经批准从事高致病性、疑似高致病性病原微生物实验活动"的行为、第78条第2项和第3项对"个人购买或者持有列入管控清单的重要设备或者特殊生物因子"以及"个人设立病原微生物实验室或者从事病原微生物实验活动"的行为规定了法律责任，据此，对于传染病菌种、毒种扩散罪（第331条），增设未经批准的行为主体。

（二）以相似性罪刑规定为参考提高生物安全刑法的介入强度

前置性规范对于生物安全刑法范围的划定能够提供依据，但是对于刑法的介入强度难以给出明确参考。对于已经明确纳入刑法规制范围的危害行为，是否以及怎样提前介入时点、如何设置法定刑幅度、将法定刑提高到何种程度等问题，在前置性规范中无法找到具体答案。事实上，不仅由非法律规范、非刑事法律规范以及刑事法律规范组成的犯罪治理体系是有机整体，而且刑事法律规范内部也表现为具有系统结构的体系。刑法规范的内容要素并非随意地被拼凑在一起，各个罪名之间具有内在的逻辑关系。尤其对于相似罪名，处罚的时点与刑罚的强度具有较高的可比较性。如果与相似性罪名的入罪条件存在较大差异或者配置的法定刑偏差较大，则会影响刑罚体系的协调性。因此，如果相似罪名表现为行为犯或者危险犯，或者设置了较高法定刑，对于需要修改的罪名也可以做出相应调整，将其入罪时点提前至与相似罪名相同或者接近的程度，以及将法定刑提高到与相似罪名相同或者接近的高度。据此，针对生物安全刑法的介入强度，建议做出如下修改：

对于介入时点，一方面，将部分犯罪行为的结果规制转化为行为规制。首先，相似罪名污染环境罪（第338条）的入罪标准已经两次被前置，第一档与第二档处罚条件分别被修改为"严重污染环境的"与"情节严重的"，据此，将擅自进口固体废物罪（第339条第2款）中的"造成重大环境污染事故，致使公私财产遭受重大损失或者严重危害人体健康的"与"后果特别严重的"分别修改为"严重污染环境的"与"情节严重的"。其次，此次刑法修法提前了相似罪名食品、药品监管渎职罪（第408条之一）的介入时点，将入罪标准改为"造成严重后果或者有其他严重情节的"，据此，将环境监管失职罪（第408条）中的"导致发生重大环境污染事故，致使公私财产遭受重大损失或者造成人身伤亡的严重后果"修改为"造成严重后果或者有其他严重情节的"。最后，相似罪名生产、销售、提供假药罪（第141条）的基本犯为行为犯，且其第二档处罚条件为"对人体健康造成严重危害或者有其他严重情节的"，据此，鉴于危害性稍弱，对生产、销售、提供劣药罪（第142条）的入罪条件按照相似罪名的第二档处罚条件进行修改，将其入罪条件

"对人体健康造成严重危害的"修改为"对人体健康造成严重危害或者有其他严重情节的"。另一方面,降低部分罪名的入罪门槛。此次刑法修正增设了破坏自然保护地罪(第342条之一),自然保护地中过量的捕捞与狩猎行为也具有了被禁止的理由,据此,对于非法捕捞水产品罪(第340条)与非法狩猎罪(第341条第2款)也增加"自然保护地"。对于植物资源保护,相似罪名非法收购、运输盗伐、滥伐林木罪(第345条第3款)的入罪条件为"情节严重的",并没有仅规定数量,据此,将盗伐林木罪(第345条第1款)与滥伐林木罪(第345条第2款)中的数量标准改为"情节标准"。

对于刑罚强度,应当进一步提升相关罪名的法定刑幅度。首先,相似罪名妨害传染病防治罪(第330条)具有"三年以上七年以下有期徒刑"的量刑档次,据此,对妨害国境卫生检疫罪(第332条)与妨害动植物防疫、检疫罪(第337条)增加加重量刑档次,即"后果特别严重的,处三年以上七年以下有期徒刑,并处罚金"。其次,相似罪名食品、药品监管渎职罪(第408条之一)中对于滥用职权或者玩忽职守的行为规定了"五年以下有期徒刑"与"五年以上十年以下有期徒刑"两个档次,据此,鉴于刑法结构的稳定性以及需要修改的罪名均为过失犯罪,对环境监管失职罪(第408条)、传染病防治失职罪(第409条)与动植物检疫失职罪(第413条第2款),增加加重量刑档次,即"情节特别严重的,处三年以上七年以下有期徒刑,并处罚金"。同时,对于环境监管失职罪(第408条)与传染病防治失职罪(第409条),借鉴食品、药品监管渎职罪(第408条之一)对徇私舞弊的从重处罚规定,增加"徇私舞弊犯前款罪的,从重处罚"条款。对于徇私舞弊的行为,有两种强化惩处力度的罪名设计方式,即食品、药品监管渎职罪(第408条之一)的单设从重处罚条款的形式,与动植物检疫徇私舞弊罪(第413条第1款)单设加重处罚罪名的形式。因为前者的统一性更强,从重处罚的形式没有超出基本法定刑幅度,据此修改更为稳妥,因此对于传染病防治失职罪(第409条)与环境监管失职罪(第408条)采取单设从重处罚条款的形式做出调整。此外,因为对于动植物检疫的徇私舞弊行为已经存在单独罪名,所以不必在动植物检疫失职罪(第413条第2款)中针对徇私舞弊单设从重处罚条款。再次,破坏非生命体的非法采矿罪(第343条第1款)设置了

"三年以上七年以下有期徒刑，并处罚金"的加重法定刑幅度，据此对保护生命体的非法捕捞水产品罪（第 340 条）与非法狩猎罪（第 341 条第 2 款）至少增加相同加重量刑档次，即"情节特别严重的，处三年以上七年以下有期徒刑，并处罚金"。最后，相似罪名盗伐林木罪（第 345 条第 1 款）设置了"七年以上有期徒刑，并处罚金"的加重处罚档次，据此，对滥伐林木罪（第 345 条）增加加重量刑档次，即"情节特别严重的，处七年以上有期徒刑，并处罚金"。

五、余论：生物安全法益之提倡

进入 21 世纪后，人类社会所面临的威胁不再局限于特定的时间与空间，"星火燎原"的风险蔓延形式已经成为现实。风险社会的发展趋向使得人类社会中充斥着不确定性，人们更加关注自身的安全问题。作为关乎生命健康与生存发展的重要领域，生物安全逐渐受到社会各界的高度重视。保护生物安全将是一项充满挑战却又必须完成的艰巨任务。因此，将生物安全纳入国家安全体系中，既是必然选择也是明智之举，为我国生物安全风险防范指明了方向。在全面推进国家治理体系和治理能力现代化的形势下，生物安全的保护工作应当被纳入法治范畴。《生物安全法》以及《刑法修正案（十一）》正是对规范缺失的有效弥补，完善了制度基础。可见，从"风险"到"理念"，从"政策"到"规范"，无不在针对性地强调保护生物安全的重要性，凸显出生物安全的独特价值，而从法治的角度来看，则表现为法益的特殊性。在以往的社会治理中，生物安全几乎没有受到专门关注，只是在探讨食品、药品、卫生、环境等具体问题时被适当提及，并没有独立的法益地位。然而，随着《生物安全法》的出台，生物安全的法益特殊性事实上已经在法治体系中获得了认可，生物安全已经具备了区别于其他安全的独立法益属性。因此，应当提倡生物安全法益。与之密切相关的环境法益与生态法益已经在学术界受到了广泛探讨。相比之下，生物安全法益应当更为强调人类与有益生物本身，而不以非生物的生态环境为核心内容。提倡生物安全法益不仅有利于提升对生物安全的保护意识，而且对于进一步完善立法具有实质性作用。事实上，对于生物安全的法治保护，刑法上之所以出现诸多漏洞，重要原因之一在于没有将生物安全视为独立法益。若从生物安全法益的视角来透视相关罪刑规定与程序规定，则会清晰地发现生物安全刑法立法的缺陷与不足，立法修改的方向也将更加明晰。综上所述，有必要提倡生物安全法益。

第三部分 标准规则探讨

生态环保类案件知识体系认定标准[①]

1 范围

本文件规定了生态环保类案件知识体系认定的一般性规则。

本文件适用于大气污染责任纠纷案件；水污染责任纠纷案件；噪声污染责任纠纷案件；土壤污染责任纠纷案件；固体废物污染责任纠纷案件；污染环境罪案件；非法捕捞水产品罪案件；危害珍贵、濒危野生动物罪案件；非法占用农用地罪案件；非法采矿罪案件；危害国家重点保护植物罪案件；盗伐林木罪案件；滥伐林木罪案件；走私废物罪案件。

2 规范性引用文件

本文件没有规范性引用文件。

3 术语和定义

下列术语和定义适用于本文件。

[①] 《生态环保类案件知识体系认定标准》为国家重点研发计划课题"生态环保类案件智能审判与态势预警技术研究"（项目编号：2020YFC0832700）课题一"生态环保类案件知识体系研究"（课题编号：2020YFC0832701）制定的团体标准，目前已经中国标准化协会以 T/CAS 765—2023 号团体标准形式公开公布。

3.1

人身损害 personal injury

因污染环境行为导致人的生命、健康、身体遭受侵害，造成人体疾病、伤残、死亡或精神状态的可观察的或可测量的不利改变。

3.2

财产损失 property loss

因污染环境或破坏生态行为直接造成的财产损毁或价值减少，以及为保护财产免受损失而支出的必要的、合理的费用，包括为修复被破坏的环境生态而支出的费用。

3.3

生态环境损害 ecological environment damage

因污染环境、破坏生态造成环境空气、地表水、沉积物、土壤、地下水、海水等环境要素和植物、动物、微生物等生物要素的不利改变，以及上述要素构成的生态系统的功能退化和服务减少。

3.4

证据指引 evidence guide

通过统计同一种类罪名或案由的已判决案件中所采用的证据，分析出该类案件共同适用的证据，为今后办理该类案件提供证据收集与适用指引。

4 生态环保类案件知识体系内容

通过对生态环保类案件中不同环境法律责任构成要件的审判要素及证据特征进行提炼，构建出生态环保类案件知识体系，具体如下：

a）生态环保类民事案件责任界定规则相关要素；

b）生态环保类民事案件证据指引；

c）生态环保类刑事案件责任界定规则相关要素；

d）生态环保类刑事案件证据指引。

5　生态环保类民事案件责任界定规则相关要素

5.1　侵权行为

侵权行为包括污染环境行为与破坏生态行为，分别由下列要素构成：

a）污染环境行为：

　　1）主要污染物的名称或种类；

　　2）排放浓度、排放量；

　　3）排放方式；

　　4）是否超过污染物排放标准以及是否超过重点污染物排放总量控制指标；

　　5）防治污染设施的建设和运行情况等。

b）破坏生态行为：

　　1）行为方式；

　　2）环境介质的类型；

　　3）释放的生态因素等。

5.2　损害结果

包括以下内容：

a）财产损失：

　　1）清除污染、修复生态环境费用；

　　2）防止损害的发生和扩大所支出的合理费用；

　　3）其他财产损失。

b）人身损害。

c）生态环境损害：

　　1）生态环境受到损害至修复完成期间服务功能丧失导致的损失；

　　2）生态环境功能永久性损害造成的损失。

5.3　侵权行为与损害结果之间的因果关系

因果关系是指损害结果是因行为人排放污染物或破坏环境的侵权行为所造成，可结合污染环境/破坏生态的行为方式、污染物的性质、环境介质的类型、生态因素的特征、时间顺序、空间距离等因素综合判定。其中，以下内容被认定为不具有因果关系：

a）产生的生态影响未到达损害发生地；

b）行为在损害发生后才实施且未加重损害后果；

c）其行为不可能导致损害发生的其他情形；

d）其他可以认定污染环境、破坏生态行为与损害之间不存在因果关系的情形。

注：因污染环境、破坏生态发生纠纷，行为人需就法律规定的不承担责任或者减轻责任的情形及其行为与损害之间不存在因果关系承担举证责任。

6 生态环保类民事案件证据指引

6.1 大气污染责任纠纷案件

6.1.1 书证：

a）报告：检测报告、监测报告、环境影响报告书、环境影响报告表、环境影响登记表、检验报告、调查报告等；

b）财务资料：发票、收据、账单等；

c）证书：经营主体资格证书、排污许可证、生产许可证等；

d）说明：关于大气污染物排放情况的说明、关于环保监测数据的说明、整改情况说明等；

e）合同：委托合同、技术咨询合同等；

f）意见：环评审批意见、环境保护监察意见等；

g）协议：委托代理协议、租赁协议等；

h）图：位置示意图、污染图片等；

i）公告：关于禁止使用氯氟烃物质作为发泡剂的公告、关于案涉燃机达到排放水平的公告等；

j）报表：气体检测数据报表、气体监测数据报表等；

k）公司企业的章程；

l）疾病证明材料：出入院记录、病历等；

m）批复：涉案生活垃圾焚烧发电项目立项批复、环境影响报告书批复等；

n）大气污染物排放标准；

o）其他书证。

注：书证中有些证据的种类划分在理论上存在争议，本文件依据多数裁判文书的划分方法，将其归为书证。本文件以下的证据种类划分均采取该种处理方式。

6.1.2　当事人的陈述：所有原告、被告、第三人的陈述。

6.1.3　视听资料：排污视频等。

6.1.4　电子数据：大气污染物监测数据、电商平台上的交易记录与账户数据等。

6.1.5　笔录类证据：检查笔录、勘验笔录等。

6.1.6　鉴定意见：生态环境损害鉴定意见、因果关系鉴定意见、污染物性质鉴定意见、因污染造成的伤情鉴定意见等。

6.1.7　证人证言。

6.1.8　物证：污染工具，被污染的植物、动物等。

6.1.9　其他证据。

6.2　水污染责任纠纷案件

6.2.1　书证：

a）报告：监测报告、检验报告、环境影响报告书、环境影响报告表、环境影响登记表等；

b）证书：经营主体资格证书、排污许可证、生产许可证等；

c）合同：承包合同、租赁合同、买卖合同、委托合同等；

d）财务资料：发票、收据、付款凭证等；

e）协议：管理协议、承包协议、调解协议等；

f）说明：关于某公司偷排水量及排污费核算情况说明、养殖废水存储池容量计算说明、评估过程的说明等；

g）证明：污染情况证明等；

h）函：项目竣工环境保护验收意见函、关于申请环保执法的函等；

i）图：平面图、现场示意图等；

j）照片：排污照片、整改排污的照片等；

k）通知：责令整改通知、关于加强水库管理的通知、停工停产通知等；

l）批复：清洁生产审核验收批复、关于某项目环境影响报告书的批复等；

m）意见：水质评价意见、对污染损害鉴定评估报告科学性的评价意见等；

n）统计年报：水产统计年报、渔业统计年报等；

o）水污染纠纷协调会会议纪要；

p）其他书证。

6.2.2　当事人的陈述：所有原告、被告、第三人的陈述。

6.2.3　视听资料：污染前视频、污染后视频、整改视频等。

6.2.4　电子数据：通话记录（协商整改污染源的通话记录、向有关部门举报投诉污染的通话记录等）、转账记录等。

6.2.5　笔录类证据：调查笔录、检查笔录、勘验笔录等。

6.2.6　鉴定意见：生态环境损害鉴定意见、因果关系鉴定意见等。

6.2.7　证人证言。

6.2.8　物证：被污染的植物、动物、污染物、污染工具等。

6.2.9　其他证据。

6.3　噪声污染责任纠纷案件

6.3.1　书证：

a）财务资料：发票、收据等；

b）报告：监测报告、环境影响报告书、环境影响报告表、环境影响登记表、噪声测试报告、检测报告、环保验收报告等；

c）证书：土地使用权证、不动产权证书、建设施工许可证等；

d）证明：完税证明等；

e）协议：补偿协议、租赁协议、购买协议等；

f）合同：买卖合同、租赁合同、施工合同等；

g）批复：关于某项目建议书的批复、关于环境影响报告书的批复等；

h）记录：会议记录等；

i）疾病证明材料：诊断证明、出院记录、医嘱单、病历等；

j）整改通知书；

k）标准：噪声排放标准、声环境质量标准等；

l）其他书证。

6.3.2 当事人的陈述：所有原告、被告、第三人的陈述。

6.3.3 视听资料：噪声情况视频、噪音导致养殖动物死亡视频等。

6.3.4 电子数据：聊天记录（证明公司安排专业人员监测电梯噪声情况的聊天记录、证明噪声问题存在的聊天记录、投诉噪声的聊天记录等）、在线交易记录等。

6.3.5 笔录类证据：调查笔录、勘验笔录等。

6.3.6 鉴定意见：噪声是否超标的鉴定意见、因果关系鉴定意见等。

6.3.7 证人证言。

6.3.8 物证：动物、产生噪声的设备等。

6.3.9 其他证据。

6.4 土壤污染责任纠纷案件

6.4.1 书证：

a）财务资料：发票、收据、台账、记账凭证等；

b）协议：污染补偿协议、污染赔偿协议、污染处理协议等；

c）证书：经营主体资格证书、所有权证等；

d）证明：受到污染证明、环境损害后果证明等；

e）报告：监测报告、检验报告、检测报告等；

f）函：关于被破坏的农用地恢复问题的询查函等；

g）说明：土壤 pH 值对农作物生长影响的情况说明、关于环境损害场地修复费用修正说明等；

h）合同：技术服务合同、处置合同、施工合同等；

i）方案：前期应急处置工作方案、地质环境保护与土地复垦方案、关于恢复被毁坏耕地的计划方案等；

j）图：测绘图、图纸等；

k）意见：关于污染土壤修复费用意见等；

l）其他书证。

6.4.2 当事人的陈述：所有原告、被告、第三人的陈述。

6.4.3 视听资料：排污视频、被污染情况视频等。

6.4.4 电子数据：聊天记录（证明被告了解垃圾去向的聊天记录等）等。

6.4.5 笔录类证据：检查笔录、勘验笔录等。

6.4.6 鉴定意见：环境损害鉴定意见、因果关系鉴定意见等。

6.4.7 证人证言。

6.4.8 物证：污染物、污染工具等。

6.4.9 其他证据。

6.5 固体废物污染责任纠纷案件

6.5.1 书证：

a）财务资料：发票、收据等；

b）证书：危险废物经营许可证、危险品运输许可证、经营主体资格证书等；

c）合同：危险废物委托处置合同、危险废物委托运输合同等；

d）报告：监测报告、检测报告、环境影响报告书、环境影响报告表、环境影响登记表等；

e）说明：环境改造情况说明、验收情况说明等；

f）图：平面图、示意图、施工图等；

g）协议：租赁土地协议、补偿协议等；

h）函：关于批复项目环境影响报告书的函、关于项目竣工环境保护验收意见的函等；

i）意见：关于环境损害赔偿费用的专家意见、固废污染防治竣工环保验收意见等；

j）批复：改制方案批复、固体危险废物跨省转移批复、环保验收批复等；

k）登记表：劳务用工登记表等；

l）照片：修复后照片、改造后的照片等；

m）货物清单；

n）统计表；

o）其他书证。

6.5.2 当事人的陈述：所有原告、被告、第三人的陈述。

6.5.3 视听资料：污染现场视频、改造前后的对比视频等。

6.5.4 电子数据：遥感卫星影像等。

6.5.5 笔录类证据：检查笔录、勘验笔录、辨认笔录等。

6.5.6 鉴定意见：环境损害鉴定意见、固体废物属性鉴定意见、因果关系鉴定意见等。

6.5.7 证人证言。

6.5.8 物证：固体废物、被污染的植物等。

6.5.9 其他证据。

7 生态环保类刑事案件责任界定规则相关要素

7.1 主体

7.1.1 自然人：一般主体。

7.1.2 单位判断标准。为了单位利益，同时满足下列任意一项：

a）经单位决策机构按照决策程序决定的；

b）经单位实际控制人、主要负责人或者授权的分管负责人决定、同意的；

c）单位实际控制人、主要负责人或者授权的分管负责人得知单位成员个人实施环境污染犯罪行为，并未加以制止或者及时采取措施，而是予以追认、纵容或者默许的；

d）使用单位营业执照、合同书、公章、印鉴等对外开展活动，并调用单位车辆、船舶、生产设备、原辅材料等实施环境污染犯罪行为的。

注1：直接负责的主管人员：对单位犯罪起决定、批准、组织、策划、指挥、授意、纵容等作用的主管人员，包括单位实际控制人、主要负责人或者授权的分管负责人、高级管理人员等。

注2：其他直接责任人员：在直接负责的主管人员的指挥、授意下积极参与实施单位犯罪或者对具体实施单位犯罪起较大作用的人员。

7.2 客体

客体是指我国刑法所保护的，为犯罪行为所危害的社会关系。生态环保类刑事犯罪的客体主要包括：

a）国家管理秩序：妨害社会管理秩序；

b）公民环境权益。

7.3 主观方面

7.3.1 污染环境罪：

a）过失；

b）故意。以下情形可以被认定为故意：

    1）企业没有依法通过环境影响评价，或者未依法取得排污许可证，排放污染物，或者已经通过环境影响评价并且防治污染设施验收合格后，擅自更改工艺流程、原辅材料，导致产生新的污染物质的；

    2）不使用验收合格的防治污染设施或者不按规范要求使用的；

    3）防治污染设施发生故障，发现后不及时排除，继续生产放任污染物排放的；

    4）生态环境部门责令限制生产、停产整治或者予以行政处罚后，继续生产放任污染物排放的；

    5）将危险废物委托第三方处置，没有尽到查验经营许可的义务，或者委托处置费用明显低于市场价格或者处置成本的；

    6）通过暗管、渗井、渗坑、裂隙、溶洞、灌注等逃避监管的方式排放污染物的；

    7）通过篡改、伪造监测数据的方式排放污染物的，包括向主管部门提供虚假环保类证明文件的；

    8）其他足以认定的情形。

7.3.2 非法捕捞水产品罪：故意。

7.3.3 危害珍贵、濒危野生动物罪：故意。

7.3.4 非法占用农用地罪：故意。

7.3.5 非法采矿罪：故意。

7.3.6 危害国家重点保护植物罪：故意。

7.3.7 盗伐林木罪：故意。

7.3.8　滥伐林木罪：故意。

7.3.9　走私废物罪：故意。

7.4　客观方面

7.4.1　污染环境罪

污染环境罪是指非法排放、倾倒或者处置有害物质，严重污染环境的行为。其中：

a）有毒物质：

1）危险废物：列入国家危险废物名录，或者根据国家规定的危险废物鉴别标准和鉴别方法认定的，具有危险特性的固体废物；

2）《关于持久性有机污染物的斯德哥尔摩公约》附件所列物质；

3）重金属含量超过国家或者地方污染物排放标准的污染物；

4）其他具有毒性，可能污染环境的物质。

b）严重污染环境：

1）在饮用水水源保护区、自然保护地核心保护区等依法确定的重点保护区域排放、倾倒、处置有放射性的废物、含传染病病原体的废物、有毒物质的；

2）非法排放、倾倒、处置危险废物 3 t 以上的；

3）排放、倾倒、处置含铅、汞、镉、铬、砷、铊、锑的污染物，超过国家或者地方污染物排放标准 3 倍以上的；

4）排放、倾倒、处置含镍、铜、锌、银、钒、锰、钴的污染物，超过国家或者地方污染物排放标准 10 倍以上的；

5）通过暗管、渗井、渗坑、裂隙、溶洞、灌注、非紧急情况下开启大气应急排放通道等逃避监管的方式排放、倾倒、处置有放射性的废物、含传染病病原体的废物、有毒物质的；

6）两年内曾因在重污染天气预警期间，违反国家规定，超标排放二氧化硫、氮氧化物等实行排放总量控制的大气污染物受过两次以上行政处罚，又实施此类行为的；

7）重点排污单位、实行排污许可重点管理的单位篡改、伪造自动监测数据或者干扰自动监测设施，排放化学需氧量、氨氮、二氧化

　　　　硫、氮氧化物等污染物的；

　　8）两年内曾因违反国家规定，排放、倾倒、处置有放射性的废物、含传染病病原体的废物、有毒物质受过两次以上行政处罚，又实施此类行为的；

　　9）违法所得或者致使公私财产损失 30 万元以上的；

　　10）致使乡镇集中式饮用水水源取水中断 12 h 以上的；

　　11）其他严重污染环境的情形。

c）情节严重：

　　1）在饮用水水源保护区、自然保护地核心保护区等依法确定的重点保护区域排放、倾倒、处置有放射性的废物、含传染病病原体的废物、有毒物质，造成相关区域的生态功能退化或者野生生物资源严重破坏的；

　　2）向国家确定的重要江河、湖泊水域排放、倾倒、处置有放射性的废物、含传染病病原体的废物、有毒物质，造成相关水域的生态功能退化或者水生生物资源严重破坏的；

　　3）非法排放、倾倒、处置危险废物 100 t 以上的；

　　4）违法所得或者致使公私财产损失 100 万元以上的；

　　5）致使县级城区集中式饮用水水源取水中断 12 h 以上的；

　　6）致使永久基本农田、公益林地 10 亩以上，其他农用地 20 亩以上，其他土地 50 亩以上基本功能丧失或者遭受永久性破坏的；

　　7）致使森林或者其他林木死亡 50 m^3 以上，或者幼树死亡 2500 株以上的；

　　8）致使疏散、转移群众 5000 人以上的；

　　9）致使 30 人以上中毒的；

　　10）致使 1 人以上重伤、严重疾病或者 3 人以上轻伤的；

　　11）其他情节严重的情形。

7.4.2　非法捕捞水产品罪

非法捕捞水产品罪是指违反保护水产资源法规，在禁渔区、禁渔期或者使用禁用的工具、方法捕捞水产品，情节严重的行为。其中：

a）情节严重：

1）非法捕捞水产品 500 kg 以上或者价值 1 万元以上的；

2）非法捕捞有重要经济价值的水生动物苗种、怀卵亲体或者在水产种质资源保护区内捕捞水产品 50 kg 以上或者价值 1000 元以上的；

3）在禁渔区使用电鱼、毒鱼、炸鱼等严重破坏渔业资源的禁用方法或者禁用工具捕捞的；

4）在禁渔期使用电鱼、毒鱼、炸鱼等严重破坏渔业资源的禁用方法或者禁用工具捕捞的；

5）在公海使用禁用渔具从事捕捞作业，造成严重影响的；

6）其他情节严重的情形。

b）从重处罚：

1）暴力抗拒、阻碍国家机关工作人员依法履行职务，尚未构成妨害公务罪、袭警罪的；

2）两年内曾因破坏野生动物资源受过行政处罚的；

3）对水生生物资源或者水域生态造成严重损害的；

4）纠集多条船只非法捕捞的；

5）以非法捕捞为业的。

7.4.3　危害珍贵、濒危野生动物罪

危害珍贵、濒危野生动物罪是指非法猎捕、杀害国家重点保护的珍贵、濒危野生动物的；或者非法收购、运输、出售国家重点保护的珍贵、濒危野生动物及其制品的行为。其中：

a）国家重点保护的珍贵、濒危野生动物：

1）列入《国家重点保护野生动物名录》的野生动物；

2）经国务院野生动物保护主管部门核准按照国家重点保护的野生动物管理的野生动物；

3）列入《濒危野生动植物种国际贸易公约》附录一、附录二的野生动物；

4）驯养繁殖的上述物种。

b）收购：以营利、自用等为目的的购买行为。

c）运输：采用携带、邮寄、利用他人、使用交通工具等方法进行运送的行为。

d）出售：出卖和以营利为目的的加工利用行为。

e）情节严重：

    1）非法猎捕、杀害国家重点保护的珍贵、濒危野生动物，或者非法收购、运输、出售国家重点保护的珍贵、濒危野生动物及其制品，价值20万元以上不满200万元的；

    2）未在禁猎区、禁猎期或者使用禁用的工具、方法狩猎，且未造成动物死亡或者动物、动物制品无法追回，行为人全部退赃退赔，确有悔罪表现的，珍贵、濒危野生动物及其制品价值200万元以上的；

    3）未在禁猎区、禁猎期或者使用禁用的工具、方法狩猎，且未造成动物死亡或者动物、动物制品无法追回，行为人全部退赃退赔，确有悔罪表现的，珍贵、濒危野生动物及其制品价值20万元以上不满200万元的，不计入"情节严重"，而是适用"处5年以下有期徒刑或者拘役，并处罚金"的刑罚档。

f）情节特别严重：非法猎捕、杀害国家重点保护的珍贵、濒危野生动物，或者非法收购、运输、出售国家重点保护的珍贵、濒危野生动物及其制品，价值200万元以上的。

g）从重处罚：

    1）属于犯罪集团的首要分子的；

    2）为逃避监管，使用特种交通工具实施的；

    3）严重影响野生动物科研工作的；

    4）两年内曾因破坏野生动物资源受过行政处罚的。

h）未在禁猎区、禁猎期或者使用禁用的工具、方法狩猎，且未造成动物死亡或者动物、动物制品无法追回，行为人全部退赃退赔，确有悔罪表现的，珍贵、濒危野生动物及其制品价值2万元以上不满20万元的，可以认定为犯罪情节轻微，不起诉或者免予刑事处罚；情节显著轻微危害不大的，不作为犯罪处理。

i）价值估算：

    1）对于国家禁止进出口的珍贵动物及其制品、国家重点保护的珍贵、濒危野生动物及其制品的价值，根据国务院野生动物保护主管部门制定的评估标准和方法核算。

    2）对于有重要生态、科学、社会价值的陆生野生动物、地方重点保护野生动物、其他野生动物及其制品的价值，根据销赃数额认定；无销赃数额、销赃数额难以查证或者根据销赃数额认定明显偏低的，根据市场价格核算，必要时，也可以参照相关评估标准和方法核算。

    3）对于涉案动物的种属类别、是否系人工繁育，非法捕捞、狩猎的工具、方法，以及对野生动物资源的损害程度等专门性问题，可以依据司法鉴定机构出具的鉴定意见等综合判断。

j）具有下列情形之一的，对所涉案件一般不作为犯罪处理；需要追究刑事责任的，应依法从宽处理：

    1）列入人工繁育国家重点保护野生动物名录的；

    2）人工繁育技术成熟、已成规模，作为宠物买卖、运输的。

7.4.4　非法占用农用地罪

7.4.4.1　非法占用农用地罪是指违反土地管理法规，非法占用耕地、林地等农用地，改变被占用土地用途，数量较大，造成耕地、林地等农用地大量毁坏的行为。具体内容包括7.4.4.2~7.4.4.5。

7.4.4.2　农用地：是指直接用于农业生产的土地，包括耕地、林地、草地、农田水利用地、养殖水面等。

7.4.4.3　非法占用耕地行为：

a）非法占用耕地数量较大：是指非法占用基本农田5亩以上或者非法占用基本农田以外的耕地10亩以上；

b）造成耕地大量毁坏：是指行为人非法占用耕地建窑、建坟、建房、挖沙、采石、采矿、取土、堆放固体废弃物或者进行其他非农业建设，造成基本农田5亩以上或者基本农田以外的耕地10亩以上种植条件严重毁坏或者严重污染。

7.4.4.4 非法占用林地行为：

a）造成林地毁坏：

1）在林地上实施建窑、建坟、建房、修路、硬化等工程建设的；

2）在林地上实施采石、采砂、采土、采矿等活动的；

3）在林地上排放污染物、堆放废弃物或者进行非林业生产、建设，造成林地被严重污染或者原有植被、林业生产条件被严重破坏的。

b）数量较大，造成耕地、林地等农用地大量毁坏：

1）非法占用并毁坏公益林地5亩以上的；

2）非法占用并毁坏商品林地10亩以上的；

3）非法占用并毁坏的公益林地、商品林地数量虽未分别达到7.4.4.4 b）中1）、2）规定标准，但按相应比例折算合计达到有关标准的；

4）两年内曾因非法占用农用地受过两次以上行政处罚，又非法占用林地，数量达到7.4.4.4 b）中1）~3）规定标准一半以上的。

7.4.4.5 非法占用草原行为：

a）数量较大：

1）非法占用草原，改变被占用草原用途，数量在20亩以上的；

2）曾因非法占用草原受过行政处罚，在3年内又非法占用草原，改变被占用草原用途，数量在10亩以上的。

b）非法占用草原，造成耕地、林地等农用地大量毁坏：

1）开垦草原种植粮食作物、经济作物、林木的；

2）在草原上建窑、建房、修路、挖沙、采石、采矿、取土、剥取草皮的；

3）在草原上堆放或者排放废弃物，造成草原的原有植被严重毁坏或者严重污染的；

4）违反草原保护、建设、利用规划种植牧草和饲料作物，造成草原沙化或者水土严重流失的；

5）其他造成草原严重毁坏的情形。

7.4.5 非法采矿罪

　　非法采矿罪是指违反矿产资源法的规定，未取得采矿许可证擅自采矿，擅自进入国家规划矿区、对国民经济具有重要价值的矿区和他人矿区范围采矿，或者擅自开采国家规定实行保护性开采的特定矿种，情节严重的行为。其中：

　　a）违反矿产资源法的规定：违反《中华人民共和国矿产资源法》《中华人民共和国水法》等法律、行政法规有关矿产资源开发、利用、保护和管理的规定。

　　b）未取得采矿许可证：

　　　1）无许可证的；

　　　2）许可证被注销、吊销、撤销的；

　　　3）超越许可证规定的矿区范围或者开采范围的；

　　　4）超出许可证规定的矿种的（共生、伴生矿种除外）；

　　　5）其他未取得许可证的情形。

　　c）情节严重：

　　　1）开采的矿产品价值或者造成矿产资源破坏的价值在 10 万元至 30 万元以上的；

　　　2）在国家规划矿区、对国民经济具有重要价值的矿区采矿，开采国家规定实行保护性开采的特定矿种，或者在禁采区、禁采期内采矿，开采的矿产品价值或者造成矿产资源破坏的价值在 5 万元至 15 万元以上的；

　　　3）两年内曾因非法采矿受过两次以上行政处罚，又实施非法采矿行为的；

　　　4）造成生态环境严重损害的；

　　　5）在河道管理范围内采砂，依据相关规定应办理河道采砂许可证，未取得河道采砂许可证的，严重影响河势稳定，危害防洪安全的；

　　　6）在河道管理范围内采砂，依据相关规定应办理河道采砂许可证和采矿许可证，既未取得河道采砂许可证，又未取得采矿许可证的，严重影响河势稳定，危害防洪安全的；

　　　7）其他情节严重的情形。

　　d）情节特别严重：

1）数额达到 7.4.5 c）中 1）、2）规定标准 5 倍以上的；

2）造成生态环境特别严重损害的；

3）其他情节特别严重的情形。

7.4.6 危害国家重点保护植物罪

危害国家重点保护植物罪是指违反国家规定，非法采伐、毁坏珍贵树木或者国家重点保护的其他植物的，或者非法收购、运输、加工、出售珍贵树木或者国家重点保护的其他植物及其制品的行为。其中：

a）珍贵树木或者国家重点保护的其他植物：古树名木以及列入《国家重点保护野生植物名录》的野生植物。

b）违反国家规定，非法采伐、毁坏列入《国家重点保护野生植物名录》的野生植物，或者非法收购、运输、加工、出售明知是非法采伐、毁坏的上述植物及其制品，具有下列情形之一的，应当依照刑法第三百四十四条的规定，以危害国家重点保护植物罪定罪处罚：

1）危害国家一级保护野生植物 1 株以上或者立木蓄积 1 m³ 以上的；

2）危害国家二级保护野生植物 2 株以上或者立木蓄积 2 m³ 以上的；

3）危害国家重点保护野生植物，数量虽未分别达到 7.4.6 b）中 1）、2）规定标准，但按相应比例折算合计达到有关标准的；

4）涉案国家重点保护野生植物及其制品价值 2 万元以上的。

c）情节严重：

1）危害国家一级保护野生植物 5 株以上或者立木蓄积 5 m³ 以上的；

2）危害国家二级保护野生植物 10 株以上或者立木蓄积 10 m³ 以上的；

3）危害国家重点保护野生植物，数量虽未分别达到 7.4.6 c）中 1）、2）规定标准，但按相应比例折算合计达到有关标准的；

4）涉案国家重点保护野生植物及其制品价值 20 万元以上的；

5）其他情节严重的情形。

d）违反国家规定，非法采伐、毁坏古树名木，或者非法收购、运输、加工、出售明知是非法采伐、毁坏的古树名木及其制品，涉案树木未列入《国家重点保护野生植物名录》的，根据涉案树木的树种、树龄以及历史、文化价值等因素，综合评估社会危害性，依法定罪处罚。

7.4.7 盗伐林木罪

盗伐林木罪是指盗伐森林或者其他林木，数量较大的行为。滥伐林木的数量，应在伐区调查设计允许的误差额以上计算。其中：

a) 盗伐森林或者其他林木，以非法占有为目的，同时满足下列任一项：

　　1) 未取得采伐许可证，擅自采伐国家、集体或者他人所有的林木的；

　　2) 违反森林法第五十六条第三款的规定，擅自采伐国家、集体或者他人所有的林木的；

　　3) 在采伐许可证规定的地点以外采伐国家、集体或者他人所有的林木的。

b) 数量较大：

　　1) 立木蓄积 5 m³ 以上的；

　　2) 幼树 200 株以上的；

　　3) 数量虽未分别达到 7.4.7 b) 中 1)、2) 规定标准，但按相应比例折算合计达到有关标准的；

　　4) 价值 2 万元以上的。

c) 数量巨大：达到数量较大标准 10 倍以上的。

d) 数量特别巨大：达到数量较大标准 10 倍以上的。

e) 林木数量以立木蓄积计算，计算方法为：原木材积除以该树种的出材率。

注：幼树是指胸径 5 cm 以下的树木。

7.4.8 滥伐林木罪

滥伐林木罪是指违反森林法的规定，滥伐森林或者其他林木，数量较大的行为。滥伐林木的数量，应在伐区调查设计允许的误差额以上计算。其中：

a) 滥伐森林或者其他林木：

　　1) 未取得采伐许可证，或者违反采伐许可证规定的时间、地点、数量、树种、方式，任意采伐本单位或者本人所有的林木的；

　　2) 违反森林法第五十六条第三款的规定，任意采伐本单位或者本人所有的林木的；

　　3) 在采伐许可证规定的地点，超过规定的数量采伐国家、集体或者他人所有的林木的；

    4）林木权属存在争议，一方未取得采伐许可证擅自砍伐的，以滥伐林木论处。

b）数量较大：

    1）立木蓄积 20 m³ 以上的；

    2）幼树 1000 株以上的；

    3）数量虽未分别达到 7.4.8 b）中 1）、2）规定标准，但按相应比例折算合计达到有关标准的；

    4）价值 5 万元以上的。

c）数量巨大：达到数量较大标准 5 倍以上。

d）林木数量以立木蓄积计算，计算方法为：原木材积除以该树种的出材率。

注：幼树是指胸径 5 cm 以下的树木。

7.4.9　走私废物罪

走私废物罪是指逃避海关监管将境外固体废物、液态废物和气态废物运输进境，情节严重的行为。其中：

a）情节严重：

    1）走私国家禁止进口的危险性固体废物、液态废物分别或者合计达到 1 t 以上不满 5 t 的；

    2）走私国家禁止进口的非危险性固体废物、液态废物分别或者合计达到 5 t 以上不满 25 t 的；

    3）走私国家限制进口的可用作原料的固体废物、液态废物分别或者合计达到 20 t 以上不满 100 t 的；

    4）未达到 7.4.9 a）中 1）~3）数量标准，但属于犯罪集团的首要分子，使用特种车辆从事走私活动，或者造成环境严重污染等情形的。

b）情节特别严重：

    1）走私数量超过 7.4.9 a）中 1）~3）规定的标准的；

    2）达到 7.4.9 a）中 1）~3）的标准，且属于犯罪集团的首要分子，使用特种车辆从事走私活动，或者造成环境严重污染等情形的；

3）未达到7.4.9 a）中1）~3）规定的标准，但造成环境严重污染且后果特别严重的。

8 生态环保类刑事案件证据指引

8.1 污染环境罪案件

8.1.1 书证：

a）财务资料：发票、交易明细、磅单、收据、账本、汇款凭证等；

b）报告：监测报告、调查报告、检测报告、环境影响报告书、环境影响报告表、环境影响登记表等；

c）证书：经营主体资格证书、危险废物经营许可证、安全生产许可证、污染物排放许可证等；

d）清单：处置费用清单、结算清单、国家危险废物清单等；

e）协议：处置协议、租赁协议、赔偿协议、运输协议、租地协议、转让协议等；

f）合同：处置合同、租赁合同、运输合同等；

g）图：示意图、现场图、土地利用现状图等；

h）记录：水样采集与交接记录、称重记录等；

i）证明：开展环境治理的证明、恢复治理情况的证明、收货证明等；

j）意见：对检测报告或监测报告的认可意见、环保设施竣工验收意见、危险废物性质认定意见等；

k）批复：建设项目环境影响报告批复意见、关于对监测报告予以认可的批复等；

l）汇报：整改情况汇报、关于环境污染查处情况汇报等；

m）统计表：危废外协处置情况统计表、进水量统计表等；

n）方案：废物处置方案、化工污染治理方案等；

o）通知书：环境违法行为责令停止生产通知书、建设项目环境影响评价要求通知书等；

p）公告：关于发布中国受控消耗臭氧层物质清单的公告、关于禁止使用氯氟烃物质作为发泡剂的公告等；

q）汇总表：土地分类汇总表、固体废物开挖清理情况汇总表等；

r）土地登记相关材料：土地登记申请书、土地登记审批表等；

s）污水排放标准；

t）公司规章制度；

u）项目备案材料：企业投资项目备案证、技术改造投资项目备案确认书等；

v）交接单：检测样品交接单、物料交接单等；

w）其他书证。

8.1.2　笔录类证据：辨认笔录、勘验笔录、检查笔录、搜查笔录、扣押笔录、提取笔录等。

8.1.3　视听资料、电子数据：

a）视频：如交通监控视频、停车场监控视频；

b）通话记录：如涉案人员倾倒污染物前后互相联系的通话记录；

c）在线转账记录；

d）在线交易记录；

e）其他视听资料、电子数据。

8.1.4　被告人供述和辩解：所有犯罪嫌疑人、被告人的供述和辩解。

8.1.5　证人证言。

8.1.6　鉴定意见：污染物性质鉴定意见、环境损害鉴定意见、因果关系鉴定意见等。

8.1.7　物证：作案工具、污染物等。

8.1.8　被害人陈述。

8.1.9　其他证据。

8.2　非法捕捞水产品罪案件

8.2.1　书证：

a）说明：天然水域情况说明、关于电捕鱼对环境资源破坏的情况说明、关于所载渔具情况的说明等；

b）休渔禁渔通告/通知/公告；

c）报告：评估报告、检验报告等；

d）记录：称重记录、销毁记录等；

e）照片：非法捕捞的动物照片、渔船照片、渔网照片、禁渔宣传照片等；

f）图：自然保护区功能区划图、海域图等；

g）证书：捕捞许可证、检验证书、渔业船舶所有权登记证书等；

h）价格认定结论书；

i）意见：动物种类的专家意见、渔业资源受到破坏的专家意见等；

j）自然保护区管理办法；

k）财务资料：账本、收据等；

l）证明：渔获物处理证明等；

m）其他书证。

8.2.2　笔录类证据：辨认笔录、扣押笔录、勘验笔录、检查笔录、提取笔录、搜查笔录等。

8.2.3　视听资料、电子数据：

a）在线交易记录；

b）在线转账记录；

c）视频：如监控视频、捕鱼视频；

d）聊天记录：如销售渔获物的聊天记录、关于捕鱼的聊天记录；

e）其他视听资料、电子数据。

8.2.4　被告人供述和辩解：所有犯罪嫌疑人、被告人的供述和辩解。

8.2.5　证人证言。

8.2.6　鉴定意见：渔具渔法鉴定意见、渔获物重量鉴定意见、渔获物数量鉴定意见、渔获物规格鉴定意见、渔获物种类鉴定意见、渔获物价值鉴定意见等。

8.2.7　物证：作案工具、渔获物等。

8.2.8　被害人陈述。

8.2.9　其他证据。

8.3　危害珍贵、濒危野生动物罪案件

8.3.1　书证：

　a）证书：驯养繁殖许可证、水生野生动物经营利用许可证、野生动物及其制品经营加工许可证等；

　b）财务资料：收据、账本等；

　c）报告：检验报告、检测报告等；

　d）图：现场方位图、现场示意图、功能区划图等；

　e）动物接收表/单/证明；

　f）《国家保护动物名录》；

　g）意见：动物种类专家意见等；

　h）价格认定结论书；

　i）其他书证。

8.3.2　笔录类证据：辨认笔录、搜查笔录、提取笔录、勘验笔录、检查笔录、扣押笔录等。

8.3.3　视听资料、电子数据：

　a）在线交易记录；

　b）聊天记录：如沟通制作动物标本的聊天记录、动物交易聊天记录；

　c）其他视听资料、电子数据。

8.3.4　被告人供述和辩解：所有犯罪嫌疑人、被告人的供述和辩解。

8.3.5　证人证言。

8.3.6　鉴定意见：动物（动物制品）种类鉴定意见、动物（动物制品）价值鉴定意见、动物死亡原因鉴定意见等。

8.3.7　物证：动物及动物制品、作案工具等。

8.3.8　被害人陈述。

8.3.9　其他证据。

8.4　非法占用农用地罪案件

8.4.1　书证：

　a）说明：自然资源用地说明、关于承包土地情况的说明、关于非法占用农用地复绿情况的说明等；

　b）证书：采矿许可证、经营主体资格证书、林权证等；

　c）图：示意图、土地利用现状图、土地规划图、堆土占地面积图等；

d）协议：承包协议、补助协议、改造协议等；

e）报告：调查报告、复垦方案报告等；

f）证明：签订风景区旅游开发协议的证明、土地确权证明等；

g）合同：土地使用权转让合同、土地承包合同等；

h）函：关于低产田改造的申请函、植被恢复情况进行实地核查函等；

i）意见：土地性质的认定意见等；

j）承诺书：补偿承诺书、生态修复承诺书等；

k）其他书证。

8.4.2　笔录类证据：辨认笔录、勘验笔录等。

8.4.3　视听资料、电子数据：

a）遥感卫星影像：如土地情况的遥感卫星影像、涉案地块变化的遥感卫星影像；

b）聊天记录：如商量整改工作的聊天记录、交涉处理堆埋垃圾的聊天记录；

c）其他视听资料、电子数据。

8.4.4　被告人供述和辩解：所有犯罪嫌疑人、被告人的供述和辩解。

8.4.5　证人证言。

8.4.6　鉴定意见：破坏程度鉴定意见、占用并毁坏林地面积鉴定意见、占用林地情况鉴定意见等。

8.4.7　物证：作案工具等。

8.4.8　被害人陈述。

8.4.9　其他证据。

8.5　**非法采矿罪案件**

8.5.1　书证：

a）财务资料：收据、账本、发票、对账单等；

b）说明：未办理采矿登记许可的情况说明、非法开采河砂的情况说明等；

c）报告：检测报告、非法采矿储量评估及价值估算报告、监测报告等；

d）合同：承包合同、租赁合同、运输合同、购销合同、买卖合同等；

e）证书：经营主体资格证书、采矿许可证、林权证等；

f）函：关于颁发采矿许可证情况的函、关于案件所涉海域位置的复函等；

g）图：航拍图、土地利用现状图、总体规划图、现场图等；

h）价格认定结论书；

i）记录：生产记录、买卖记录、用电缴费记录等；

j）疾病证明材料：病历、诊断证明书等；

k）协议：购砂协议、船舶代管协议等；

l）证明：林地证明、未办采伐证证明等；

m）禁止采砂的通告/通知；

n）其他书证。

8.5.2 笔录类证据：辨认笔录、搜查笔录、勘验笔录、检查笔录、扣押笔录等。

8.5.3 视听资料、电子数据：

a）在线转账记录；

b）光盘：如反映涉案现场情况的光盘；

c）遥感卫星影像；

d）其他视听资料、电子数据。

8.5.4 被告人供述和辩解：所有犯罪嫌疑人、被告人的供述和辩解。

8.5.5 证人证言。

8.5.6 鉴定意见：矿产品价值鉴定意见等。

8.5.7 物证：采矿工具、被采矿产等。

8.5.8 被害人陈述。

8.5.9 其他证据。

8.6 危害国家重点保护植物罪案件

8.6.1 书证：

a）说明：关于植物情况的说明、植被恢复造林作业设计说明、履行修山抚育和补植复绿义务的说明等；

b）财务资料：票据等；

c）报告：检验报告、评估报告等；

d）图：位置图、勘测定界图、方位示意图、平面示意图等；

e）证明：未办理植物采集手续的证明、未发放林木采伐许可证的证明等；

f）合同：租赁合同、施工合同、承包合同等；

g）照片：复植植物的照片、保护植物的宣传照片、法律法规宣传照片等；

h）林权证；

i）意见：调查评估意见、验收意见等；

j）其他书证。

8.6.2　笔录类证据：勘验笔录、提取笔录、辨认笔录、检查笔录、扣押笔录、搜查笔录等。

8.6.3　视听资料、电子数据：

a）聊天记录：如转发踩点及作案位置的聊天记录；

b）在线交易记录；

c）视频：如银行监控视频；

d）其他视听资料、电子数据。

8.6.4　被告人供述和辩解：所有犯罪嫌疑人、被告人的供述和辩解。

8.6.5　证人证言。

8.6.6　鉴定意见：涉案植物种类鉴定意见、涉案植物价值鉴定意见、涉案植物蓄积鉴定意见、涉案植物材积鉴定意见、涉案植物数量鉴定意见、生态修复费用鉴定意见等。

8.6.7　物证：作案工具、植物及植物制品等。

8.6.8　被害人陈述。

8.6.9　其他证据。

8.7　盗伐林木罪案件

8.7.1　书证：

a）照片：林木照片、运输车辆照片、作案工具照片等；

b）证书：林权证、采伐许可证、土地承包经营权证书等；

c) 财务资料：收据、发票、账本等；

d) 谅解书；

e) 图：盗伐林木现场示意图、盗伐木材测量图、现场方位示意图等；

f) 证明：复绿验收证明、林木复栽证明、公益林证明等；

g) 合同：承包合同、转包合同等；

h) 价格认定结论书；

i) 协议：赔偿协议、买卖协议、承包协议等；

j) 报告：评估报告、调查报告、验收报告等；

k) 说明：关于盗伐林木数量认定的说明、苗圃情况说明等；

l) 登记表：现场勘查林木检尺登记表、现场勘查树高调查登记表等；

m) 其他书证。

8.7.2 笔录类证据：勘验笔录、辨认笔录、检查笔录、提取笔录等。

8.7.3 视听资料、电子数据：

a) 聊天记录：如买卖树木的聊天记录；

b) 在线支付记录；

c) 视频：如宾馆监控视频、加油站监控视频；

d) 通话记录：如商定盗伐林木的通话记录；

e) 其他视听资料、电子数据。

8.7.4 被告人供述和辩解：所有犯罪嫌疑人、被告人的供述和辩解。

8.7.5 证人证言。

8.7.6 鉴定意见：被盗伐林木蓄积鉴定意见、被盗伐林木材积鉴定意见、被盗伐林木种类鉴定意见、被盗伐林木价值鉴定意见、环境损害费用鉴定意见、环境损害修复费用鉴定意见等。

8.7.7 物证：作案工具、被伐林木等。

8.7.8 被害人陈述。

8.7.9 其他证据。

8.8 滥伐林木罪案件

8.8.1 书证：

a) 说明：卫星影像资料来源说明、林木采伐许可档案查询说明、关于林地恢复情况说明等；

b）证明：材积鉴定计算证明、补种树木证明、林木所有权证明等；

c）财务资料：收据、票据等；

d）合同：租赁合同、山林承包合同、委托造林合同等；

e）图：设计图、土地利用规划图及现状图等；

f）协议：生态复原协议、木材买卖协议等；

g）报告：调查报告、检验报告、评估报告等；

h）证书：林权证、林木采伐许可证等；

i）其他书证。

8.8.2　笔录类证据：勘验笔录、辨认笔录、检查笔录、扣押笔录等。

8.8.3　视听资料、电子数据：

a）遥感卫星影像；

b）视频：如银行监控视频、加油站监控视频；

c）在线转账记录；

d）聊天记录：如木材收购情况聊天记录；

e）其他视听资料、电子数据。

8.8.4　被告人供述和辩解：所有犯罪嫌疑人、被告人的供述和辩解。

8.8.5　证人证言。

8.8.6　鉴定意见：滥伐林木材积鉴定意见、滥伐林木蓄积鉴定意见、滥伐林木数量鉴定意见等。

8.8.7　物证：作案工具、被伐林木等。

8.8.8　被害人陈述。

8.8.9　其他证据。

8.9　走私废物罪案件

8.9.1　书证：

a）财务资料：发票、收据、账本等；

b）单据：报关单、结算单、对账单、装箱单、提单、称量单、过磅单、海关进出境相关记录单等；

c）合同：租赁合同、买卖合同、购销合同等；

d）证书：污染物排放许可证、固体废物进口许可证、经营主体资格证书等；

e）图：原版工艺流程图、场地存货图、地点图等；

f）说明：公司生产经营情况说明、称重情况说明等；

g）报告：检验报告、检测报告、监测报告等；

h）证明：电话号码证明、原产地证明、理货证明、船舶交接证明等；

i）照片：货物照片、集装箱照片、装柜照片等；

j）记录：取样记录、称重记录等；

k）协议：租赁协议、委托代理进口协议等；

l）委托书：代理报关委托书、代理报检委托书、化验委托书等；

m）走私废物统计表；

n）其他书证。

8.9.2 笔录类证据：扣押笔录、搜查笔录、辨认笔录、检查笔录、勘验笔录、提取笔录等。

8.9.3 视听资料、电子数据：

a）聊天记录：如沟通走私事宜的聊天记录；

b）在线转账记录；

c）电子邮件：如结算代理费用的电子邮件；

d）视频：如宾馆监控视频、装卸现场的视频资料；

e）其他视听资料、电子数据。

8.9.4 被告人供述和辩解：所有犯罪嫌疑人、被告人的供述和辩解。

8.9.5 证人证言。

8.9.6 鉴定意见：废物性质鉴定意见、废物重量鉴定意见、废物数量鉴定意见等。

8.9.7 物证：废物等。

8.9.8 被害人陈述。

8.9.9 其他证据。

生态环保类案件损失评估工作规则①

一、适用范围

本标准规定了生态环保类案件损失评估的一般性原则、主体、程序、内容和方法。本标准适用于因污染环境或破坏生态导致的生态环境损失的鉴定评估。

二、规范性引用文件

本规则适用下列文件有效版本中的相关条款。

中华人民共和国民法典

中华人民共和国环境影响评价法

最高人民法院关于审理生态环境侵权纠纷案件适用惩罚性赔偿的解释

生态环境损害赔偿管理规定

环境损害鉴定评估推荐方法（第Ⅱ版）

GB 3095 环境空气质量标准

GB 3838 地表水环境质量标准

GB/T 14848 地下水质量标准

GB 15618 土壤环境质量标准

GB 3096 声环境质量标准

GB 11607 渔业水质标准

HJ 25.1 场地环境调查技术导则

HJ 25.2 场地环境监测技术导则

---

① 本规则由课题组整理拟定。

HJ 25.3 污染场地风险评估技术导则

HJ 25.4 污染场地土壤修复技术导则

HJ/T 192 生态环境状况评价技术规范（试行）

GB/T 21678 渔业污染事故经济损失计算方法

NY/T 1263 农业环境污染事故损失评价技术准则

SF/Z JD0601001 农业环境污染事故司法鉴定经济损失估算实施规范

NY/T 1669 农业野生植物调查技术规范

HY/T 095 海洋溢油生态损害评估技术指南

三、术语和定义

（一）生态环境损失 environmental damage

因污染环境、破坏生态造成环境空气、地表水、沉积物、土壤、地下水、海水等环境要素和植物、动物、微生物等生物要素的不利改变，以及上述要素构成的生态系统的功能退化和服务减少。

（二）生态服务功能 ecological functions

生态系统在维持生命的物质循环和能量转换过程中，为人类与生物提供的各种惠益，通常包括供给服务、调节服务、文化服务和支持功能。

（三）调查区 survey area

为确定生态环境损害的类型、范围和程度，需要开展勘察、监测、观测、观察、调查、测量的区域，包括污染环境或破坏生态行为的发生区域、可能的影响区域、损害发生区域和对照区域等。

（四）评估区 assessment area

经调查发现发生环境质量不利改变、生态服务功能退化等，需要开展生态环境损害识别、分析和确认的区域。

（五）基线 baseline

污染环境或破坏生态未发生时评估区生态环境及其服务功能的状态。

（六）期间损害 interim damage

自生态环境损害发生到恢复至基线期间，生态系统提供服务功能的丧失或减少。

（七）污染清除 pollution clean-up

采用工程和技术手段，将生态环境中的污染物阻断、控制、移除、转移、固定和处置的过程。

（八）环境修复 environmental remediation

污染清除完成后，为进一步降低环境中的污染物浓度，采用工程和管理手段将环境污染导致的人体健康或生态风险降至可接受风险水平的过程。

（九）生态环境恢复 ecological restoration

采取必要、合理的措施将受损生态环境及其服务功能恢复至基线并补偿期间损害的过程，包括环境修复和生态服务功能的恢复。按照恢复目标和阶段不同，生态环境恢复可分为基本恢复、补偿性恢复和补充性恢复。

（十）基本恢复 primary restoration

采取必要、合理的自然或人工措施将受损的生态环境及其服务功能恢复至基线的过程。

（十一）补偿性恢复 compensatory restoration

采取必要、合理的措施补偿生态环境期间损害的过程。

（十二）补充性恢复 complementary restoration

基本恢复无法完全恢复受损的生态环境及其服务功能，或补偿性恢复无法补偿期间损害时，采取额外的、弥补性的措施进一步恢复受损的生态环境及其服务功能并补偿期间损害的过程。

（十三）永久损失 permanent damage

受损生态环境及其生态服务功能难以恢复，其向人类或其他生态系统提供服务的能力完全丧失。

（十四）生态环境损失鉴定评估 identification and assessment of environmental damage

按照规定的程序和方法，综合运用科学技术和专业知识，调查污染环境、破坏生态行为与生态环境损害情况，分析污染环境或破坏生态行为与生态环境损害间的因果关系，评估污染环境或破坏生态行为所致生态环境损害的范围和程度，确定生态环境恢复至基线并补偿期间损害的恢复措施，量化生态环境损害数额的过程。

四、损失评估原则

（一）合法合规原则

损失评估工作应当依法依规进行。损失评估工作应当严格遵守有关法律、法规和技术规范，不得伪造数据和弄虚作假。损失评估机构及其工作人员应当具备相应能力和法定资质。损失评估报告应当符合法律法规和技术规范规定的程序、结构及内容要求。

（二）科学合理原则

损失评估工作应当制定科学合理的实施方案。损失评估工作方案应包含严格措施控制和保证质量，损失评估工作应当严格遵循工作方案开展，不得随意改变。

（三）公平客观原则

损失评估工作应当始终坚持公平客观。损失评估主体应当根据评估对象的情况作出客观判断，实事求是地运用专业知识与技能进行评估。

（四）独立中立原则

损失评估工作应当保持绝对的独立中立。损失评估主体应当彻底排除相关利益方影响，以绝对中立的身份完全独立地进行评估。

五、损失评估对象

（一）生态环境受到损害至修复完成期间服务功能丧失导致的损失

简称为期间损失，是生态环境受到损害之日起到生态功能恢复到基线水平期间生态系统服务功能的损失量。

（二）生态环境功能永久性损失造成的损失

简称为永久损失，是指受损生态环境难以恢复，其向公众或其他生态系统提供服务能力的完全丧失，应当用价值赔偿对此部分损失进行填补，包括生态环境不能修复与只能够部分修复的情形。

（三）生态环境损失调查、鉴定评估等费用

是指在造成生态环境损失发生后，因进行调查、鉴定评估等工作产生的各类费用。对此，应当做扩大解释，包括各级政府与相关单位针对可能或已经发生的突发环境事件而采取的行动和措施所发生的费用、原告合理的律师费以及为诉讼支出的其他合理费，等等。

（四）清除污染、修复生态环境费用

清除污染费用是指对污染物进行清除、处理和处置的应急处置措施，包括清除、处理和处置被污染的环境介质与污染物以及回收应急物资等产生的费用。修复生态环境费用是指行为人自己未能在合理期限内修复时，应当支付的由他人代为修复的费用。

（五）防止损失的发生和扩大所支出的合理费用

属于应急费用，是指由于时间紧迫，为了防止损失发生和扩大，不能在司法程序中等待或通过判决行为人采取措施来应对该问题，而产生的各种合理费用。

六、损失评估主体

（一）科研院所。

（二）高等院校。

（三）公司企业。

七、损失评估范围

（一）空间范围

生态环境损失评估的时间范围以污染环境或破坏生态行为发生为起点，以受损生态环境及其服务功能恢复至基线为终点。空间范围应综合利用现场调查、环境监测、遥感分析和模型预测等方法，根据污染物迁移扩散范围或破坏生态行为的影响范围确定。

（二）时间范围

生态环境损失评估的时间范围以污染环境或破坏生态行为发生日期为起点，持续到受损生态环境及其生态系统服务恢复至生态环境基线为止。

八、损失评估方法

（一）方法的类型

1. 替代等值分析方法
（1）资源等值分析方法。

将环境的损益以资源量为单位来表征，通过建立环境污染或生态破坏所致资源损失的折现量和恢复行动所恢复资源的折现量之间的等量关系来确定生态恢复的规模。资源等值分析方法的常用单位包括鱼或鸟的种群数量、水资源量等。

（2）服务等值分析方法。

将环境的损益以生态系统服务为单位来表征，通过建立环境污染或生态破坏所致生态系统服务损失的折现量与恢复行动所恢复生态系统服务的折现量之间的等量关系来确定生态恢复的规模。服务等值分析方法的常用单位包括生境面积、服务恢复的百分比等。

（3）价值等值分析方法。

①价值——价值法。将恢复行动所产生的环境价值贴现与受损环境的价值贴现建立等量关系，此方法需要将恢复行动所产生的效益与受损环境的价值进行货币化。衡量恢复行动所产生的效益与受损环境的价值需要采用环境价值评估方法。

②价值——成本法。首先估算受损环境的货币价值，进而确定恢复行动的最优规模，恢复行动的总预算为受损环境的货币价值量。

2. 环境价值评估方法

（1）直接市场价值法。

（2）揭示偏好法。

（3）效益转移法。

（4）陈述偏好法。

（二）方法的选择

1. 首选等值分析方法和服务等值分析方法。

2. 次选价值等值分析方法。

3. 后选环境价值评估方法。

九、损失评估程序

（一）工作方案制定

通过收集资料、现场踏勘、座谈走访、文献查阅、遥感影像分析等方式，掌握污染环境或破坏生态行为以及生态环境的基本情况，确定生态环境损害鉴定评估的目的、对象、范围、内容、方法、质量控制和质量保证措施等，编制鉴定评估工作方案。具体步骤包括：

1. 收集分析资料。

2. 现场踏勘。

3. 查阅文献。

（二）损失调查确认

掌握污染环境或破坏生态行为的事实，调查并对比生态环境及其服务功能现状和基线，确定生态环境损害的事实及其类型。具体包括：

1. 损失调查

（1）污染环境行为的发生时间和地点，污染源分布情况（如数量和位置），特征污染物种类及其排放情况（如排放方式、排放去向、排放频率、排放浓度和总量等）；

（2）破坏生态行为的发生时间、地点、破坏方式、破坏对象、破坏范围以及土地利用或植被覆盖类型改变等情况；

（3）评估区环境空气、地表水、沉积物、土壤、地下水、海水等环境质量现状及基线；

（4）评估区生态系统结构、服务功能类型的现状及基线；

（5）评估区已经开展的污染清除、生态环境恢复措施及其费用；

（6）可能开展替代恢复区域的生态环境损害现状和可恢复性。

2. 基线确定

应选择适当的评价指标和方法调查并确定基线。基线的确定方法包括：

（1）历史数据。

（2）对照数据。

（3）标准基准。

（4）专项研究。

3. 损失确定

对比评估区生态环境及其服务功能现状与基线，必要时开展专项研究，确定评估区生态环境损害的事实和损害类型。生态环境损害确定应满足以下任一条件：

（1）评估区环境空气、地表水、沉积物、土壤、地下水、海水中特征污染物浓度或相关理化指标超过基线；

（2）评估区环境空气、地表水、沉积物、土壤、地下水、海水中物质的浓度足以导致生物毒性反应；

（3）评估区生物个体发生死亡、病变、行为异常、肿瘤、遗传突变、生理功能失常、畸形；

（4）评估区生物种群特征（如种群密度、性别比例、年龄组成等）、群落特征（如多度、密度、盖度、频度、丰度等）或生态系统特征（如生物多样性）与基线相比发生不利改变；

（5）与基线相比，评估区生态服务功能降低或丧失；

（6）造成生态环境损害的其他情形。

（三）因果关系分析

1. 污染环境行为的因果关系分析

污染环境行为与生态环境损害间因果关系分析的内容包括：

（1）时间顺序分析。

（2）污染物同源性分析。

（3）迁移路径合理性分析。

（4）生物暴露可能性分析。

（5）生物损害可能性分析。

（6）分析自然和其他人为可能的因素的影响，并阐述因果关系分析的不确定性。

2. 破坏生态行为的因果关系分析

生态破坏行为与生态环境损害间因果关系分析的内容包括：

（1）时间顺序分析。

（2）损害可能性分析。

（3）因果关系链建立。

（4）分析自然和其他人为可能的因素的影响，并阐述因果关系分析的不确定性。

（四）损失实物量化

明确不同生态环境损害类型的量化指标，量化生态环境损害的时空范围和程度；分析恢复受损生态环境的可行性；明确生态环境恢复的目标，制定生态环境恢复备选方案，筛选确定最佳恢复方案。

1. 损害范围和程度量化

（1）确定评估区环境空气、地表水、沉积物、土壤、地下水、海水等环境介质中特征污染物浓度劣于基线的时间、面积、体积或程度等；

（2）确定评估区生物个体发生死亡、疾病、行为异常、肿瘤、遗传突变、生理功能失常或畸形的数量；

（3）确定评估区生物种群特征、群落特征或生态系统特征劣于基线的时间、面积、生物量或程度等；

（4）确定评估区生态服务功能劣于基线的时间、服务量或程度等。

2. 可恢复性评价

3. 恢复方案制定

（1）确定恢复目标。

（2）选择恢复策略。

（3）筛选恢复技术。

（4）制定备选方案。

（5）比选恢复方案。

（五）损失价值量化

统计实际发生的污染清除费用；估算最佳生态环境恢复方案的实施费用；

当生态环境无法恢复或仅部分恢复时，可采用环境价值评估方法，量化生态环境损害价值。

1. 价值量化方法选择原则

生态环境损害的价值量化应遵循以下原则：

（1）污染环境或破坏生态行为发生后，为减轻或消除污染或破坏对生态环境的危害而发生的污染清除费用，以实际发生费用为准，并对实际发生费用的必要性和合理性进行判断；

（2）当受损生态环境及其服务功能可恢复或部分恢复时，应制定生态环境恢复方案，采用恢复费用法量化生态环境损害价值；

（3）当受损生态环境及其服务功能不可恢复，或只能部分恢复，或无法补偿期间损害时，选择适合的其他环境价值评估方法量化未恢复部分的生态环境损害价值；

（4）当污染环境或破坏生态行为事实明确，但损害事实不明确或无法以合理的成本确定生态环境损害范围和程度时，采用虚拟治理成本法量化生态环境损害价值，不再计算期间损害。

2. 生态环境恢复费用计算

测算最佳恢复方案的实施费用，包括直接费用和间接费用。其中，直接费用包括生态环境恢复工程主体设备、材料、工程实施等费用，间接费用包括恢复工程监测、工程监理、质量控制、安全防护、二次污染或破坏防治等费用。按照下列优先级顺序选择恢复费用计算方法，相关成本和费用以恢复方案实施地的实际调查数据为准。

（1）费用明细法。

（2）指南或手册参考法。

（3）承包商报价法。

（4）案例比对法。

3. 其他环境价值评估方法

应根据生态环境损害特征、数据可得性、评估时间、实施成本等选择适合的环境价值评估方法量化无法恢复或未恢复部分的生态环境损害价值。对于自然保护区、生态保护红线、重点生态功能区等具有栖息地生境功能的区域，建议采用陈述偏好法进行环境价值评估。

（六）评估报告编制

编制生态环境损害鉴定评估报告（意见）书，同时建立完整的鉴定评估工作档案；鉴定评估机构应根据鉴定委托方要求，依据相关法律法规的规定，编制司法鉴定意见书或鉴定评估报告书。生态环境恢复效果评估应编制独立的评估报告。

（七）恢复效果评估

1. 生态环境恢复方案实施评估。
2. 补充性恢复方案实施评估。
3. 其他适宜方案实施。

图书在版编目（CIP）数据

生态环保类案件疑难问题研究 / 李玉华主编 . —北京：中国法制出版社，2023.10
ISBN 978-7-5216-3920-9

Ⅰ．①生… Ⅱ．①李… Ⅲ．①生态环境-环境保护法-研究-中国 Ⅳ．①D922.680.4

中国国家版本馆 CIP 数据核字（2023）第 191466 号

责任编辑：谢雯　　　　　　　　　　　　　　　封面设计：杨泽江

生态环保类案件疑难问题研究
SHENGTAI HUANBAOLEI ANJIAN YINAN WENTI YANJIU

主编/李玉华
经销/新华书店
印刷/三河市紫恒印装有限公司
开本/710 毫米×1000 毫米　16 开　　　　　　印张/ 19.75　字数/ 264 千
版次/2023 年 10 月第 1 版　　　　　　　　　　2023 年 10 月第 1 次印刷

中国法制出版社出版
书号 ISBN 978-7-5216-3920-9　　　　　　　　　　　　　定价：79.00 元

北京市西城区西便门西里甲 16 号西便门办公区
邮政编码：100053　　　　　　　　　　　　　传真：010-63141600
网址：http：//www.zgfzs.com　　　　　　　编辑部电话：010-63141797
市场营销部电话：010-63141612　　　　　　印务部电话：010-63141606

（如有印装质量问题，请与本社印务部联系。）